도키와 함께하는
미국주식 어디에 투자할까

도키와 함께하는

미국주식
어디에 투자할까

국일증권경제연구소

수백 배 수익을 낼 기업을 찾고 싶다면?

필자는 한국주식으로 주식투자를 시작했다. 욕심 없이 하루에 만원만 꾸준히 벌자는 마음으로 조그마한 투자금을 주식계좌에 넣었다. 그러다 미국주식의 높은 상승률을 보고 미국주식과 한국주식 투자를 병행했다. 투자가 지속될수록 점차 큰돈을 집어넣었으며 큰 수익을 노리고자 과감한 선택을 해나갔다. 필자 또한 당신과 다를 바 없는 직장인이자 경제적 자유를 추구하는 한 사람이었다.

남들보다 조금 더 '차트'에 친숙했기에 차트를 통한 주식투자를 시도했다. 그렇게 밤마다 각종 그래프를 뒤지며 차트가 좋은 기업을 찾아다녔다. 하지만 차트가 좋은 기업은, 이내 차트가 나빠지면 그만이었다. 차트분석을 통한 투자는 리스크를 줄여주었지만 '큰돈'을 벌 수 있는 기회를 주지는 않았다.

결국 주식투자로 큰돈을 벌기 위해선 '수백 배 성장할 기업'을 찾아야 한다고 판단했다. 그리고 이러한 기업을 가려내는 방법은 기업의 '기술 분야'와 '미래전망'을 살펴보는 것뿐임을 깨달았다. 미래에 우리가 투자한 기업의 주가가 수백 배 오른다면 그것은 그 기업의 기술이 인간의 삶을 바꾸었거나, 사람들이 들고 있는 물건의 상표가 전부 그 기업의 로고로 바뀌었기 때문일 것이다. 우리는 이런 기업을 찾아야 한다.

물론 이런 기업을 찾는 것은 결코 쉽지 않다. 수만 개의 종목이 있는 미국주식 시장 속에서 당신이 어쩌다 처음 살펴본 기업이 우연찮게 수백 배 성장할 기업일 확률은 제로에 가깝다. 중요한 것은 최대한 많은 기업을 살펴보는 것이고 이를 위해서는 기업을 분석하는 최적화된 공식이 필요하다.

이 책은 당신에게 미국주식의 '기업'을 알려주기 위해 집필되었다. 당신이 직접 기업을 들여다보고 기술력과 경영상황을 살펴볼 수 있는 기회를 제공한다. 그리고 각각의 분석 내용에서 필자가 쌓아온 기업분석의 감각을 전수할 것이다. 이 책과 함께 많은 기업을 분석해나가다보면 기업의 경영상황과 산업 트렌드를 읽어내는 당신만의 감각을 기를 수 있을 것이다.

이 책의 본문에서는 총 70개 미국주식 상장기업에 대한 분석을 진행한다. 전기자동차, 클라우드, 핀테크, AI, 신재생에너지와 같은 신기술 분야의 '성장기업'이 있는가 하면 항공, 금융, 리테일, 엔터테인먼트와 같은 분야의 전통적 강자인 '가치주 기업'도 있다. 만약 이 책을 읽다가 투자하기 좋은 기업이 보인다면 언제든지 투자해보기 바란다. 대체 투자처가 될 수 있는 동종기업도 각 파트마다 준비해놓았다.

당신은 많은 기업을 분석해보기도 해야 하지만 또한 많은 투자를 경험해보아야 한다. 매번 변덕스런 주식시장을 겪으면서 필자가 배운 것은 투자의 감각만큼이나, 얼마나 인내하고 기다릴 수 있느냐 하는 투자자의 그릇 또한 중요하다는 점이다.

주변을 둘러보면 부동산 투자로는 돈을 번 사람을 흔히 찾아볼 수 있다. 그 이유를 보면 크게 다음과 같다. 1. 큰돈이 들어가는 만큼 신중하게 그리고 철저하게 사전조사를 행한다. 2. 부동산의 특성상 장기보유를 하게 된다. 주식 또한 다를 게 없다고 생각한다. 기업에 대해 충분히 공부하고 긴 투자기간을 기다린다면 부동산과 마찬가지로 큰 수익을 낼 수 있다.

그렇다면 수백 배 수익을 낼 기업을 찾기 위해 우리는 무엇을 알아야 할까? 필자가 제시하는 기업분석의 공식은 '비즈니스 모델, 미래전망, 리스크. 펀더멘탈, 밸류에이션(주가 현황) 파악'이다. 모든 기업은 이 5개 항목을 알아보면 투자하기 좋은 기업인지 아닌지를 판단할 수 있다.

위 다섯 개가 무엇을 의미하는지는 바로 다음 장에서부터 차근차근 설명하겠다. 튜토리얼 기업은 한국 사회에 미국주식 투자붐을 일으킨 '꿈의 기업 테슬라'다.

이 책의 부록으로는 좀 더 현실적인 정보를 정리했다. 부록 '미국주식 기업분석 시크릿'은 어떤 사이트를 통해 어떻게 기업 정보를 얻는지 기업분석을 직접 실천하기 위한 팁들로 이뤄져있으니 본문을 읽고 부록 또한 숙지할 수 있길 바란다.

모든 독자의 경제적 자유를 응원한다.

목차

꼭 체크해야 할 분야별 강자
TOP 20~47

시장 뒤에 숨어있는 성장기업 TOP 48~70

부록

모두가 주목하는 꿈의 기업

TOP 1~19

001

TESLA

전기차로 여는 4차 산업혁명의 시작

테슬라

'테슬라에 투자해도 되나?'라는 질문에 만약 '전기차 판매와 자율주행, 로봇택시, 자동차 보험 등이 기대되기 때문에 투자해도 된다'라든가 '주식가격이 적당히 내려왔으니 주워담기 좋다'라는 정도의 판단으로 투자를 한다면 그럭저럭 돈은 벌지 몰라도 '쓸쓸한 마음졸임'을 맛볼 확률이 높다.

테슬라의 요동치는 주식가격과 수많은 경쟁사 및 일론 머스크의 대외 발언과 같은 외적변수는 투자자의 멘탈을 흔들기에 딱 좋기 때문이다. 제대로 된 분석도 없이 투자한 이들은 그때에서야 떠올린다. '아무리 기술이 좋아도 언제 돈이 될지는 모르는 거잖아?' 그리고 이러한 생각도 든다. '그런 기대감까지 이미 주가에 반영되어 있는 거 아냐?'

필자는 이제부터 테슬라가 어떤 산업에서 어떤 서비스로 돈을 벌고 있는지 '비즈니스 모델'에 대해서 설명할 것이다. 그리고 테슬라의 경영상황과 준비하고 있는 사업, 주식 현황을 바탕으로 '미래전망'과 '리스크'에 대해 살펴볼 것이다. 마지막으로 테슬라의 최근 분기 수익 현황과 자산 및 부채 현황을 짚어보며 테슬라의 '펀더멘탈(재무상황)'이 건전한지를 살펴볼 것이다. 당신이 앞으로 어떤 기업에 투자하든 이것들에 대해 파악하고 있다면 불안해하지 않으며 대응 또한 쉽고 편하게 할 수 있다.

비즈니스 모델

우리가 평소 기업에 갖고 있던 이미지 이상으로 기업들은 이것저것 다양한 사업을 하고 있다. 테슬라가 어떤 사업을 진행하고 있는지를 살펴보자. 이러한 부분을 파악함으로써 적어도 테슬라라는 회사가 투자하기에 매력이 있는 회사인지 아닌지를 알 수 있을 것이다.

1. 자동차 판매 : 모델S, 모델X, 모델3, 모델Y 등의 전기자동차를 판매한다. 이는 테슬라 전체 매출액의 83.7%를 차지한다. 여기엔 친환경자동차를 판매하여 얻는 규제 크레딧(Regulatory Credit)으로 인한 수익도 포함된다.
2. 자동차 리스 : 전기자동차 대여 사업을 진행한다.
3. 에너지 생산 및 저장 : 태양광 패널, 태양광 배터리(파워월)와 같이 태양광 에너지 생산 및 에너지 저장 제품을 판매한다.
4. 기타 : 비(比)보증 애프터서비스, 중고차 판매, 인수한 자회사 재판매, 테슬라 전용 보험 운용을 통해 수익을 낸다.

미래전망

기업이 어떤 사업을 하고 있는지 알았다면 기업에 어떤 성장동력과 리스크가 있는지도 알아보아야 한다. 테슬라와 전기자동차 업계에는 어떤 성장동력이 있을까?

1. 자율주행

테슬라와 다른 전기자동차 기업의 차이점은 바로 자율주행 기술의 보유 여부다. 현재 전기자동차 업계의 헤게모니는 배터리나 구동계가 아닌 자율주행에 있다고 해도 과언이 아니다. 어떤 회사에서 가장 먼저 자율주행 기능을 현실화시키느냐에 따라 미래 자동차 업계의 판도가 바뀔 정도로 자율주행이 의미하는 바는 크다. 테슬라의 자율주행 기술 현황은 어떨까?

완벽한 자율주행을 위해서는 360도 반경의 시야가 자동차에 입력되어야 한다. 테슬라는 카메라를 360도 범위로 설치하여 여러 각도의 이미지로 주변 정보를 파악해 자율주행을 구현하는 기술을 보유하고 있다. 이 기능을 원활하게 구현하기 위해선 이미지 정보를 통해 공간 정보를 파악하는 AI를 학습시킬 필요가 있다. 현재 시판된 테슬라의 자동차를 통해 찍힌 이미지들은 테슬라로 보내져 머신러닝에 사용되고 AI 능력은 계속해서 높아져 가고 있다.

반면 자율주행 분야에 있어 테슬라의 경쟁사인 구글 웨이모와 중국 기업 바이두는 라이다를 통해 360도를 파악해 자율주행을 구현하는 기술을 내세우고 있다. 라이다(LiDAR ; Light Detection And Ranging)는 빛을 이용하여 주변을 탐지하는 장치를 말한다. 하지만 라이다를 통한 탐지 방식은 카메라를 통한 탐지 방식에 비해 정확도가 높지만 제조 가격이 높아진다는 단점이 있다(웨이모의 경우 7,500달러 상당의 라이다를 차량 여러 곳에 설치해 자동차 한 대당 설치 가격이 20만 달러에 달한다).

제조 가격이 높아진다는 것은 전기자동차를 대량으로 팔 수 없게 된다는 것이고 이는 머신러닝 기능 향상을 위한 많은 데이터를 수집할 수 없게 된다는 악순환으로 이어진다. 반면 테슬라는 이미 판매된 수많은 차량을 통해 엄청난 양의 데이터를 비축해나가고 있으며, 그 데이터 양은 경쟁사들이 확보한 양을 훨씬 상회한다. 이렇게 대량 비축된 데이터를 머신러닝에 주입하면 이미지 매핑 방식의 기술로도 라이다가 파악하는 것 이상으로 주변을 잘 탐지할 수 있게 된다. 상대적으로 저렴한 데다 자율주행의 완성도도 높아져 가는 것이다.

자율주행용 반도체 칩의 개발 속도 또한 무시할 수 없는 부분이다. 니케이 아시아에 따르면 테슬라의 자율주행 칩은 토요타 그리고 폭스바겐의 칩보다 6년 이상을 앞질러 있다고 한다. 자체개발한 칩을 보유한 테슬라는 다른 자동차 제조업체를 뛰어넘어 머신러닝 모델을 아주 빠르게 훈련하기에 좋은 조건을 갖고 있다.

2. 로봇택시

이러한 과정을 통해 테슬라가 자율주행을 완성시킨다면 어떻게 될까? 로봇택시는 테슬라에게 매우 중요한 미래전망 요소라 할 수 있다. 운송 네트워크 우버는 요금의 25%를 취하는 수익만으로 1,000억 달러의 시총을 달성했을 정도다. 테슬라가 완전한 자율주행 기술로 로봇택시를 현실화시켰을 때 가져갈 수 있는 수익은 우버에 비할 바가 아닐 것이다.

2026년까지 로봇택시를 실현시킨다 밝힌 테슬라의 계획에 따르면 275만 대의 로봇택시가 일궈낼 수 있는 매출액은 920억 달러이며, 순수익만 해도 310억 달러에 다다를 것으로 예측된다.

3. 가격 절감

테슬라는 가격절감을
위해 제조과정 최적화
에도 집중하고 있다. 구
형 모델인 '모델3'의 언
더바디는 70개의 구성

품으로 조립되었으나 신형인 '모델Y'에서는 언더바디를 단 하나의 부품으로 구성해놓았다.
중량을 줄임과 동시에 튼튼하게 만들어주는 이 제조공법은 테슬라의 경쟁력을 한층 더
높여주는 계기가 되었다.

4. 생산력 증강

2020년 테슬라의 전체 매출액은 310억 달러로 2019년 대비 28%나 성장했다. 대기업 매
출액이 20% 이상 성장하는 것은 그 자체로 매우 이례적이다. 성장률을 견인해준 지역은
바로 중국이다. 중국에서만 2020년 기준 66억 달러의 매출액을 기록했다. 전년 대비 2배
성장한 수치다.

2020년까지는 훌륭한 실적을 보여주었으나 과연 2021년에는 어떨까? 테슬라 전기자동
차는 고질적인 재고부족 상태로 생산되면 즉시 팔리고 있다는 것을 테슬라 주주들이라면
알고 있을 것이다. 그런 만큼 테슬라의 실적은 테슬라가 몇 대의 자동차를 만들어낼 수 있
느냐에 달려 있는 것이다. 2021년 생산량에 대해 알아보도록 하자.

블룸버그에 의하면 테슬라는 2021년 기준 100만 대의 자동차를 생산할 수 있을 것으
로 예상되고 있다. 다음 그래프는 상하이 기가팩토리(Giga Factory : 테슬라의 초대형 공장), 프리몬
트 기가팩토리에서 생산할 수 있는 전기자동차 수량을 가리키는 지표로, 테슬라가 출고량

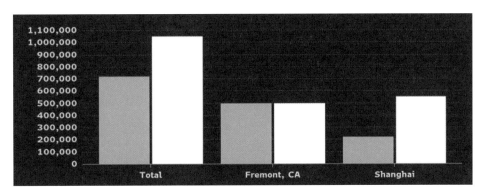

테슬라 공장별 2020년(파란색), 2021년 예상(흰색) 자동차 생산량 / 출처 : 블룸버그

100만 대를 성사시키는 데 있어 중국 공장의 역할이 매우 크다는 것을 볼 수 있다.

전기 운송수단 전문매체 일렉트렉에 의하면, 중국에 기반을 둔 테슬라 부품 공급 업체는 2021년 55만 개의 핵심부품을 준비하라는 지시를 테슬라로부터 받았다고 한다. 상하이에서 55만 대의 출고량을 기록하게 되리라는 전조다. 2021년 완공 예정인 베를린 기가팩토리, 2022년 완공 예정인 텍사스 기가팩토리 또한 빼놓을 수 없다. 지금까지 테슬라 자동차는 생산되는 즉시 팔리길 반복했다. 생산 가능량이 100만 대를 넘어버린 상태에서도 과연 생산되는 즉시 팔리는 상황이 유지될지를 유심히 지켜봐야겠다.

5. 테슬라 전용 보험

향후 자율주행이 보편화되면 도로상에서 사고가 발생했을 경우 그 책임은 자동차 제조사가 져야 할 확률이 크다. 테슬라는 이러한 책임소재의 변화에 직접 자동차 보험을 운용한다는 발상의 전환으로 응수했다. 제조사 보험을 운용한다면 자동차 수리비용 측면에서 엄청난 우위를 가진다. 실제 2019년 미국 캘리포니아주에서 테슬라가 출시한 자사 차 전용 자동차 보험의 보험료는 다른 보험사의 테슬라 차량 대상 보험료보다 30%가량 적었다.

테슬라의 자율주행 기술이 자동차 사고율을 더더욱 줄이게 된다면 앞으로 보험 가격은 더 내려갈 전망이다. 실제로 자율주행이 설치된 테슬라 자동차는 주행거리 459만 마일당 1건의 사고를 기록한 반면, 그렇지 않은 테슬라 자동차는 142만 마일당 1대의 사고율을 기록했다. 이렇게 싼 보험료는 고객들이 테슬라 차를 구매할 추가적인 인센티브로서 작용할 것이다.

리스크

1. 심화되는 유럽시장 경쟁

미국 자동차 업계는 유럽에 비해 전기차로의 전환이 늦었다. 그런 만큼 테슬라는 미국 전기차 시장에서 80% 점유율을 누릴 수 있었다. 그러나 유럽에서는 벤츠, 아우디, BMW 등 기존 자동차 제조산업 강자들이 규제 의무에 대응하기 위해 앞다퉈 전기자동차를 출시했다. 이에 따라 테슬라의 세계 전기차 시장점유율은 34%에서 약 10%까지 떨어졌다.

2. 규제 크레딧* 수익 감소

테슬라의 경우 시장점유율이 떨어지게 되면 단순히 매출액 감소로만 끝나는 것이 아니라 규제 크레딧으로 거두는 수익의 감소로도 이어지게 되어 있다. 테슬라는 2020년 기준 규제 크레딧으로 16억 달러의 매출을 올렸고 7억 2,000만 달러라는 순이익을 가져갔다. 테슬라의 경쟁사들이 전기자동차 산업에 진출한다면 테슬라의 규제 크레딧을 구매할 수요 또한 떨어지게 되는 것이다. 2023년쯤에는 테슬라가 규제 크레딧을 통해 매출액을 추가로 얻을 일은 없어질 것이라고 예측되고 있다.

---

* 규제 크레딧은 환경오염을 줄인 대가로 기업에 정부가 제공하는 혜택이다. 테슬라가 생산한 차량이 무공해에 기여하기 때문에 테슬라는 캘리포니아 주에서 상당한 양의 규제 크레딧을 획득하게 된다. 그리고 이것을 다른 자동차 제조사에게 팔아 수익을 얻게 된다.

3. 계속 오르는 주가

기초적인 수준에서 기업이 고평가되었는지 저평가되었는지를 판단하기 위해서는 기업의 시가총액과 기업의 이익을 비교해보면 된다. 다음 그래프는 테슬라의 주가와 매출액의 변

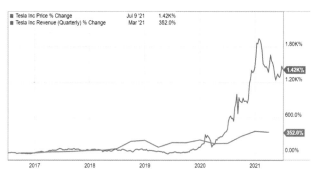

테슬라 주가(파란색)와 매출액(주황색) 변화 / 출처 : Y-Chart

화를 나타낸 것이다. 매출액은 기업이 상품과 서비스를 판매하여 얻은 돈으로 비즈니스의 규모를 보여준다. 그래프가 시작하는 2017년을 기점으로 매출액은 352% 오른 반면, 주가는 1420%나 올랐음을 알 수 있다. 튜토리얼임을 고려하여 이렇게 주가 상승률과 매출액 성장률만으로 테슬라의 주가가 어느 정도의 평가를 받고 있는지 알아보았다.

실제 기업분석에서는 기업의 주가 현황(밸류에이션)을 파악하기 위해 시가총액을 매출지표로 나눠 '멀티플' 수치로 표기한다. 매출액 외에도 '순이익이 나고 있는지, 기업의 비즈니스가 성장단계에 있는지' 등 각 기업의 특징에 따라 사용할 수 있는 다양한 매출지표가 있다.

테슬라와 같이 성장주이면서도 순이익이 나고 있는 기업의 경우 매출지표 중 '영업현금흐름(OCF : Operating Cash Flow)' 지표를 사용하는 것이 가장 적절하다. 그리고 시가총액(Price)을 분자로 영업현금흐름을 분모로 하여 계산한 수치를 P/OCF 멀티플이라 한다. 멀티플 개념의 용도와 사용법에 대해서는 차후 다른 기업을 보면서 살펴보도록 하자.

미래전망에서 봤듯이 테슬라는 가장 먼저 자율주행 시스템을 완성시키고 로봇택시를 대

중화시킬 수 있을 것으로 기대된다. 그런 기대가 주가에 영향을 미치고 있다는 점을 봤을 때 테슬라의 주가는 충분히 정당화될 수 있다.

―― **펀더멘탈**

이제 테슬라가 어떤 기업인지 감이 잡힐 것이다. 그 다음으로는 구체적인 수치들에 대해서 파악해볼 필요가 있다. 기업의 수익 현황과 자산 현황을 확인해야 비로소 내가 잘되는 기업에 투자하는지 아니면 망하고 있는 기업에 투자하는지를 알 수 있기 때문이다.

1. 매출액

기업의 수익을 파악할 때 가장 기초가 되는 것은 매출액이다. 이것은 기업의 사업이 얼마나 활성화되어 있는지 보여주는 지표로 테슬라의 매출액을 보면 과거 2016년부터 2021년 1분기까지 꾸준히 성장하고

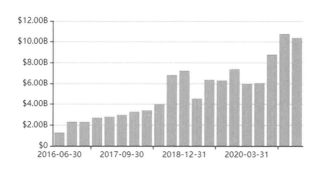

테슬라 매출액 증감 / 출처 : LazyFA

있다는 것을 알 수 있다. 매번 분기별 실적이 나올 때마다 예상치 이상의 매출액 성장률을 보여주는 테슬라다. 이번에도 기대 이상으로 부응한다면 미래 예상치는 상향조절 되고 주가는 그만큼 더 높은 평가를 받아 상승하게 된다.

2. 매출총이익

물건을 만들어 팔면 재료비를 계산해보아야 하는 것이 인지상정이다. 매출총이익은 매출

액에서 재료 원가를 제외한 수익이다. 그리고 이것이 매출액의 몇 퍼센트인지를 나타내는 매출총이익률을 통해 현재 기업의 수익구조를 평가할 수 있다.

테슬라는 2021년 1분기 약 21.3%의 매출총이익률을 보인다. 이것이 의미하는 바는 매출액에서 원가 비용을 제외하면 21.3%밖에 남지 않는다는 것을 의미한다. 여전히 전기자동차

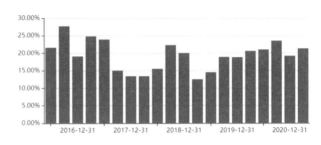

테슬라 매출총이익률 증감 / 출처 : LazyFA

를 만들기 위해 들어가는 원가비용은 많다는 것을 알 수 있다. 테슬라가 제조 공정을 개선시키고자 노력하는 이유가 바로 여기 있다.

3. 영업이익

매출총이익을 보았으니 이제 영업이익을 보자. 영업이익이란 재료비를 뺀 매출총이익에서, 영업비용까지 제한 금액이다. 영업비용에는 일반적으로 R&D(Research and Development)와 SG&A(Selling, General & Administrative Expense) 비용이 포함된다. 우리말로 하면 연구개발비와 영업비, 마케팅비 그리고 인건비를 가리키는 것이다.

테슬라의 경우 2019년 3분기부터 영업이익을 남겨오고 있으며, 2021년 1분기에는 6억 달러의 영업이익을 내는 등 좋은 모습을 보이고 있다. 시장점유율을 최대로 끌어올리기 위해 연구, 마케팅 비용을 아끼지 않으면서도, 영업이익이 흑자라는 것은 테슬라가 얼마나 사업을 잘하고 있는지 보여주는 지표다.

설사 영업이익이 적자라고 해서 무조건 펀더멘탈이 나쁘다고 단언할 필요는 없다. 대부분의 미국 성장기업은 영업이익이 적자다. 왜냐하면 이런 기업들은 시장점유율을 최대한 높이기 위해 연구개발비, 마케팅비,

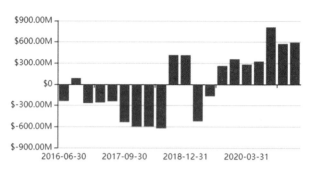

테슬라 영업이익 증감 / 출처 : LazyFA

인건비에 많은 투자를 하고 있기 때문이다. 기업에 현금이 많다면 굳이 흑자를 내는 데 집중할 필요가 없다. 영업이익에서 흑자가 나지 않더라도 매출총이익에서 수익이 나고 있다면 향후 개선될 여지가 있다고 판단해볼 수 있다.

4. 순이익

순이익을 보도록 하자. 영업이익에서 세금, 대출이자 등의 비용까지 빼면 최종적으로 기업의 주머니에 꽂히는 돈이 된다. 테슬라는 2019년 3분기부터 순이익 흑자를 이어오고 있다. 배당을 주거나 다른 기업을

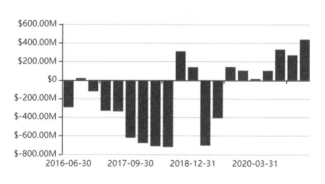

테슬라 순이익 증감 / 출처 : LazyFA

인수하고 투자할 수 있는 밑거름이 생긴 것이다.

5. 수익 현황(2021년 1분기)

1. 매출액 : 103억 달러 (○)

2. 매출액 성장률 : 전년 대비 38.11% 성장, 39.15% 성장 예상 (○)

3. 매출총이익 : 22억 달러(21.27%) (○)

4. 영업이익 : 6억 달러 (○)

5. 순이익 : 4억 달러(4.2%) (○)

지금까지 살펴본 테슬라의 2021년 1분기 수익 현황을 정리해보면 다음과 같다. '매출액 성장률'은 현재 매출액이 과거 대비 얼마나 성장했는지, 그리고 다음 해에 얼마나 성장할지를 나타낸다(어떻게 계산되었는지는 부록을 통해 확인할 수 있다). 매출총이익과 순이익 뒤에는 각각 매출액 대비 몇 퍼센트인지를 말하는 매출총이익률과 순이익률을 표기했다. 마지막으로 각 항목마다 이것이 차트적 관점에서 긍정적 신호(○)인지 부정적 신호(△)인지를 도형으로 표시했다.

6. 자산 현황(2021년 1분기)

아무리 수익을 잘 내는 기업이라도 어마어마한 부채가 있다면 투자하기 불안한 것이 사실이다. 테슬라는 얼마만큼의 자산과 부채를 갖고 있는지 알아보자.

자산 현황		부채 현황	
현금	171억 달러	장기부채	96억 달러
장기투자금	13억 달러	단기부채	21억 달러
단기투자금	–	1년 내 매입채무	60억 달러
1년 내 매출채권	18억 달러	세금 부채	–
총 자산	203억 달러	총 부채	177억 달러

위 표는 테슬라의 경영상황을 파악하기 위해 필요한 자산 및 부채 현황만 한눈에 파악할 수 있도록 정리한 것이다. 우선 자산 현황을 알아보자. '현금'은 사내에 보유한 화폐 및 주식과 같은 현금성 자산으로 필요 시 바로 사용할 수 있는 금액으로 보면 된다. 테슬라는 171억 달러의 엄청난 현금을 비축하고 있다. '장기투자금'은 기업이 투자처에 투자한 돈으로 만기 시일이 1년 이상인 금액을 가리킨다. 테슬라는 13억 달러의 장기투자금을 보유하고 있다. 단기투자금은 반대로 만기가 1년 이내인 투자금을 말한다. '1년 내 매출채권'이란 상품과 서비스를 판매한 뒤 아직 기업으로 들어오지 못한 돈을 말한다. 테슬라는 아직 18억 달러의 돈을 거래처로부터 못 받았다.

다음으로 부채 현황을 살펴보자. '장기부채'는 회사가 채권을 발행하고 빌린 부채 중 만기가 1년 이상인 것을 말한다. 테슬라는 96억 달러의 장기부채를 갖고 있다. '단기부채'는 반대로 만기가 1년 이내인 부채를 말한다. 테슬라는 21억 달러의 단기부채를 갖고 있다. '1년 내 매입채무'는 기업이 물건을 구매한 뒤 아직 납부하지 못한 금액을 가리킨다. 테슬라는 아직 60억 달러의 돈을 납부하지 못했다. '세금 부채'는 정부로부터 세금을 부과받은 뒤 아직 내지 못한 금액을 말한다.

테슬라는 거의 모든 부채를 한 번에 갚을 만한 현금을 보유하고 있다. 앞서 살펴본대로 순수익 또한 매분기 흑자를 기록하고 있기에 테슬라의 재무상태는 안정적이라고 결론을 지을 수 있다. 테슬라의 비즈니스 모델과 펀더멘탈은 만족스럽고 앞으로도 꾸준히 성장해 나갈 수 있는 이슈가 남아있다. 이제 당신은 테슬라의 투자자로서 알아야 할 거의 모든 것을 알게 됐다. 그리고 지금까지 알아본 내용은 당신에게 전혀 어렵지 않았을 것이라고 장담한다. 기업분석이 어렵다고만 생각하던 당신의 생각이 바뀌었길 바란다.

경쟁 포지션 기업 : GM, Ford, Fisker, Lordstown, Lucid, Baidu, Google

002

시가총액 세계 1위 기업
애플

비지니스 모델

'같은 제품도 애플이 만들면 뭔가 다르다' 전 세계에 팬층을 거느린 기업 애플이다. 애플의 수익 상품은 개인용 전자기기와 그에 수반하는 온라인 서비스로 우리가 아는 것과 크게 다르지 않다. 제품군은 아이폰(iPhone), 맥(Mac), 아이패드(iPad), 웨어러블 및 홈 악세서리 (Wearables, Home and Accessories), 그리고 기타 서비스(Services) 등으로 나눌 수 있다.

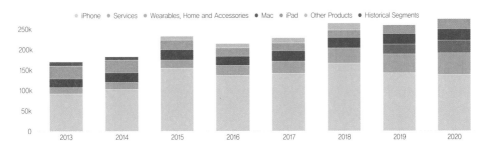

애플 매출 상승량 및 제품군별 비율 / 출처 : Akitien Finder

2013년부터 2020년까지 애플의 매출 흐름을 보여주는 지표다. 애플의 사업전략을 엿볼 수 있게 한다. 애플의 가장 큰 수익원은 아이폰으로 매출의 50% 이상을 담당하고 있는 핵심 섹터이다. 그러나 매출 분포의 변화를 보면 애플이 맥북, 아이패드, 웨어러블&홈 및 액세서리 그리고 서비스 섹터를 키워나가고 있다는 것을 보여준다. 기업이 하나의 비즈니스 섹터에만 의존하는 것은 경영 리스크를 높이기 때문이다.

미래전망

1. 5G 스마트폰 출시

애플의 5G 스마트폰 시장점유율은 기존 31%에서 2021년 35%로 크게 상승할 전망이다. 실제로 최신형 기기인 아이폰12는 2020년 10월 발매 후 큰 호응을 얻어 전년 동기 대비 17.2%의 매출액 성장을 이끌었다. 앞으로 5G 네트워크가 갖춰질수록 사람들의 스마트폰 의존도가 더욱 높아질 것이기에 스마트폰 시장의 전체 파이도 더욱 커질 것으로 전망된다. 애플은 아이폰의 강력한 판매량 증가를 통해 회사 전체 수익을 약 6% 높일 수 있을 것으로 예측된다. 또한 예정보다 빠르게 아이폰13이 출시될 것으로 예견된다. 애플의 반도체 공급사 TSMC는 아이폰13용 반도체 'A15 바이오닉'의 생산을 시작했다고 밝혔다.

2. 기타 서비스 매출액 증가

기타 서비스 분야 상품으로는 애플케어, 맵, 시리, 아이클라우드 등이 있는데, 기기 이용자들이 추가적으로 이용하는 프로그램 서비스들이다. 2016년에서 2020까지 5년간 애플의 기타 서비스 매출액은 2배로 늘었다. 이는 서비스의 종류도 다양해졌을 뿐만 아니라 아이폰의 사용자가 더 많아졌기 때문이다(작동되고 있는 아이폰의 숫자는 10억 개에 달한다).

Evercore ISI의 애널리스트 아밋 다라냐니는 이 추세로 봤을 때 2025년까지 기타 서비스 매출액은 재차 2배 오를 수 있다고 예측했고 이에 따라 애플의 주가는 현재가에서 30% 오른 175달러까지 상승할 수 있을 것이라 보았다.

3. 웨어러블

애플은 2015년 애플워치를 출시하고 2016년 말 에어팟을 출시하며 좋은 매출액을 만들어가고 있다. 애플워치의 운동추적 기능부터 손가락으로 단어를 써 휴대폰에 보내는 기능에 이르기까지 애플은 웨어러블의 사용 가치를 높이는 놀라운 기능을 구현했다. 이로 인해 더 많은 고객이 애플 제품을 구매했고 경쟁업체가 진입해 경쟁하기 어려운 환경을 만들었다. 다음으로 기대되는 애플의 웨어러블 기기는 AR & VR 분야로, AR 안경을 2025년에, 그리고 AR 콘텍트렌즈를 2035년에 출시하게 될 것이라는 얘기가 나온다.

4. 자율주행 전기차

애플의 자율주행 전기차, 애플카 개발 사업은 애플의 주가가 2조 달러에서 3조 달러로 뛸 수 있는 도약점으로 평가된다. 애플 전자제품과의 호환 및 소비자 팬층과 맞물려 어마어마한 사업적 시너지를 낼 수 있을 것으로 기대된다. 하지만 자동차 개발 및 양산에는 엄청난 노력과 시간이 소모되며, 지난 2021년 2월 현대차와의 협력 소식이 알려졌다가 무산된 것을 봤을 때 기존 메이저 자동차 업체로부터의 아웃소싱 협력은 기대하기 어려운 상황이다. 하지만 애플은 기업 규모답게 현금만은 충분하다. 시간이 걸리더라도 매우 매력적인 사업이기에 결국 애플카를 출시할 확률은 높다고 평가된다.

리스크

1. 반도체 부족 현상

단기적 리스크로 반도체 부족 현상을 꼽지 않을 수 없다. 실제로 애플은 반도체 수급이 어려워 2021년 상반기 전체 아이폰 생산량을 20%나 감축했으며 특히 아이폰12 미니는 70%나 감축했다. 이로 인해 2021년 애플의 전체 매출액은 줄어들 전망이다. 분기별 실적이 나올 때마다 어떻게 반영되는지 잘 관찰할 필요가 있다.

2. 고평가된 주가

다음은 애플의 주가와 순이익, 그리고 애널리스트들이 시장의 기대를 분석해 반영한 조정순이익을 나타내는 그래프다(순이익의 y축 정도는 그래프 좌측 상단에 표기된 P/E 27.61에 맞춰 세팅했다). 최근 주가와 순이익 모두 큰 폭 상승했지만 주가 상승률이 순이익 상승률을 훨씬 상회한 것을 볼 수 있다. 파란색 선은 애널리스트들이 시장의 기대를 반영한 조정순이익 수치를 나타낸 선인데 이보다도 크게 올라가 있는 것을 알 수 있다. 순이익 성장률은 2019년경까진 매해 50~100% 씩을 보였지만 기업의 사업이 성숙단계에 있는 만큼 최근에는 10% 이상의 성장률을 보여주기 힘든 상태에 와있다. 대신 애플은 배당금을 주기 시작하여 성장주가 아닌 배당주로서 자리를 잡아가고 있다.

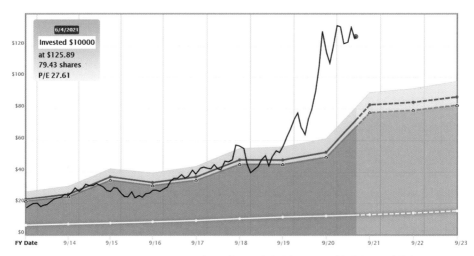

애플 주가(검정색)와 순이익(주황색), 조정순이익(파란색) / 출처 : Fast Graphs

1. 수익 현황(2021년 1분기)

1. 매출액 : 896억 달러 (○)

2. 매출액 성장률 : 전년 대비 21.43% 상승, 12.24% 상승 전망 (△)

3. 매출총이익 : 380억 달러(42.5%) (○)

4. 영업이익 : 275억 달러 (○)

5. 순이익 : 236억 달러(26.4%) (○)

애플의 매출총이익률은 42.5%로 2012년 2분기 이후 가장 높은 마진율을 보여주고 있고, 이에 따라 순이익률 또한 26.4%로 훌륭하다. 순이익이 많다는 뜻은 실제로 기업이 갖고 가게 되는 현금이 많다는 뜻으로, 애플의 경우 항상 자사주매입을 통해 주가를 올리는 데 힘을 써왔기에 주가엔 큰 호재다.

2. 자산 현황(2021년 1분기)

자산 현황		부채 현황	
현금	384억 달러	장기부채	1,086억 달러
장기투자금	1,345억 달러	단기부채	130억 달러
단기투자금	313억 달러	1년 내 매입채무	401억 달러
1년 내 매출채권	330억 달러		
총 자산	2,374억 달러	총 부채	1,617억 달러

경쟁 포지션 기업 : Samsung, Qualcomm, Spotify, Microsoft, Dell, Lenovo, HP, Sony, Google

003

균형잡힌 사업구조로 성장하는
마이크로소프트

비지니스 모델

20세기 PC로 인한 정보화혁명의 중심에 서 있던 기업 마이크로소프트다. 스마트폰과 스마트폰 운영체제 시장에서 철저한 패배를 맛보았기에 최근에는 '느림보 공룡'이라는 이미지도 덧씌워져 있으나 여전히 PC 운영체제의 75%를 점유하고 있는 시장지배자라는 점을 잊어서는 안 된다.

1. 비즈니스 솔루션 프로그램

사무실에서 생산성을 높이는 비즈니스 프로세스를 만들기 위한 제품 및 서비스다. 대표적으로 액셀, 워드, 파워포인트 등을 포함한 MS오피스 프로그램이 있고 전 세계에서 광범위하게 사용되고 있다. 310억 달러에 인수한 인재관리용 SNS 서비스 링크드인, 고객 및 상품관리 프로그램 마이크로소프트 다이내믹스 모두 비즈니스 솔루션 서비스의 하나다.

2. 인텔리전트 클라우드

클라우드 컴퓨팅 플랫폼 Azure를 통해 다양한 가상컴퓨팅 서비스를 제공한다.

3. 개인 컴퓨팅

운영체제(Windows), 디바이스(PC 액세서리), 게임(Xbox), 검색 엔진(Microsoft Edge) 등으로 개인 컴퓨팅에 중점을 둔 제품과 서비스이다.

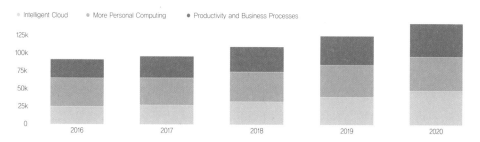

마이크로소프트 매출 상승량 및 제품군별 비율 / 출처 : Akitien Finder

위 그래프와 같이 마이크로소프트는 3개의 사업 섹터에서 수익을 내고 있다. 그리고 각 부서에서 만들어지는 매출액은 각각 32%, 34%, 34%로 굉장히 좋은 밸런스를 갖고 있다는 것을 볼 수 있다. 어느 하나의 부서도 뒤처지지 않으며, 모든 사업이 잘되고 있기에 마이크로소프트의 비즈니스 모델은 매우 안정적이다.

미래전망

1. 클라우드 서비스 Azure

클라우드란 언제 어디서나 이용자가 원하는 때에 컴퓨팅 환경과 데이터에 쉽게 접근하게끔 도와주는 가상 컴퓨팅 서비스를 통칭한다. 마이크로소프트의 클라우드 플랫폼 Azure

에는 클라우드 더해 AI(인공지능), 사물인터넷, 머신러닝 등의 기술이 구현되어 있으며 이를 통해 스토리지 및 웹 애플리케이션 서비스에 사용할 수 있는 포괄적인 컴퓨팅과 네트워킹 서비스를 제공한다.

마이크로소프트는 클라우스 서비스 시장에서 아마존(32%) 다음으로 19%의 점유율을 차지하고 있다. 비록 1위는 아니지만 아마존보다 더 빠른 성장률을 보이고 있다. BofA의 애널리스트 브래드 실즈에 의하면 마이크로소프트의 클라우드 매출은 30%씩 성장하여 5년 안에는 아마존의 시장점유율과 2% 차이밖에 나지 않으리라 전망되고 있다.

게다가 미국 정부는 전통적으로 보안 및 안정성 측면에서 마이크로소프트를 협력업체로 선호해왔다. 이것은 100억 달러에 달하는 미국 정부와 마이크로소프트의 계약에서도 볼 수 있다. 비록 수주에서 패배한 아마존이 연방청구법원에서 소송을 걸어 계약이 무산되었지만 미국 정부의 마이크로소프트에 대한 신뢰는 다시 한 번 확인할 수 있었다. 이러한 마이크로소프트와 미국 정부의 신뢰관계는 영국, 캐나다, 호주 정부와의 사업 수주에도 큰 영향을 미칠 것으로 판단된다.

2. AR·VR 플랫폼 메시 출시

2021년 3월 마이크로소프트는 AR·VR 서비스 플랫폼 '메시(Mesh)'를 출시했다. 메시는 사용자간의 연결에 중점을 둔 AR·VR 서비스로, 다른 공간에 있는 상대방의 시야에 내 행동을 그대로 따라하는 아바타가 나타나 상호 의사소통이 가능하다. 향후 기술이 발전되면 영화에서나 보던 가상회의도 구현할 것으로 보인다. 마이크로소프트는 메시의 AR·VR 기술과 Azure의 클라우드 컴퓨팅 환경을 융합해 서로 다른 환경에 있는 사람들이 업무현장에 모인 듯 일할 수 있는 '메타버스 오피스'를 구현하는 것을 목표로 하고 있다.

3. 사업 다각화

마이크로소프트는 XBOX와 함께 게임 시장에서 제법 선전하고 있다. 비록 일본의 소니 플레이스테이션(52%)과 닌텐도(25%)가 콘솔게임 시장의 대부분을 차지하고 있지만, XBOX 또한 23%의 시장점유율을 갖고 있어 그들에게 크게 지지 않고 있다. 게다가 XBOX 시리즈 최신형 XBOX-X는 2021년에만 1,350만 대의 출고량을 달성할 예정이고 2024년에는 약 4,000만 대로 출고량이 늘어날 전망이다.

마이크로소프트의 사업 다각화로, 비즈니스 및 채용 특화 SNS 링크드인을 빼놓을 수 없다. 조사에 의하면 미국 마케터 및 인사담당자 절반이 링크드인을 사용하고 있다.

리스크

순이익 대비 높은 주가 상승률

2017년 이후 마이크로소프트의 주가 상승률은 순이익 상승률을 앞질렀는데 현재까지 주가는 약 400% 상승했지만 순이익은 약 250% 상승하는 데 그쳤다. 차트적 관점에서

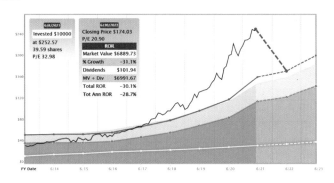

마이크로소프트 주가(검정색), 순이익(주황색), 조정순이익(파란색) / 출처 : Fast Graphs

마이크로소프트의 주가는 고평가 상태에 있다고 평가할 수 있다. 그러나 앞서 살펴본 바와 같이 마이크로소프트의 수익구조는 매우 안정적이며 유망한 신규 사업도 키워나가고 있기에 주가가 조정을 받으리라 단정할 수는 없다.

1. 수익 현황(2021년 1분기)

1. 매출액 : 417억 달러(○)

2. 매출액 성장률 : 전년 대비 15.34% 성장, 13.8% 성장 예상 (△)

3. 매출총이익 : 286억 달러(68%) (○)

4. 영업이익 : 170억 달러 (○)

5. 순이익 : 154억 달러(36.9%) (○)

매출액과 매출총이익은 꾸준히 우상향하고 있으며, 영업이익 그리고 순이익 또한 계속해서 성장하고 있다. 이미 1조 9,000억 달러라는 시총을 갖고 있는 대기업인 만큼 빠른 성장률을 보여줄 수는 없으나, 매출총이익률이 68%로 매우 높고 순이익률도 36.9%를 기록하고 있기에 수익성이 굉장히 좋은 사업을 하고 있다는 것을 볼 수 있다.

2. 자산 현황(2021년 1분기)

자산 현황		부채 현황	
현금	1,254억 달러	장기부채	592억 달러
1년 내 매출채권	263억 달러	단기부채	80억 달러
장기투자금	53억 달러	1년 내 매입채무	134억 달러
		세금 부채	295억 달러
총 자산	1,571억 달러	총 부채	1,101억 달러

경쟁 포지션 기업 : Apple, Amazon AWS, Google, IBM, Cisco, Oracle, Salesforce

004

이커머스 독점 기업

비지니스 모델

1. 온라인 리테일

대부분의 이커머스 쇼핑몰들은 자신들이 만든 제품만 파는 것이 아닌 외부판매자들도 들어와 물건을 팔 수 있게 한다는 것을 알 것이다. 아마존에서 거래되는 50% 이상의 제품들 또한 외부판매자(3rd Party Seller)에 의해 공급되는 것이다.

a. 아마존 판매(Fulfilment by Amazon ; FBA)

외부판매자가 아마존에 제품을 공급하면 아마존에서 포장, 배송, 고객 서비스, 환불까지, 거래의 전반적인 부분을 맡아서 해준다. 아마존은 수수료, 포장비, 보관비 등으로 수익을 가져간다.

b. 아마존 배송(Shipping with Amazon ; SWA)

Fedex, UPS와 같은 일반적인 택배회사처럼 아마존 플랫폼 이외의 제품을 배송해준다. 아마존이 구축한 유통망을 활용해 매우 저렴한 가격에 집, 회사, 주차장 등 장소를 불문하고 수거 및 운반을 해주는 서비스를 제공한다. 아마존은 빠른 배송을 위해 70대의 보잉 비행기를 보유하고 있는 것으로 알려져 있다.

2. 콘텐츠 플랫폼

a. Fire TV & 아마존 프라임 비디오

아마존 프라임 비디오는 인터넷 기반의 영상 스트리밍 서비스고 Fire TV는 스트리밍을 제공하는 셋톱박스다. 아마존 오리지널 영화, TV프로그램 및 CBS, HBO, 씨네맥스, 넷플릭스, HULU 등의 외부 영상 콘텐츠를 즐길 수 있다.

b. 킨들(Kindle) eBook 서비스

킨들은 아마존의 eBook 서비스다. 자체 eBOOK 리더기를 개발해 판매한다. 리더기 자체의 가격은 낮은 반면, eBook은 상대적으로 높은 가격에 판매된다. eBook은 평균 2.99~9.99달러에 판매되는데, 매출의 70%는 책의 저자에게 돌아간다. 일반 플랫폼에 비해 10~15%나 높은 로열티를 주는 것이라 알려져 있다. 기존 출판사 및 플랫폼보다 많은 로열티를 받을 수 있어 찾는 저자들이 증가하고 있다.

c. 스마트스피커 에코 디바이스, AI 비서 알렉사

아마존은 자체 개발한 AI(인공지능) 비서 알렉사가 탑재된 스마트스피커 에코 디바이스를 출시했다. 알렉사는 아마존 그룹이 제공하는 거의 모든 서비스를 수행·제공할 수 있다. 아마존 프라임 비디오, 아마존 뮤직, eBook을 컨트롤 할 수 있음은 물론, 사물인터넷, 쇼핑 그리고 자동차 엔터테인먼트 시스템까지 갖추고 있다.

아마존 스마트스피커 echo

3. 클라우드&스토리지 서비스

기업은 자사의 데이터를 보관하고 활용할 수 있는 저장공간을 필요로 하며, 이를 꾸준히 유지해야 하는 번거로움을 갖고 있다. 아마존은 클라우드 컴퓨팅 서비스와 함께 기업에게 저장공간을 제공해주는 사업을 하고 있다. 아마존 웹 서비스(AWS)는 전 세계 25개의 지역에 데이터센터를 보유하고 있으며, 짧은 지연시간과 낮은 데이터 손실률을 보장한다. 이로 인해 클라우드 인프라 및 서비스 부문에서 구글과 마이크로소프트를 넘어 1등을 차지하고 있다.

대표적인 고객이 바로 콘텐츠 기업 넷플릭스다. 기존에 넷플릭스는 점점 자라나는 데이터 양으로 인해 자체 보유한 데이터센터로는 관리와 전송에 어려움을 느꼈다고 한다. 넷플릭스는 자사의 데이터를 통째로 아마존 클라우드 스토리지에 옮겨 이러한 문제를 해결했다. 뿐만 아니라 오히려 관리 비용까지 줄였다고 하니 일석이조인 셈이다.

미래전망

1. 빠르게 성장하는 아마존 뮤직

위 그래프는 온라인 스트리밍 서비스 별로 최소 한 달에 한 번 음악을 듣는 사람들의 숫자를 집계해놓은 것이다. 아마존 뮤직을 듣는 사람들의 숫자가 애플뮤직보다 빠르게 성장하고 있다는 것을 볼 수 있다.

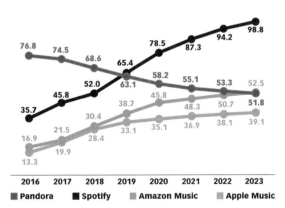

미국 오디오 스트리밍 서비스 이용자 현황(100만) / 출처 : eMarketer

만약 애플 이상의 성장세를 꾸준히 보여주면서 SPOTIFY와의 갭을 줄이는 모습을 보여준다면, 아마존의 주가에는 큰 호재로 작용할 것이다.

2. 스마트스피커 시장 성장

시장조사 업체 캐널리스의 리포트에 의하면 2021년 글로벌 스마트스피커 시장은 중국을 제외하면 900억 달러, 중국을 포함하면 1,630억 달러 규모가 될 것으로 예측된다. 연평균 21%의 속도로 빠르게 성장하고 있다. 이러한 시장 속에서 아마존의 스마트스피커 에코는 가장 높은 시장점유율을 차지하고 있기에 큰 수혜를 얻어갈 것이다.

3. 통합 멤버십의 시너지 효과

아마존의 각종 서비스들이 이렇게 높은 점유율을 차지할 수 있는 배경으로는 '아마존 프라임 멤버십'이 꼽히고 있다. 아마존 프라임 멤버십은 아마존 쇼핑몰에서의 신속·무료배송부터 기타 콘텐츠의 구독 서비스 할인까지 아마존 서비스 전반에 대한 통합 유료 멤버십이다.

애플과 SPOTIFY의 경우 구독료로 한 달에 9.99달러를 지불해야 한다면 아마존 프라임 멤버십에 가입한 유저가 에코 디바이스를 구매 후, 아마존 뮤직을 구독했을 때 들어가는 비용은 한 달에 3.99달러밖에 되지 않는다.

그러면서 아마존은 자사 서비스간의 연계만을 고집하지도 않는다. 아마존은 아마존의 최신형 스마트스피커 에코 Show에 넷플릭스를 탑재했다. 아마존 프라임 비디오 서비스의 희생이 어느 정도 뒤따르겠지만, 에코 Show 스마트스피커의 가치를 높이는 데 더 무게를 두겠다는 뜻으로 해석된다.

1. 수익 현황(2021년 1분기)

1. 매출액 : 1,085억 달러 (○)

2. 매출액 성장률 : 전년 대비 41.47% 성장, 27.22% 성장 예상 (○)

3. 매출총이익 : 461억 달러(42.5%) (○)

4. 영업이익 : 88억 달러 (○)

5. 순이익 : 81억 달러(7.5%) (○)

이렇게 큰 매출액을 만들어내는 대기업임에도 불구하고 성장률 41%를 보여준다. 매출총이익률도 42.5%로 아마존이 규모의 경제를 이루면서 효율적으로 원가비용을 줄여나가고 있음을 보여주는 대목이다.

그러나 순이익률은 7.5%로 떨어지는데 마케팅, R&D와 같은 영업비용에 엄청나게 많은 돈을 투자하고 있기 때문이다.

아마존은 이커머스(온라인 쇼핑몰 등) 산업 특성상 시장점유율을 선점하는 것을 최우선적 목표로 하고 있다. 나중에 충분한 시장점유율을 확보한다면 영업비용을 줄일 것이라고 생각된다. 그리고 이것은 자연스럽게 높아진 수익률로 되돌아올 것이다.

2. 자산 현황(2021년 1분기)

자산 현황		부채 현황	
현금	338억 달러	장기부채	849억 달러
단기투자금	394억 달러	1년 내 매입채무	639억 달러
1년 내 매출채권	242억 달러		
총 자산	975억 달러	총 부채	1,488억 달러

아마존이 1년 안에 가용할 수 있는 현금은 총 975억 달러이고 부채는 총 1,488억 달러이다. 비록 기업이 보유하고 있는 현금보다 부채가 훨씬 많으나, 당장 변제 의무가 없는 장기부채가 50%를 차지하므로 생각만큼 나쁜 자산 현황을 지닌 것은 아니라고 판단된다.

경쟁 포지션 기업 : Alibaba, JD.COM, Microsoft, Google

005

인터넷 그리고 미디어의 지배자

구글

비지니스 모델

우스갯소리로 '세계정복을 노리는 것이 아니냐' 의심받는 기업 구글이다. 그만큼 현대인의 삶에 큰 영향을 미치는 서비스들을 구글이 쥐고 있기 때문이다. 구글의 핵심 제품 및 서비스로는 검색포털, 안드로이드, 크롬, Gmail, 구글 드라이브, 구글 포토, 구글 플레이, 유튜브가 있다. 모든 서비스가 전 세계에서 광범위하게 사용되는 것들로 이러한 서비스 아래 구글은 다음과 같은 방법을 통해 수익을 창출한다.

1. 구글 애드

유튜브 등 구글의 서비스에 광고를 띄운다. 광고주는 고객이 광고를 볼 때마다 비용을 지불한다. 동시에 광고주는 광고의 실적을 볼 수 있게 되고, 이에 따라 다양한 전략을 구사할 수 있게 되었다. 또한 구글은 네트워크 이용자의 성향을 미리 파악해두어 광고주가 마케팅 캠페인을 위해 특정 고객에게 광고를 제공할 수 있도록 지원한다.

2. 클라우드 서비스

구글 클라우드는 데이터 이전, 웹/프로그램 개발환경, 머신러닝과 같은 서비스가 마련되어 있는 구글의 클라우드 컴퓨팅 서비스다. 이용자는 확장성이 뛰어나고 안정적인 구글 클라우드 플랫폼을 통해 애플리케이션을 제작, 테스트 및 배포할 수 있다. 이러한 서비스를 고객에게 제공하여 얻는 수수료를 통해 수익을 만들어낸다.

3. 기타 벤쳐 사업

구글은 웨이모, 딥마인드, 윙과 같은 회사를 통해 다양한 사업을 진행하고 있다. 웨이모는 자율주행 서비스를 제공하는 회사로 미국 몇몇 지역에서 택시에 자율주행 기술을 도입하여 서비스를 제공하고 있다. 웨이모가 차지하는 매출액은 매우 적으나, 수백조의 포텐셜을 가진 사업으로 5년에서 10년 안에 선진국 및 중국에 자율주행 택시를 운행하여 수익을 거둬들일 것을 목표로 하고 있다. 딥마인드는 신경망과 인공지능을 개발하는 알파고로 익히 알려진 스타트업이고, 윙은 비행 드론의 개발 사업체로 화물배송을 목표로 삼고 있다.

미래전망

1. AI에 강한 클라우드 서비스

클라우드 분야에서는 아마존의 AWS가 리더임은 확실하나, 구글 클라우드 플랫폼은 보안, AI 응용 분야에 강점을 두고 있다. 이러한 장점을 통해 구글은 하이마크힐스, 보다폰, 웨이페어, 엣시, 메르카도리브레와 같은 고객을 얻게 되었다. 최근에는 트위터가 자사의 오프라인 분석, 데이터 처리, 머신러닝 기능을 구글 데이터 클라우드로 이전시키기도 했다.

구글 클라우드 플랫폼은 최근 38억 달러의 매출액을 거두면서 46.5%의 성장률을 보여줬다. 클라우드 서비스 중 가장 빠른 성장률로 순이익에서는 비록 적자를 내고 있으나, 애널리스트의 분석대로 앞으로 평균 32%의 매출액 성장률을 보여준다면 2024년에는 흑자 전환을 해줄 것으로 기대되고 있다.

2. 유튜브

18세부터 49세까지의 시청자들은 모든 TV 네트워크를 합친 것보다 유튜브에서 보내는 시간이 더 많다고 한다. 2020년 4분기 유튜브의 매출은 69억 달러로 전년 동기 대비 46%라는 훌륭한 성장률을 보여주었다. 유튜브는 프리미엄 멤버십을 통한 수익도 늘려가고 있다. 전 세계 3,000만 명이 프리미엄 멤버십에 가입해 있는데 이로 인한 매출은 연 10억 달러에 이른다.

리스크

정부와의 갈등

구글의 대표적인 리스크는 세계 각지에서 각국 정부와 갈등을 겪고 있다는 점이다. 한 예로 호주에서는 호주 미디어 출판사에서 다루는 뉴스가 구글과 페이스북의 플랫폼에 기재될 때마다 미디어 출판사에 일정 금액을 지불해야 한다는 법안이 발의되었다. 만약 이러한 법안이 통과된다면 구글의 매출액은 크게 타격을 받을 수도 있다. 구글은 호주에서 구글 검색 서비스를 제공하지 않을 것이라고 대응을 하는 상황이다.

또 다른 예로는 유럽에서 구글 애드센스가 공정경쟁법을 위반했다고 판결 받은 것이 있다. 유럽 집행위원회는 구글에게 17억 달러의 벌금을 부과했다. 구글과 같은 회사는 너무 덩치가 크기에 항상 정부 정책의 타깃이 될 수 있다는 리스크를 안고 있다.

1. 수익 현황(2021년 1분기)

1. 매출액 : 553억 달러 (○)

2. 매출액 성장률 : 전년 대비 18% 성장, 19.3% 성장 예상 (△)

3. 매출총이익 : 312억 달러(56.4%) (○)

4. 영업이익 : 147억 달러 (○)

5. 순이익 : 179억 달러(32.4%) (○)

전년 대비 18%의 매출액 성장률이 나왔는데 최근 구글 클라우드 및 기타 벤처 사업에서 높은 매출액 성장률을 보여주었기 때문이다. 2022년에는 더 높은 19.3%의 성장률을 보여줄 것으로 기대된다. 특히 구글의 매출총이익률은 56.4%, 순이익률은 32.4%로 정보산업 기업답게 매우 높은 마진율을 보인다.

2. 자산 현황(2021년 1분기)

자산 현황		부채 현황	
현금	266억 달러	장기부채	252억 달러
장기투자금	252억 달러	1년 내 매입채무	48억 달러
단기투자금	1,084억 달러	세금 부채	155억 달러
1년 내 매출채권	280억 달러		
총 자산	1,882억 달러	총 부채	455억 달러

경쟁 포지션 기업 : Facebook, Microsoft, Amazon, Digital Turbine

facebook

끝없이 몸집을 불리는 소셜미디어서비스
페이스북

비지니스 모델

2006년 야후의 페이스북 인수 제안을 거부했던 마크 저커버그 페이스북 CEO는 그로부터 10년 뒤 SNS 인수합병 시장의 큰손이 되었다. 페이스북은 현재 어떤 SNS 서비스를 가지고 있으며 어떤 사업을 하고 있을까?

1. 페이스북 : 뉴스피드, 스토리, 그룹, 상점, 마켓 플레이스 등 사람들과 소통하고 커뮤니티를 구축하는 다양한 방법을 제공하는 SNS다.
2. 인스타그램 : 사진, 동영상, 메시지를 통해 자신을 표현하는 SNS다. 좋아하는 인플루언서 및 크리에이터와 소통할 수 있는 공간을 제공한다.
3. 페이스북 메신저 : 채팅, 비디오를 통해 친구, 가족, 그룹 및 비즈니스 파트너와 연결할 수 있는 간단하면서도 강력한 메신저이다.
4. 왓츠앱 : 개인이 소통하는 데 사용하는 간단하고 안전한 메신저다. 유럽과 남미권의 인

스턴트 메신저 시장을 점령했지만 어떤 광고도 넣지 않는다는 서비스 특성 때문에 수익이 나지를 않는다.

5. AR·VR 사업 : 개인용 VR 체험 하드웨어 제작과 이를 통해 즐길 수 있는 콘텐츠 유통을 하고 있다.

미래전망

1. VR 시장의 성장

Mordor Intelligence의 조사에 의하면 VR(Virtual Reality) 시장은 2026년까지 48.7%의 연평균 성장률을 보여 18억 달러의 시장규모를 갖게 될 것으로 전망되고 있다. 페이스북은 이러한 흐름에 맞춰 VR 체험 단말기인 오큘러스 퀘스트를 출시했다. 오큘러스 퀘스트는 VR 단말기 시장에서 SONY에 이어 28.3%라는 높은 시장점유율을 차지하고 있다.

현재는 SONY가 시장의 리더 역할을 하고 있으나, 시간이 지남에 따라 SONY의 시장점유율은 줄어가는 모양새다. SONY의 2018년 대비 2019년 시장점유율은 6% 줄어들었으나 오큘러스 퀘스트는 9% 상승했다. 거기다 PC 게임 플랫폼 서비스 1위인 Steam의 VR 게이머 84%는 오큘러스 헤드셋을 갖추고 있다는 조사결과가 나왔다. 비록 페이스북의 광고수익에 비하면 오큘러스 퀘스트로 인한 수익은 아주 작은 편이지만 VR의 시장이 굉장히 빠른 속도로 증가하고 있기에 미래에 좋은 수익 파이프라인을 형성할 것으로 생각된다.

2. 릴라이언스 지오와의 협업

페이스북은 57억 달러를 인도 텔레콤 회사 릴라이언스 지오에 투자하며 9.99%의 지분을 갖추었다. 이 회사는 2019년 기준 인도 텔레콤 시장의 32.14%를 차지하고 있으며, 2020년 기준 9,000억 달러의 매출액을 기록한 곳이다. 텔레콤 이용자 수는 2020년 기준 3억

8,700만 명으로 굉장히 빠른 속도로 성장하고 있다. 또한 페이스북은 파트너십을 통해 자사의 메신저 서비스 왓츠앱을 릴라이언스 지오의 이커머스 서비스 '지오마트'와 연계시켜 놓았다. 지오마트의 판매자들은 왓츠앱을 통해 고객과 소통한다.

인도와 중국의 관계 악화로 인해 페이스북은 추가 수혜를 입었다. 2021년 6월부로 인도의 전자정보기술부는 비디오앱 틱톡을 비롯한 58개의 중국 앱에 대한 자국민의 이용금지를 영구적으로 적용했다. 중국 앱이 인도에 들어오지 못하게 되면서 페이스북은 앞으로도 인도 시장에서 더욱 입지를 굳힐 것으로 보인다.

3. SNS 1위 페이스북, 멈출 줄 모르는 성장

오늘날까지 전 세계적으로 가장 많이 사용되는 SNS는 페이스북이다. 페이스북이 이렇게 SNS의 리더로 자리 잡을 수 있었던 이유는 아주 이른 단계에서 경쟁자인 인스타그램과 왓츠앱을 인수한 공이 크다. 2020년 기준 전 세계 SNS 사용자 39억 명 중, 27억 명은 페이스북 사용자다. 시장점유율은 68%이다. 스마트폰 메신저로 왓츠앱을 사용하는 사람은 20억 명 그리고 인스타그램을 사용하는 사람은 10억 명에 달한다.

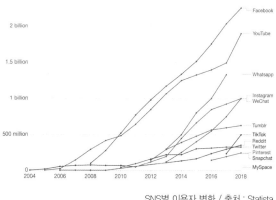

SNS별 이용자 변화 / 출처 : Statista

이렇게 많은 유저들을 확보했음에도 불구하고 페이스북의 유저 숫자는 꾸준히 증가하고 있다. 앞으로도 성장을 이어갈 수 있는 이유로는 인터넷 접근 범위의 확대와 끊임없는 기술 개발이 꼽힌다. 소비자데이터 연구기관 Statista에 따르면 2023년까지 인터넷 이용자는 현재보다 85% 증가한 약 65억 명이 될 것이라고 한다.

4. 이커머스로의 사업 확장

페이스북은 자사의 SNS를 기반으로 이커머스 시장에 도전하고 있다. 페이스북은 페이스북샵과 인스타그램샵을 런칭해 다양한 잡화를 사고팔 수 있게 했다. 2023년 페이스북의 전자결제 시스템 페이스북페이와 왓츠앱페이가 출시되면 페이스북의 전자상거래 시스템 이용자는 월 8억 명에 달할 것으로 예측된다.

리스크

애플의 개인정보 정책 변경

최근 아이폰이 스마트폰 운영체제 iOS 14.5를 내놓으면서, 이용자들이 스마트폰에 깔린 앱의 '앱 사용자 식별 기능'을 온오프 할 수 있게 만들었다. 앱 사용자 식별 기능이란 광고를 위해 애플리케이션 이용자를 식별하고 성향을 수집하는 기능이다. 새로운 앱을 설치할 때 "위치, 마이크, 카메라 등에 대한 임시 액세스 권한을 허용하시겠습니까?"라고 묻는 것처럼 앱에 내장된 식별 기능을 끄고 켤 수 있게 한 것이다. 과거에는 앱을 통해 수집된 개인정보로 광고주들이 개인맞춤형 광고를 할 수 있었으나, 이제는 이 기능을 끈 이용자들을 대상으로는 맞춤형 광고를 할 수 없게 되었다.

로이터 통신에 따르면 페이스북을 사용하는 유저들의 80%가 이 기능을 허용하지 않을 것이고, 이로 인해 페이스북은 약 7%의 매출액을 잃게 될 것이라고 전망하고 있다. 실적에 있어서 애플의 정책 변화가 미치는 영향이 어떨지는 가봐야 알겠으나, 애플의 업데이트는 페이스북에만 피해를 끼치는 것이 아닌, 산업 전반에 영향을 끼치는 부분이기에 페이스북은 여전히 광고주들에게 매력적인 플랫폼으로 남을 것으로 생각한다.

1. 수익 현황(2021년 1분기)

1. 매출액 : 261억 달러 (○)

2. 매출액 성장률 : 전년 대비 28.68% 성장, 24.86% 성장 예상 (○)

3. 매출총이익 : 210억 달러(80.4%) (○)

4. 영업이익 : 113억 달러 (○)

5. 순이익 : 95억 달러(36.3%) (○)

매출총이익률이 80.4%로 믿기 힘든 비율을 보여준다. 원가비용이 거의 들지 않는 좋은 비즈니스 모델을 갖고 있음을 알 수 있다. 영업이익, 세금, 이자 그리고 감가상각 등을 전부 감안했을 때 나오는 순이익도 매출액 대비 36.3%로 매우 높다. 페이스북은 매분기 매출액의 36%에 달하는 잉여현금을 만드는 매우 수익성 높은 비즈니스 모델을 갖고 있는 것이다.

2. 자산 현황(2021년 1분기)

자산 현황		부채 현황	
현금	195억 달러	장기부채	105억 달러
장기투자금	63억 달러	단기부채	10억 달러
단기투자금	447억 달러	1년 내 매입채무	18억 달러
1년 내 매출채권	102억 달러		
총 자산	807억 달러	총 부채	134억 달러

경쟁 포지션 기업 : Facebook, Amazon, Apple, Twitter, Google, Snap

007

TAIWAN
SEMICONDUCTOR
MANUFACTURING

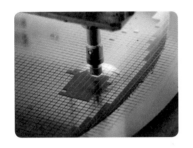

파운드리의 선두주자
TSMC

비즈니스 모델

반도체 관련 기사를 본 적 있는 사람이라면 팹리스와 파운드리에 대해 들어본 적이 있을 것이다. 반도체는 거의 모든 전자제품에 들어가는 필수 소재이지만 모든 기업이 반도체를 만들 수 있는 것은 아니다. 그래서 자신들이 필요한 반도체를 설계할줄 아는 팹리스(Fab-less) 기업들은 반도체 제작을 전담해주는 파운드리(Foundry) 업체에 의뢰해 반도체를 생산한다.

TSMC는 대만에 기반을 둔 파운드리 업체로 대만 GDP의 14%를 차지하는 기업이기에 대만의 삼성전자라 불리기도 한다. 팹리스가 제공하는 집적회로 설계를 기반으로 맞춤형 반도체를 제조한다. 파운드리의 제조 능력을 특징짓는 두 가지의 핵심요소는 생산성과 제조공정 기술이다. TSMC는 전 세계 반도체 제작업체 중 가장 많은 생산능력을 갖추고 있으며, 기술력 면에서 2019년에는 7nm(나노)공정, 2020년에는 5nm공정을 구현해냈다. 지금은 3nm공정 기술개발에 힘을 쓰고 있다. 이를 바탕으로 TSMC는 스마트폰, 고성능 컴퓨터, IoT기기, 자동차 등 각종 소비자 전자기기에 들어가는 반도체를 제작한다.

구 분	2019	2020	2021
APPLE	24%	24.2%	25.4%
Hi-Silicon	15%	12.8%	0%
Qualcomm	6.1%	9.8%	7.6%
Nvidia	7.6%	7.7%	5.8%
Broadcom	7.7%	7.6%	8.1%
AMD	4%	7.3%	9.2%
Intel	5.2%	6%	7.2%
Mediatek	4.3%	5.9%	8.2%

TSMC 고객별 매출액 비율 / 출처: The Information Network

미래전망

파운드리의 선두주자

나노공정이란 반도체 위에 그려넣는 회로와 회로 사이의 폭을 10억분의 1m(나노) 간격으로 수행하는 것을 말한다. 미세한 나노공정이 가능할수록 반도체의 성능을 올릴 수 있다. 다음 도표와 같이

반도체 제작 기업별 나노공정 기술력 / 출처 : IC Insights

10~5nm 공정 시장에서는 TSMC가 매우 독보적인 위치를 차지해왔다. 그만큼 다른 경쟁

사들이 범접하기가 힘든 기술을 TSMC가 보유하고 있다는 것이다. 게다가 TSMC의 5nm의 공정은 7nm 공정보다 더 낮은 불량률을 보이고 있으며 3nm 공정의 구현과 2nm 공정의 개발도 곧 이뤄질 것으로 예상된다.

TSMC는 파운드리 분야 전 세계 시장점유율의 54%를 갖고 있다. CPU에 공격적인 투자를 하는 AMD 그리고 AI 사업에 투자하는 엔비디아 모두 TSMC의 생산능력을 담보로 사업을 진행 중이다. 인텔도 CPU 시장의 경쟁자 AMD와의 맞붙기 위해 TSMC에 3nm 반도체 생산을 맡길 것을 고려하고 있다. 무엇보다 애플이 TSMC의 VIP 고객 자리를 유지할 것이기에 TSMC의 시장점유율은 꾸준히 높은 상태를 유지할 것으로 예상된다.

리스크

경쟁 기업의 투자

우리는 종종 삼성전자가 대만의 TSMC에 의해 시장 파이를 뺏기고 있다는 뉴스를 접하지만, 반대로 TSMC의 입장에서는 삼성전자가 위협적인 경쟁자인 것이 사실이다. 삼성전자 이재용 부회장은 TSMC와의 파운드리 경쟁을 위해 '2030 시스템 반도체 세계 1등 전략'을 내걸고 만반의 준비를 하고 있다. TSMC가 현재는 초격차 전략을 유지하고 있지만 격차가 언제 깨질지는 아무도 알 수 없다.

최근에는 인텔도 바이든 정부의 서포트로 파운드리 사업부(IFS ; Intel Foundry Service)를 구축하기로 선언했다. 인텔의 CEO 팻 겔싱어는 200억 달러를 투자하여 2개의 반도체 생산시설(Fab)을 미국 아리조나에 지을 예정이며, 유럽 정부의 지원 또한 받아 유럽에도 공장을 설립할 계획을 갖고 있다고 밝혔다. 인텔과 삼성전자가 TSMC의 시장점유율을 얼마나 따라올지는 알 수 없으나, TSMC에 있어서 리스크이므로 꾸준히 동향을 관찰해야 할 것이다.

1. 수익 현황(2021년 2분기)

1. 매출액 : 132억 달러 (○)

2. 매출액 성장률 : 전년 대비 19.73% 성장, 22.45% 성장 예상 (○)

3. 매출총이익 : 66억 달러(53.1%) (○)

4. 영업이익 : 50억 달러 (○)

5. 순이익 : 47억 달러(35.6%) (○)

제조업체임에도 매우 높은 매출총이익률과 순이익률을 보이고 있다. 4차 산업혁명에 있어 가장 많이 필요로 되는 제품은 단연코 TSMC에서 생산하는 반도체인 만큼 이러한 흐름은 앞으로도 이어질 전망이다.

2. 자산 현황(2020년 4분기)

자산 현황		부채 현황	
현금	234억 달러	장기부채	98억 달러
장기투자금	9억 달러	단기부채	31억 달러
단기투자금	50억 달러	1년 내 매입채무	116억 달러
1년 내 매출채권	52억 달러	세금 부채	25억 달러
총 자산	347억 달러	총 부채	271억 달러

경쟁 포지션 기업 : Micron, Samsung, SK Hyunix

008

중국의 아마존

알리바바

비지니스 모델

'중국 주식 최대 리스크는 중국 정부'라는 말이 있다. 알리바바도 대표적인 중국의 빅테크 기업 중 하나로 '기업 길들이기'에서 자유롭지 못한 것이 사실이다. 그러나 그런 알리바바가 바다 건너 미국주식시장에서 시총 10위권 내 기업으로 올라온 데에는 다 이유가 있다. 알리바바는 어떤 비즈니스 모델로 수익을 만들어내고 있을까? 알리바바의 사업 모델로는 이커머스, 디지털미디어, 엔터테인먼트, 클라우드 컴퓨팅 등이 있다. 그리고 87%의 매출액이 이커머스에서 나온다.

1. 소매-도매 이커머스

알리바바의 이커머스 사업 영역으로는 소매시장(Retail Market Place)과 도매시장(Wholesale Marketplace)이 있다. 도매상인들은 알리바바를 통해서 소매상인들에게 상품을 판매한다. 그리고 소매상인들은 구매한 물건을 다시 알리바바에 올려 소비자에게 판매한다. 도매시

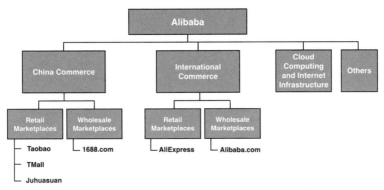

알리바바 비즈니스 모델 / 출처 : Medium.com

장 기능을 하는 서비스가 1688과 알리바바닷컴이고 소매시장 기능을 하는 알리바바의 서비스가 타오바오, T-MALL, 쥐화수안이다. 그리고 소매시장에서 해외 이용자가 물건을 구매할 경우 물건은 알리 익스프레스를 통해서 배송된다.

2. 클라우드 서비스

알리바바의 클라우드 서비스는 아마존, 마이크로소프트, 구글에 이은 세계 4위로 중국과 싱가포르, 인도, 일본, 호주 등 아시아-태평양 지역을 기반으로 빠르게 성장하고 있다. 2020년 인프라형 클라우드 서비스에서는 업계 3위 구글을 따라잡기도 했다.

아마존 클라우드 서비스가 직관적인 서비스와 스토리지에 강점을 두고 마이크로소프트 클라우드 서비스가 오피스 기능과 개발환경 구현에 강점을 두고 구글 클라우드 서비스가 폭넓은 기능과 AI 연계에 강점을 둔다면, 알리바바 클라우드 서비스의 강점은 바로 '이커머스와의 연계 기능'이다. 알리바바는 클라우드 서비스를 자사 메인 비즈니스인 이커머스와 연계시켜 이커머스 비즈니스 참여자에게 편리한 사업환경을 제공하겠다는 확장전략을 갖고 있다.

1. 충분한 가격 하락

알리바바의 주가는 2020년 10월부터 하락하기 시작했다. 320달러였던 주가가 205달러까지 36% 떨어졌는데, 투자자 관점에서 이러한 현상을 어떻게 봐야 할까? 가격의 상승과 하락에 대한 투자심리를 살펴보는 용어로 '상대강도지수(RSI : Relative Strength Index)'가 있다. 주식시장에서 가격의 매수 움직임과 매도 움직임 간의 상대적인 강도를 수치로 나타낸 것이다. 주가가 전날 대비 상승하는 날이 많아지면 RSI 값은 오르게 되어 70 이상이 될 경우 과매수 구간으로 판단한다. 반대로 주가가 전날 대비 하락하는 날이 많아지면 RSI 값은 떨어져 30 이하가 될 경우 과매도 구간으로 본다.

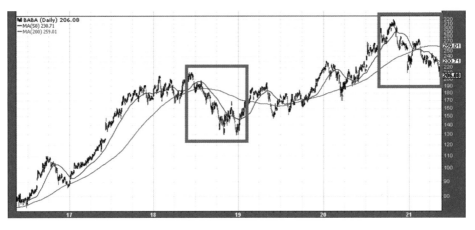

알리바바의 주가 변화 / 출처 : Stock Charts

오른쪽 붉은 박스는 이번 주가 하락 구간이다. 이때 알리바바의 RSI는 25까지 떨어졌다. 지난 5년 동안 알리바바는 RSI가 30 이하로 내려갈 때마다 주가는 크게 반등하는 모습을 보여주었다. 왼쪽 붉은 박스의 2018년 중순 하락 구간에서도 6개월 동안 38%의 주가가 하락한 뒤 반등한 모습을 볼 수 있었다. 이번에도 같은 패턴을 보여줄 확률이 높다고 판단된다.

2. 핵심사업의 성장

알리바바의 산업 현황은 어떨까? 상거래 부분은 기업 매출액의 87%를 담당하고 있으며, 그중에서 66%가 중국 내에서 발생한 매출액이다. 중국 내 상거래 수익은 2021년 1분기 기준 전년 대비 42% 성장했다. 이것은 그만큼 내수가 탄탄하게 버텨준다는 것을 의미한다.

알리바바를 이용하는 고객의 숫자는 중국에서 8억 9,000만 명이고 해외에서는 2억 4,000만 명으로 10억 명을 넘었다. 이로 인해 2020년 전체 매출액은 2019년 대비 약 41%나 성장했다. 만약 중국 정부로부터의 벌금이 없었다면 순이익은 전년 대비 15%나 상승했을 것이다. 이밖에도 2020년 알리바바 전체 매출액의 8%를 차지하고 있는 클라우드 컴퓨팅은 전년 대비 50% 성장했다.

리스크

그렇다면 어떠한 이유에서 36%나 주가가 내려간 걸까? 중·소형주에 투자할 경우 50%에서 60% 이상 주가가 폭락하는 경우를 심심찮게 살펴볼 수 있지만 알리바바는 대기업이다. 36%의 하락은 시가총액이 몇 조원은 증발한 것인데 이렇게 주가가 크게 하락한 이유는 아래와 같다.

1. 중국 정부의 길들이기

중국의 빅테크 기업은 많은 수익을 기록하며 중국 경제에 이바지하고 있지만 중국 정부는 반기업적 행보를 이어가고 있다.

중국은 정부 소유가 아닌 기업에 반독점법을 엄격하게 적용하는 것으로 유명하다. 2015년에는 퀄컴이 10억 달러의 벌금을 부과받은 바 있는데, 2021년 4월에는 알리바바에도 28억 달러 규모의 벌금을 부과했다. 알리바바는 벌금을 즉각 지불했다.

또다른 예로 앤트그룹은 알리바바의 핀테크 계열사로 2015년 출시되어 2020년에는 120억 달러의 매출을 올리기도 했다. 이로 인해 상장을 목전까지 앞두고 있었지만 중국 정부에 의해 갑작스레 무기한 연기된 상태다. 이 또한 중국 정부의 빅테크 기업 길들이기의 일환이라 볼 수 있다.

2. 미국기업과 동일한 회계기준 적용

미국의 회계기준에 따라야 한다는 압박이 점점 심해지고 있다. 2020년 10월 트럼프 대통령이 법안에 사인을 함으로써 알리바바를 비롯해 미국주식에 상장된 많은 중국 기업이 미국의 회계감사 기준을 따르지 않을 경우 증시에서 퇴출되거나 불이익을 받을 수 있게 되었다.

단 연속으로 3년 이상 SEC가 승인한 회계법인을 통해 감사를 받지 않았을 때의 이야기다. 알리바바가 대기업인 만큼 미국의 회계 기준에 반하는 행동을 하지는 않을 것으로 생각되지만 리스크 요인의 하나로 있는 것도 사실이다.

3. 벌금으로 인한 실적 하락

알리바바의 2021년 1분기 매출액은 약 288억 달러로 예측치를 4% 이상 상회하는 모습을 보여주었으나 주당순이익의 경우 1.58달러를 기록하며 예측치를 7% 하회하는 모습을 보여주었다. 이것은 중국에서 맞은 28억 달러의 벌금을 지불해야 했기 때문이다.

1. 수익 현황(2021년 1분기)

1. 매출액 : 288억 달러 (○)

2. 매출액 성장률 : 전년 대비 40.72% 성장, 35.25% 성장 예상 (○)

3. 매출총이익 : 95억 달러(32.9%) (○)

4. 영업이익 : 11억 달러 적자(△)

5. 순이익 : 8억 달러 적자(-2.8%) (△)

알리바바의 성장률은 전년 대비 40.72% 상승했다. 또한 앞으로 35.25%라는 엄청난 매출액 상승률을 보여줄 전망이다. 알리바바의 매출총이익률은 32.9%다. 아마존의 매출총이익률이 42.4%라는 것을 봤을 때 알리바바의 펀더멘탈이 얼마나 강한지 보여주는 예시라고 할 수 있겠다. 영업이익과 순이익의 경우 안타깝게도 적자를 기록했으나 이것은 중국 정부로부터 받은 벌금 때문이다.

2. 자산 현황(2021년 1분기)

자산 현황		부채 현황	
현금	489억 달러	장기부채	206억 달러
장기투자금	665억 달러	단기부채	20억 달러
단기투자금	246억 달러	세금 부채	129억 달러
총 자산	1,401억 달러	총 부채	356억 달러

경쟁 포지션 기업 : Amazon, JD.com, MercadoLibre

든든한 배당주
JP모건

비즈니스 모델

무려 1799년에 설립된 JP모건은 글로벌 금융 서비스 지주회사이자 보유자산 기준으로 가장 큰 미국은행이다. 기업에 속한 각각의 부서가 어떠한 일을 하는지 알아보도록 하겠다.

1. 투자은행

전 세계 투자시장의 9.6%를 차지할 정도로 엄청난 자본을 보유하고 있다. 기업, 금융기관이나 정부와 같은 글로벌 투자자를 대상으로 다양한 증권상품과 서비스를 제공한다. JP모건은 부채자본시장(DCM ; Debt Cabital Management)에서 가장 큰 역할을 하는 은행으로 그중에서도 채권 인수 및 대출 신디케이션* 기능에서 강점을 보인다. 2020년 67억 달러에 상응하는 거래를 체결했다.

---

*   빌리고자하는 측의 돈이 매우 커, 다양한 금융기관에서 돈을 모아 빌려주는 것을 뜻한다.

M&A에서는 골드만삭스 그리고 뱅크오브아메리카에 이어 3번째로 가장 큰 기업으로 910억 달러 규모의 거래를 성사시킨 바 있다. 2021년에도 많은 M&A와 IPO가 예정되어 있는 만큼 괜찮은 수익을 얻게 될 것으로 전망된다. 예를 들어 Toast, Grab, Oatly, Waldencast Acqusition, Olo 등 많은 기업이 상장할 예정이다.

2. 소비자 & 사회 은행

구 분	2019	2020	성장률
소비자&기업 은행	29,585	48,810	65%
주택 담보대출	213,445	182,121	−15%
카드	168,924	144,216	−15%
자동차 담보대출	61,522	66,432	8%
총 합	473,476	441,579	−7%

소비자&사회 은행 사업 부문별 매출(달러)

JP모건의 정식 상호명인 'JP Morgan & Chase'의 Chase 브랜드 안에 있는 소비자&은행 부서다. 일반적으로 위 표와 같이 예금 및 투자상품, 현금관리, 결제 솔루션, 주택담보대출생성 및 서비스, 신용카드 발급 및 자동차 대출과 같은 서비스를 제공한다.

몇몇 부문은 2019년에 비해 2020년 하락한 것을 볼 수 있는데 주택 담보대출과 카드 부문으로 각각 2019년 대비 15% 하락했다. 이것은 경기 침체에 따른 채무 불이행 위험을 완화하기 위해 주택 담보대출에 대한 기준을 강화했기 때문이다. 그러나 경기회복과 함께 신규 주택 판매 그리고 기존 주택 판매가 각각 21% 그리고 9% 증가할 것으로 예측되며, 2021년 글로벌 GDP가 3.5% 성장할 것으로 예측되면서 이제는 좋은 모습을 보일것으로 전망되고 있다.

3. 상업 은행

부동산 비즈니스와 중소기업 고객을 위한 부서라고 할 수 있다. 1만 8,000명 이상의 상업 고객, 3만 4,000명 이상의 부동산 소유주와 투자자들을 대상으로 서비스를 제공한다. 실제로 이들을 대상으로 한 매출이 상업 은행 전체 매출의 가장 큰 부분인 약 39%를 차지하며 연평균 성장률 또한 34%로 가장 빠르게 성장하고 있다. 핀테크 기업과 파트너십을 맺는 등 다양한 시도를 하고 있다.

4. 자산관리

자산관리는 3조 7,000억 달러의 고객자산을 보유한 부서로, 주로 순 자산이 높은 개인투자자들을 대상으로 운영되고 있다. 주식, 고정수입, 머니마켓 펀드를 포함한 대부분의 자산관리 서비스를 제공한다. 경쟁자로는 블랙록, 뱅가드, 스테이트 스트리트, 피델리티자산운용 그리고 알리안츠가 있다.

미래전망

1. 핀테크 투자

4차 산업혁명에 발맞춰 JP모건 또한 은행 산업의 혁신이라고 할 수 있는 핀테크 산업에 투자하고 있다. 최근 JP모건은 흑인 및 라틴계 고객과 사업주를 위해 설계된 디지털 뱅킹 플랫폼인 '그린우드'에 대한 투자를 발표했다. 금융 소외계층을 대상으로 공격적으로 성장하는 핀테크 전문 기업 스퀘어와 페이팔을 견제하기 위한 움직임이라 해석된다. 그린우드를 통해 JP모건은 고객들에게 추가적인 대출서비스를 제공하고 현지 JP모건 지점에서 본사 은행원과 연결될 수 있는 서비스를 제공한다. 이로써 일반 핀테크 기업보다 서비스 면에서 더 우위를 차지할 수 있게 된다.

2. 중국 은행 투자

JP모건이 성장에 집중하고 있는 또다른 분야는 중국 시장이다. 하지만 지금까지는 미국 자본이 중국 자산시장에 진출하는 데 많은 어려움을 겪어왔다. 그러나 최근 규제 변화로 인해 미국 기업이 중국 시장에서 더 자유롭게 지분을 소유하고 운영할 수 있게 되었다. 그 결과 JP모건은 중국초상은행에 4억 달러를 투자했다. 이로 인해 JP모건은 중국 고객의 미국자산 그리고 비미국자산 또한 관리할 수 있는 위치에 섰다. 앞으로 매력적인 성장 영역이 되리라 관측된다.

3. 배당금 상향

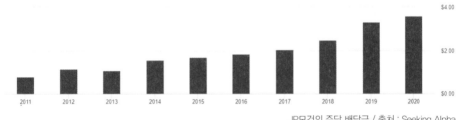

JP모건의 주당 배당금 / 출처 : Seeking Alpha

JP모건은 오랜 역사 동안 꾸준히 주주들에게 배당금을 제공해왔다. 지금까지 약 35~45%라는 좋은 페이아웃 비율(Payout Ratio) 유지했으며, 위 그래프와 같이 매년 배당금을 지속해서 높여왔다.

페이아웃 비율이란 배당성향을 가리키는 말로, 그해 배당금을 연순이익으로 나누었을 때 산출되는 지표다. 일반적으로 좋은 페이아웃 비율은 약 35~55% 정도로, 낮으면 낮을수록 배당할 수 있는 돈이 많이 남았다는 것을 가리키며 배당금을 올릴 수 있는 여유가 있다는 것을 의미한다. 반대로 비율이 100%에 가깝다면 기업에서 남기는 모든 순이익을 배당금에 쓰고 있다는 의미가 되며 배당금을 올릴 수 있는 여유가 없다는 뜻이 되겠다.

물론 코로나 팬데믹의 영향으로 인해 연준이 금리를 0.25%까지 낮춰 이것이 좋지 않은 실적으로 연결되어 최근 7분기 동안에는 배당금을 늘리지 못했다. 대신 JP모건은 R&D 및 마케팅 비용을 늘림으로써 향후 지급할 배당금을 올릴 수 있는 기반을 마련했다.

JP모건의 현 배당성향은 22.3%로 배당금을 올릴 수 있는 여유가 충분하다. 과거 2008년 금융위기로 인한 자본제약이 해소되자마자 JP모건은 43%의 배당금 인상을 발표하기도 했다. 그러므로 2021년 2분기 코로나로 인한 악재가 충분히 해소되는 시기가 온다면 배당금 인상을 할 가능성이 크다고 볼 수 있다. 만약 JP모건이 40% 배당금 인상을 한다고 해도 페이아웃 비율은 31.2%이다. 이것은 여전히 많은 잉여현금이 남았음을 의미하므로 JP모건 입장에서도 배당금 인상은 크게 무리가 되지는 않을 것이라는 계산이 나온다.

펀더멘탈

1. 수익 현황(2021년 1분기)

1. 매출액 : 322억 달러 (○)

2. 매출액 성장률 : 전년 대비 15.9% 성장, 1.64% 성장 예상 (△)

3. 매출총이익 : 322억 달러(100%) (○)

4. 영업이익 : 135억 달러 (○)

5. 순이익 : 138억 달러(42.9%) (○)

JPM모건은 전통적인 금융기업으로, 특정한 제품을 만들어서 매출액을 올리는 것이 아닌 자산관리 및 투자활동을 통해서 수익을 내기에 원가비용이 전혀 들지 않으며, 이것은 100%라는 높은 매출총이익률로 이어진다. 훌륭한 매출총이익률 그리고 순이익률과 함께 꾸준히 수익을 창출하는 기업인만큼 안정적인 배당주로 분류된다. 그러나 매출액 성장률이 낮다는 점은 단점이다.

2. 자산 현황(2021년 1분기)

자산 현황		부채 현황	
현금	7,110억 달러	1년 내 매입채무	2,850억 달러
1년 내 매출채권	1,147억 달러		
총 자산	8,257억 달러	총 부채	2,850억 달러

경쟁 포지션 기업 : Bank of America, Citigroup, Wells Fargo, Goldman Sachs, Morgan Stanley

합병으로 게임체인지

엔비디아

비지니스 모델

근래에 엔비디아와 같은 그래픽카드 제조업체가 대기업으로 자랄 수 있었던 가장 큰 원인은 바로 가상화폐 투자붐에 있었다. 가상화폐 채굴을 위해 그래픽카드 수요가 급증한 것인데, 엔비디아는 이때 벌은 돈으로 새로운 사업을 준비하고 있다.

1. 게이밍 서비스

게임 및 PC용 그래픽카드 GeForce GPU를 제작하고 게임 스트리밍 서비스 GeForce NOW를 운영하는 등의 사업을 한다. 엔비디아에서 개발한 그래픽카드 엔비디아 RTX 라인업은 고품질의 그래픽으로 게임 경험을 향상시킨다.

2. 데이터센터

엔비디아는 자사의 그래픽카드 제조 기술력을 바탕으로 웹 서버 기능과 클라우드 기능을 제공할 수 있는 대규모 데이터센터를 구축하고 있다. 알리바바, 아마존, 바이두, 구글, HP, 마이크로소프트 모두 데이터센터를 짓는데 엔비디아의 그래픽카드 A100 칩을 사용하고 있으니 엔비디아는 이 산업에서 굉장한 이점을 갖고 있다고 할 수 있다.

엔비디아는 '클라우드 게이밍'이라는 신개념 게임플레이 방법을 자사 클라우드 서비스의 확장 전략으로 내세운다. 데이터센터의 컴퓨팅 기기를 통해 게임을 구동하고 사용자의 단말기로 스트리밍 하는 방식이다. 저사양 기기에서도 최신 게임을 할 수 있다는 강점이 있기에 유망한 사업이라 할 수 있다.

3. 전문 그래픽 비주얼

자동차, 미디어, 엔터테인먼트, 건축공학, 원자재, 의료 등의 산업현장에 활용할 수 있는 그래픽 업무를 처리하는 컴퓨팅 솔루션이다. 엔비디아의 그래픽 렌더링 기술을 사용하여 제품 모델과 산업 환경을 등을 비주얼화시켜 사업을 검토할 수 있다. 엔비디아 GPU의 레이트레이싱(Ray Tracing) 기술은 물리적으로 정확한 그림자, 반사 및 굴절을 구현하기에 사실적인 개체 및 환경을 렌더링 할 수 있다.

4. 자율주행

차량용 자율주행 AI 시스템을 개발하는 사업이다. 이를 위해 자동차 제조업체, 센서 제조업체 등 수많은 파트너와 협력하고 있다.

미래전망

1. ARM 인수

ARM은 스마트폰의 CPU 역할을 하는 AP(Application Processor)의 구조를 설계한 영국의 반도체 회사다. 거의 모든 스마트폰은 ARM에 로얄티를 지불하고 만들어진다. 워낙 막대한 영향력을 가졌기에 ARM은 비교적 중립적인 입장을 취하며 기술에 대한 라이선스와 로얄티를 통해서만 수익을 취해왔다.

그런데 엔비디아가 그 ARM에 대한 400억 달러 규모의 인수합병을 추진한 것이다. 현재 미국, 영국, 유럽, 중국으로부터 ARM의 인수 허가를 기다리고 있는 중이다. ARM이 엔비디아에게 인수가 되는 것을 경쟁사들이 반길 리가 없기에 실제로 인수 허가가 떨어질지는 미지수이다. 그러나 만약 엔비디아가 ARM 인수에 성공한다면 스마트 디바이스, 데이터센터, 전기차, 엣지컴퓨팅, IoT(사물인터넷) 분야에서 크게 도약할 것이다. 실제로 전 세계에서 개발되는 위 분야 기술의 70%는 ARM이 개발한 'ARM 마이크로 아키텍쳐' 기술에 의존하고 있다. 이를 통해 엔비디아는 2023년까지 스마트 디바이스의 950억 달러, 데이터센터의 800억 달러, 전기차, 엣지컴퓨팅, 사물인터넷 분야의 750억 달러라는 엄청난 시장을 갖게 될 것이라 예측된다.

2. 게임 시장의 성장

컴퓨터 게임을 하는 데 있어서 그래픽카드(GPU)가 필수인 시대가 왔다. 게임 시장은 연평균 12%의 속도로 성장하고 있는데, 엔비디아의 수익과 연관성이 매우 깊다. 엔비디아의 GeForce RTX GPU는 시장점유율 77%를 차지하고 있다.

3. CPU를 대체하는 GPU

엔비디아는 최근 게임 및 그래픽효과를 위한 그래픽카드가 아닌 대량의 데이터 처리를 위한 그래픽카드를 출시했다. 컴퓨팅 프로세서 시장에서 점차 그래픽카드 제조업체들이 강세를 보일 것으로 예측된다. CPU와 그래픽카드는 별개의 제품으로 나눠져 있지만 사실 데이터 프로세싱이라는 동일한 기능을 수행하는 부품이다. 다만 그래픽카드는 3D와 같은 그래픽 렌더링에 특화되어 있을 뿐이었다. 그런데 4차 산업혁명 핵심 기술인 AI, 빅데이터, 데이터센터 분야에서는 CPU보다 그래픽카드가 더 좋은 데이터 연산 능력을 보이고 있다. 한꺼번에 많은 양의 데이터를 처리하는 데 그래픽카드가 이루고 있는 병렬구조가 유리하기 때문이다.

리스크

순이익 대비 크게 오른 주가

다음 그래프를 보면 2020년부터 엔비디아의 주가 상승률이 순이익 상승률을 크게 앞지른 것을 볼 수 있다. 적정 주가는 현재 주가의 아래에 위치했으나, 대표적인 4차 산업혁명 관련주로 꼽히는 기업이기에 고평가 정도가 심하다고 볼 순 없다. 향후 조정 여부는 앞서 말한 ARM 인수합병 성공 여부가 향방을 가를 것으로 보인다.

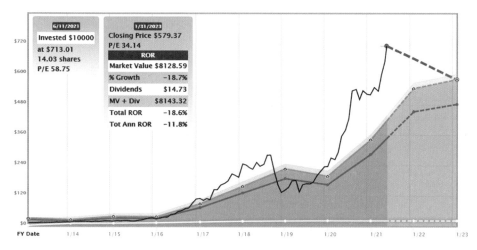

엔비디아 주가(검정색), 순이익(주황색), 조정순이익(파란색) / 출처 : Fast Graphs

1. 수익 현황(2021년 1분기)

1. 매출액 : 56억 달러 (○)

2. 매출액 성장률 : 전년 대비 63.49% 성장, 35.42% 성장 예상 (○)

3. 매출총이익 : 36억 달러(64.1%) (○)

4. 영업이익 : 19억 달러 (○)

5. 순이익 : 19억 달러(33.8%) (○)

엔비디아는 56억 달러라는 역대 가장 높은 매출액을 기록했다. 매출액 성장률도 전년 대비 63.49%, 2022년 35.42%일 것으로 전망되고 있다. 매출총이익률도 64.1%로 제조기업임에도 원가비용 절감이 잘되고 있음을 알 수 있다.

2. 자산 현황(2021년 1분기)

자산 현황		부채 현황	
현금	9억 달러	장기부채	66억 달러
단기투자금	116억 달러	단기부채	9억 달러
1년 내 매출채권	30억 달러	1년 내 매입채무	12억 달러
총 자산	156억 달러	총 부채	87억 달러

경쟁 포지션 기업 : AMD, Intel, Micron Technology, Qualcomm, Broadcom

011

카드계의 듀오폴리

비자카드

비즈니스 모델

비자카드에 대해 알아보기 위해서 우선 신용카드의 발급 구조를 얘기할 필요가 있다. 신용카드 서비스 운용 과정에는 카드 발급사(Issuer)와 카드 매입사(Acquirer)가 있다.

카드 발급사는 카드 소지자에게 카드를 발행해주는 은행이고, 카드 매입사는 상인과 제휴하여 고객이 신용카드로 지불할 환경을 만들고 거래를 승인 및 이행하는 역할을 하는 은행이다.

우리나라에서는 일반적으로 카드 발급사와 카드 매입사가 동일하기에 신용카드 이용 시에 이 부분을 인지하지 못하지만 해외에서는 카드 발급사와 카드 매입사가 다른 경우도 많다. 신용카드사는 상인과 소비자에게 수수료를 취하는 방식으로 이득을 발생시킨다.

신용카드 이용자 확대

사람들이 점차 현금 대신 카드를 사용하기 시작한다는 것은 모두가 알고 있을 것이다. 카드의 편리성으로 인해 시간이 지날수록 신용카드의 사용세는 더 강해질 것으로 전망되고 있다. 이러한 흐름은 대부분의 선진국에 볼 수 있는 트렌드다.

마스터카드, 유니온페이, 아메리칸 익스프레스, JCB 등 다양한 카드발행사 중 가장 높은 시장점유율(60%)을 갖고 있는 비자카드는 이런 변화에서 가장 큰 수혜를 받을 것으로 전망되고 있다.

그렇다면 신흥국에서는 어떨까? 유럽 중진국과 아시아 국가에서는 다른 선진국들과 마찬가지로 현금 사용비율이 줄어드는 모양새다. 반면 라틴아메리카, 아프리카 그리고 중동의 경우 여전히 결제의 50%가 현금으로 이루어지고 있다. 그러나 결국 세계 결제 시장의 흐름은 선진국에 맞춰져 갈 것이기에 이들 지역에 있어서도 체크카드 및 신용카드 사용의 흐름은 점차 강해지리라 생각하는 것이 합리적이다.

위 그림과 같이 상대적으로 카드 사용 비중이 적은 지역으로는 라틴아메리카, 아프리카, 중동 그리고 몇몇 아시아 국가들이 있다. 이들 또한 언젠가는 현금 대신 카드 사용을 많이 하게 될 것이다. 이들

지역별 결제 시장 분포도 / 출처 : 비자카드

의 전체 소비량은 11조 달러에 육박하는 만큼 비자카드 입장에서는 시장점유율을 높일 수 있는 잠재력이 아직도 많이 남아있다는 것을 알 수 있는 대목이 되겠다.

리스크

고평가된 주가

고평가된 비자카드의 현재 주가는 리스크로 작용하고 있다. 검은색 선은 비자카드의 주가를 나타내며 주황색 선은 비자카드의 순이익을 나타내는데, 과거 비율에 비해 주가 성장

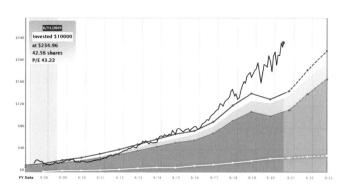

비자카드 주가(검정색), 순이익(주황색), 조정순이익(파란색) / 출처 : Fast Graphs

률이 순이익 성장률을 크게 앞지른 것을 확인할 수 있다. 파란색 선은 애널리스트들이 시장의 기대를 반영한 조정순이익 수치인데, 이보다도 주가가 크게 올라가 있어 향후 주가에 조정이 있을 수 있다고 판단된다.

펀더멘탈

1. 수익 현황(2021년 1분기)

   1. 매출액 : 57억 달러 (○)

   2. 매출액 성장률 : 전년 대비 10.6% 하락, 6.92% 성장 예상 (○)

3. 매출총이익 : 46억 달러(80.7%) (△)

4. 영업이익 : 35억 달러 (○)

5. 순이익 : 30억 달러(52.63%) (○)

80%에 달하는 매출총이익률을 통해 비자카드의 비즈니스 모델에 큰 원가비용이 들어가지 않는다는 것을 알 수 있다. 순이익률 또한 52.63%를 기록하고 있어, 절반 이상의 매출액이 잉여현금으로 남게 되는 것도 주목할 만하다. 이렇게 안정적인 펀더멘탈을 갖고 있다는 것은 장점이나, 전통적인 가치주로서 낮은 성장률을 보이는 것은 감안해야겠다.

2. 자산 현황(2021년 1분기)

자산 현황		부채 현황	
현금	173억 달러	장기부채	209억 달러
장기투자금	2억 달러	1년 내 매입채무	21억 달러
단기투자금	20억 달러	세금 부채	52억 달러
1년 내 매출채권	32억 달러		
총 자산	227억 달러	총 부채	282억 달러

경쟁 포지션 기업 : Mastercard, Paypal, Union Pay

012

카드계의 듀오폴리 2

마스터카드

비지니스 모델

비자카드에 이은 카드계의 또 다른 듀오폴리, 마스터카드다. 참고로 듀오폴리는 두 기업이 시장을 독점하는 것을 말한다. 마스터카드의 비즈니스 모델은 비자카드와 마찬가

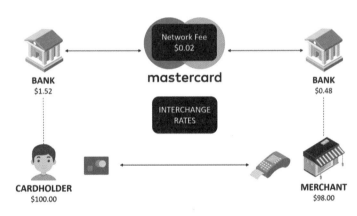

마스터카드의 신용카드 비즈니스 구조 / 출처 : 마스터카드

지로 신용카드 수수료, 데이터 분석 및 상담 수수료 등이 있다.

1. 이커머스 시장 성장

2017년 2조 4,000억 달러였던 이커머스 시장 규모는 2023년에는 6조 5,000억 달러까지 성장할 것으로 예측되고 있다. 결제 금액뿐 아니라 결제 횟수도 증가하는데 2018년 3,600억 회 이뤄진 총 결제 횟수가 2028년에는 2.3배 상승한 8,500억 회로 증가하리라 예측된다.

2. 디지털 화폐 도입

"마스터카드는 우리가 직접 관리하는 네트워크에 디지털 화폐를 추가할 예정입니다. 이는 소비자와 상인에게 그들이 사용하고 싶은 화폐를 고를 선택권과 유연성을 제공합니다."

마스터카드 CEO 마이클 미에바크가 2020년 4분기 기자회견에서 언급한 내용이다. 그는 상인과 소비자가 비트코인을 비롯한 다양한 가상화폐로 거래할 수 있도록 자사 거래 네트워크에 도입할 계획이라고 제시했다. 이미 페이팔과 스퀘어가 비트코인을 이용해서 거래하도록 하는 인프라를 도입한 바 있는데 마스터카드 또한 그러한 흐름에 뒤처지지 않으려고 노력하는 것은 바람직한 부분이라고 본다.

리스크

1. 유니온페이의 등장

중국은행연합의 신용카드 시스템으로 출범한 유니온페이는 자국에서의 성장을 날개로 삼아 5년 간 연평균 20% 속도로 꾸준히 성장해왔다. 중국 정부의 전폭적인 지원에 의한 결과이며 앞으로도 꾸준히 중국 내에서는 시장점유율을 높일 것으로 보인다.

컨설팅 전문사 글로벌데이터에 의하면 중국 내에서 한 해에 이뤄지는 카드결제 금액은 16조 달러에 달하며, 이것은 미국과 영국 결제금액을 합친 두 배에 달하는 액수다.

중국의 카드결제 금액은 지금도 해마다 11.8%의 성장률을 보이고 있기에 2023년에는 25조 8,000억 달러가 될 것이라 전망되고 있다. 비록 중국 밖의 유니온페이 카드 발급 비율은 1%밖에 되지 않으나 든든한 중국 시장이 뒷받침되고 국제 시장점유율을 높여간다면 마스터카드에게는 리스크로 작용할 수 있다.

2. 미국의 독점금지법

신용카드는 비자 그리고 마스터카드가 독점하고 있는 시장인 만큼, 독점금지법 이슈에 종종 휘말리고는 한다. 실제로 2005년 마스터카드, 비자 그리고 JP모건, 시티그룹, 뱅크오브아메리카와 같은 은행들이 1,200만 명의 상인들로부터 고소를 당한 바 있다. 담합해 수수료를 올린 정황이 있었다는 것인데, 독과점 기업인만큼 이런 이슈에 또다시 휘말릴 일이 없으리란 법도 없다.

펀더멘탈

1. 수익 현황(2021년 1분기)

1. 매출액 : 41억 달러 (○)

2. 매출액 성장률 : 전년 대비 9.15% 하락, 9.22% 성장 예상 (△)

3. 매출총이익 : 41억 달러(100%) (○)

4. 영업이익 : 22억 달러 (○)

5. 순이익 : 18억 달러(43.9%) (○)

매출총이익률은 100%로, 매출액을 만들어 내기 위한 원가비용이 들어가지 않는다는 것을 볼 수 있다. 성장률에 있어서는 2021년 1분기 좋은 성적을 받지 못한 것이 사실이다. 그러나 앞으로 현금에서 카드의 사용이 빈번해짐에 따라 마스터카드의 순이익률은 꾸준히 증가할 것으로 판단된다.

2. 자산 현황(2021년 1분기)

자산 현황		부채 현황	
현금	90억 달러	장기부채	132억 달러
단기투자금	5억 달러	단기부채	6억 달러
1년 내 매출채권	26억 달러	1년 내 매입채무	5억 달러
총 자산	121억 달러	총 부채	143억 달러

마스터카드가 가용할 수 있는 자산은 121억 달러로 전체 부채인 143억 달러보다 적지만 부채의 약 92%는 장기부채로 상환 압박이 크지 않다. 자세한 상환 기한을 보면 95억 달러 이상의 부채가 2025년 이후 상환으로 잡혀있다. 신용이 좋은 기업일수록 부채 상환 기한은 아주 멀리 잡혀있는 경우가 대부분이기에 마스터카드의 부채는 충분히 관리 가능한 선상 안에 있다고 볼 수 있겠다.

경쟁 포지션 기업 : Visa, Paypal, Union Pay

013

캐릭터를 집어삼키는 기업

월트디즈니

비지니스 모델

1. 미디어&엔터테인먼트

디즈니 미디어&엔터테인먼트 사업부는 크게 1. 방송국, 2. OTT(인터넷 스트리밍 서비스) 3. 라이선스 판매 등의 사업을 하고 있다. 방송국으로는 폭스, ABC, ESPN, 내셔널지오그래픽 등을 보유하고 있으며, OTT로는 디즈니+, 디즈니+ 핫스타, ESPN+, HULU 등을 운영 중이다. 그리고 디즈니에서 제작된 콘텐츠에 대한 라이선스를 판매하는 사업을 하는데, 인터넷 VOD 서비스 업체들에게 유통권을 부여하거나, DVD, 음원, 극장 유통을 통해서도 수익을 벌어들이고 있다.

2. 디즈니 공원&굿즈

디즈니 공원 및 리조트를 통해 수익을 얻는 사업부다. 플로리다, 캘리포니아, 파리, 홍콩, 상하이 그리고 도쿄에 디즈니 공원을 두고 있으며, 하와이에는 디즈니 크루즈 라인, 디즈

니 리조트 및 스파를 두고 있다. 이러한 시설의 입장료와 다양한 디즈니 굿즈를 판매하여
매출을 올린다.

미래전망

1. OTT에 대한 적극적 투자

2021년 1분기에 디즈니 OTT 서비스인 디즈니+, HULU, ESPN+는 약 1억 4,600만 명의
구독자를 달성했다. 디즈니+의 서비스가 시작된 지 단 16개월 만에 1억 명의 구독자를 이
룬 것으로, 넷플릭스가 1억 명의 구독자를 얻기 위해 걸린 10년이라는 기록을 단번에 갈
아치운 것이다. 참고로 넷플릭스는 2억 700명의 구독자를 보유한 상태로 2019년 대비
2020년 넷플릭스의 시장점유율은 19.1%에서 18.5%로 떨어지기도 했다. 반면 디즈니는

오히려 온라인 비디오 사업에서 7.3%에서 13.3%로 큰 성장을 보여주었다.

앞으로 이러한 흐름은 더 거세질 전망이다. 디즈니는 오리지널 콘텐츠 제작에 대한 예산을 140억 달러에서 160억 달러까지 늘려 2024년 안에 100개의 영화 및 텔레비전 프로젝트를 런칭한다. 이 중에서 80%의 콘텐츠는 디즈니+를 통해 서비스할 계획이라고 밝혔다. 킬러 콘텐츠인 마블 시리즈 및 십여 개의 스타워즈 쇼 또한 포함된다.

최근에는 ESPN이 NFL(미국 풋볼리그)의 11년 치 중계권을 따냈다. 미국 풋볼 중계 프로그램은 미국인들이 가장 많이 시청하는 프로그램 중 하나이다. 이 안에는 두 개의 슈퍼볼, 여섯 개의 정규 시즌 그리고 플레이오프 게임 중계권이 포함된다. 풋볼 게임 중계는 연평균 1300만 명, 슈퍼볼의 경우 9200만 명의 시청자 기록을 갖고 있어, 디즈니 플랫폼에 대한 구독자 유입에 큰 역할을 할 것으로 기대된다.

2. 치킨게임의 승자

지금의 OTT 시장에는 넷플릭스, 아마존 외에도 월트디즈니의 경쟁사들이 많다. 그러나 향후 OTT 시장에서 모든 기업들이 가격을 내리는 치킨게임을 시작한다면 과연 승자는 몇이나 남게 될까? 실제로 디즈니는 2020년 4분기에 13.72달러였던 월 구독료를 7.29달러까지 낮춘 바 있다. 가격적으로 디즈니가 제공하는 서비스의 매력도는 다른 경쟁업체에 비해 높아져가고 있는 것이다. 치킨게임에서 살아남으려면 무엇보다 현금이 많아야 한다. 디즈니의 넘치는 현금은 치킨게임에서 큰 이점을 발휘할 것이다.

3. 디즈니 공원과 유람선 사업의 회복

2020년 코로나 전염병으로 인해 디즈니 공원과 유람선 사업은 크게 피해를 보았고, 매출액은 2019년 262억 달러에서 2020년 165억 달러로 크게 줄었다. 다행히도 코로나 팬데믹 사태가 종식되면서 상하이, 도쿄, 홍콩 디즈니 공원은 재개장이 되었고 미국의 디즈니 공원 또한 2021년 4월 30일 재개장을 앞두고 있다. 유람선 사업까지 2021년 가을 재개장하게 되면 디즈니의 모든 비즈니스 섹터가 회복된다.

리스크

고평가된 주가

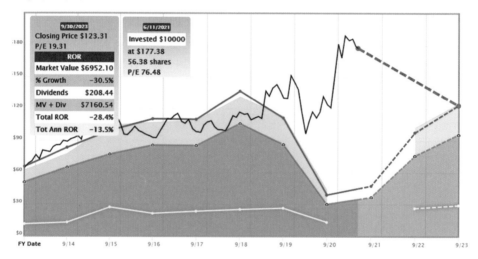

월트디즈니 주가(검은색), 순이익(주황색), 조정순이익(파란색) / 출처 : Fast Graphs

위 그래프를 보면 순이익에 비해 주가가 많이 올랐음을 알 수 있다. 코로나 팬데믹 시기에 주가가 하락했지만 OTT 사업에서 구독자 1억 명을 유치하며 다시 주가를 견인시켰다. 시장의 기대를 반영한 조정순이익은 순이익보다 약간 높게 그려져 있다. 이에 따른 적정 주가인 123달러까지 내려갈지는 미지수이나 추가적인 호재가 생기지 않는 이상 주가가 오르긴 힘들 것으로 판단된다.

1. 수익 현황(2021년 1분기)

1. 매출액 : 156억 달러 (○)

2. 매출액 성장률 : 전년 대비 25.46% 하락, 7.02% 성장 예상 (△)

3. 매출총이익 : 58억 달러(37.17%) (○)

4. 영업이익 : 10억 달러 (○)

5. 순이익 : 9억 달러(5.8%) (○)

아직은 코로나로 인해 심한 타격을 입은 모습이다. 코로나가 개선되면서 매출액 그리고 영업이익 성장률이 차츰 회복될 전망을 갖고 있다.

2. 자산 현황(2021년 1분기)

자산 현황		부채 현황	
현금	158억 달러	장기부채	509억 달러
장기투자금	43억 달러	단기부채	52억 달러
1년 내 매출채권	125억 달러	1년 내 매입채무	170억 달러
		세금 부채	68억 달러
총 자산	327억 달러	총 부채	800억 달러

경쟁 포지션 기업 : Netflix, Cinemark, Viacom, Comcast, AT&T

014

P PayPal

전통적 핀테크 기업
페이팔

비지니스 모델

페이팔은 1998년 설립될 때부터 한결같이 전자결제 서비스만을 바라보고 달려온 '전통적 핀테크 기업'이다. 페이팔은 단순 송금 거래나 온오프라인 상거래의 구매 결제를 지원함으로써 결제 수수료를 취한다. 한 해 매출액의 약 93%가 전자결제 수수료만으로 발생한다. 이용자들은 페이팔 계정에 자신의 직불카드 및 신용카드를 연동시켜 금융서비스를 이용한다.

1. 전자결제 : 페이팔 ID와 비밀번호로 로그인만 하면 간단하게 결제할 수 있다. 개인장치에 계정 정보를 저장해 자동로그인 기능을 이용하면 더욱 간편하다.
2. 해외 송금 : 200개 이상 국가의 100개가 넘는 통화로 돈을 보낼 수 있다.
3. 매출 대금 수취 : 사업자는 온라인 및 오프라인에서 발생한 매출 대금을 페이팔 계좌로 받을 수 있다.

4. 소액 신용대출 : 첫 대출 시 99달러를 무이자로 대출받을 수 있으며, 6개월 이내에 상환이 완료되면 대출 가능한 금액이 조금씩 늘어난다.

미래전망

1. 결제량 증가

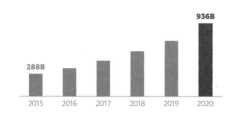
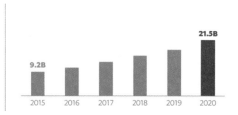

페이팔 결제량(좌), 매출액(우) 증가 / 출처 : 페이팔

먼저 페이팔의 결제량은 지난 5년 동안 3배 이상 증가했다. 페이팔에 의하면 이러한 성장흐름은 앞으로도 지속되어 2020년 9,360억 달러이던 결제량은 2025년 2조 8,000억 달러로 성장할 전망이라고 한다. 어떤 방안이 있길래 페이팔은 자사 결제량의 성장을 보장하는 것일까?

2. 결제 범위의 확대

새로운 지역과 새로운 시장에 페이팔을 출시하는 것은 그동안 페이팔의 성장전략에서 가장 많이 볼 수 있었던 방법이다. 페이팔은 신흥국가를 포함한 많은 시장에서 서비스를 개시해 수익을 창출해가는 모습을 보이고 있다. 페이팔은 동남아시아의 이커머스 강자 '고젝(Gojek)'과 남아메리카의 이커머스 강자 '메르카도리브레(Mercado Libre)'와 파트너십을 맺은 바 있으며 2019년에는 중국의 핀테크 기업 고페이를 인수한 바 있다.

여전히 동남아시아 국가 인구의 49.5%는 은행 서비스를 전혀 이용하지 못하고 있다. 그마저도 24%는 은행 계좌만 있을 뿐 신용카드, 투자 및 보험서비스는 받지 못하고 있으며, 오직 국민의 26%만이 은행서비스를 온전히 받는다고 한다. 은행을 통해 금융서비스를 받지 못한 수요가 동남아시아에 진출한 페이팔을 통해 금융서비스를 이용하기 시작한다면 페아팔의 성장은 더 거세질 것이라고 판단된다.

3. 새로운 기능의 도입

페이팔은 오프라인에서도 간단하게 결제를 수행할 수 있도록 QR코드 결제 시스템을 도입했다. 이로 인해 오프라인 소비자들도 자신들의 고객으로 받아들일 수 있게 되었다. 이밖에도 페이팔은 '나중에 결제(Buy Now Pay Later)'라는 사실상 신용카드를 대체하는 서비스를 개발해 런칭하기도 했다. 또한 주식 및 암호화폐에 투자할 수 있는 기능을 페이팔 앱에 도입하여 가상화폐 투자자를 유도하는 데 성공했다.

리스크

스퀘어와의 경쟁

페이팔은 본 서비스 앱 외에도 더욱 간편한 기능을 추구한 결제 앱 벤모를 운영하고 있다. 벤모는 그동안 이용자들로부터 많은 사랑을 받아왔지만, 유사한 기능의 경쟁 앱인 스퀘어의 캐쉬앱이 2017년 암호화폐 투자 기능을 지원하면서 경쟁에서 밀리는 상황이다.

다음 그래프는 벤모와 캐쉬앱에 대한 구글 검색량을 나타낸 것으로 2019년 이후 캐쉬앱이 벤모의 검색량을 앞지른 것을 보여준다. 거기다 2020년 기준으로 벤모는 4억 5,000만 달러의 매출액을 얻은 반면, 스퀘어의 캐쉬앱은 59억 달러의 매출액을 기록하는 모습을 보여주었다. 벤모는 6,500만 명의 유저를 보유했고 캐쉬앱은 3,400만 명의 유저를 보유했음에도 매출이 10분의 1도 못 미친 것이었다.

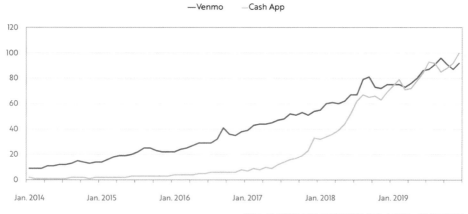

벤모, 캐쉬앱의 구글 검색량 비율 변화 / 출처 : ARK투자자문

이용자 1명당 생기는 매출량이 턱없이 부족했던 것인데 이러한 차이가 생긴 이유는 바로 캐쉬앱의 투자 기능 때문이었다.

높아지는 주식 및 코인에 대한 인기와 함께 코인 거래기능이 있는 캐쉬앱의 이용자도 많아졌다. 2021년 4월 페이팔도 부랴부랴 벤모에 암호화폐 거래 서비스를 넣었지만 이용자들은 이미 캐쉬앱으로 많이 넘어간 상태다. 다만 아직 벤모는 캐쉬앱보다 많은 유저를 보유하고 있어 지켜봐야 할 필요가 있다.

1. 수익 현황(2021년 1분기)

1. 매출액 : 60억 달러 (○)

2. 매출액 성장률 : 전년 대비 25.23% 성장, 20.81% 성장 예상 (○)

3. 매출총이익 : 29억 달러(49%) (○)

4. 영업이익 : 10억 달러 (○)

5. 순이익 : 11억 달러(18.2%) (○)

2. 자산 현황(2021년 1분기)

자산 현황		부채 현황	
현금	57억 달러	장기부채	89억 달러
장기투자금	59억 달러	1년 내 매입채무	385억 달러
단기투자금	101억 달러	세금 부채	28억 달러
1년 내 매출채권	363억 달러		
총 자산	580억 달러	총 부채	502억 달러

경쟁 포지션 기업 : Mastercard, Visa, Square, Sofi

015

ExonMobil

친환경을 노리는 석유공룡
엑슨모빌

비지니스 모델

이산화탄소는 지구온난화를 일으키는 대표적인 물질이지만 다른 대기오염물질에 비해 여과기술과 감축방안이 마땅치 않았다. 엑슨모빌은 전통적인 화석연료 산업체인 동시에 최고의 이산화탄소 여과기술(탄소포집기술)을 갖춘 기업이기도 하다. 엑슨모빌은 어떤 비즈니스 모델을 가지고 있을까?

1. 연료 생산(Upsteam) : 엑슨모빌의 기본 사업 분야로 매력적인 석유 및 천연가스 자원을 탐사하고 개발한다. 전 세계 40개국에서 사업을 운영하고 있으며, 가이아나, 브라질, 미국 페르미안 등의 사업장에서 하루 약 400만 배럴의 석유와 천연가스를 생산한다.
2. 연료 가공 및 판매(Downsteam) : 연료의 운송과 정제, 판매를 수행하는 분야다. 하루에 약 500만 배럴의 석유 제품을 판매한다. 'Mobil 1' 합성 윤활유와 같은 유명한 소비자 제품도 포트폴리오로 구성되어 있다.

3. 화학(Chemical) : 올레핀, 폴레올레핀, 폴리에틸렌과 같은 합성수지(플라스틱) 및 기타 다양한 석유화학 제품을 만들고 있다. 코로나로 인해 석유사업 부서 전체가 큰 타격을 입었음에도 불구하고 유일하게 수익을 창출한 부서다. 엑슨모빌은 매년 2,500만 톤 이상의 화학제품을 판매하고 있다.

미래전망

1. 탄소포집기술

많은 선진국들이 2050년까지 '탄소 순배출량 제로'를 이루겠다며 관련 규제를 신설해나가고 있다. 이런 가운데 엑슨모빌은 기업으로서 이산화탄소 배출량을 2025년까지 30%를 줄이기로 하는 등 이산화탄소를 줄이는 데 적극적으로 동참하고 있다. 엑슨모빌은 2000년도부터 100억 달러에 달하는 돈을 R&D에 투자하여 탄소배출을 줄이는 기술을 개발하는 데 힘써왔다. 그 결과로 개발된 탄소포집기술은 이제 와 기업이 가장 빠르게 성장할 수 있는 기회가 되었다. 탄소 배출량 감축 시장은 2040년 2조 달러에 달할 전망이다.

탄소포집 및 저장기술이란 화력발전 등으로 발생한 가스 속에서 탄소를 분리시켜 땅속에 넣어서 보관하는 기술이다. 고갈된 가스층과 오일층 위에 세워진 폐 시추시설을 역(逆)활용하여 지하층에 이산화탄소를 주입시켜 보관한다. 엑

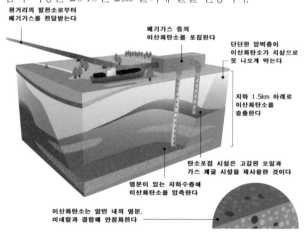

탄소포집 및 저장기술 설명 / 출처 : EU Science Hub

슨모빌은 지금까지 1억 2,000만 톤의 탄소를 포집했으며 연 900만 톤의 탄소를 포집할 수 있는 설비를 갖췄다.

이런 흐름 아래 엑슨모빌은 휴스턴 항공업지대의 배출가스를 탄소포집하는 1,000억 달러 규모의 사업 프로젝트를 준비 중이다. 프로젝트 초기단계에서만 공장지대의 정유소 및 석유화학 공장에서 발생하는 연간 5,000만 톤의 이산화탄소를 포집할 계획을 갖고 있다. 그리고 프로젝트가 2040년까지 궤도에 오르면 연간 1억 톤의 이산화탄소를 포집하는 사업이 된다. 미국에서 한 해 발생하는 이산화탄소의 양이 50억 톤임을 봤을 때 이는 엄청난 양이다.

2. 앞으로도 건재할 오일 산업

아무리 대체에너지 기술이 발달한다고 해도 수많은 수요층을 갖고 있는 화석연료 산업은 건재할 것으로 기대된다. 대체에너지가 화력발전을 완벽히 대체하려면 항공, 제조, 크루즈 및 자동차를 포함한 다양한 산업 분야의 수없이 많은 문제를 해결해야 한다.

예를 들어 화석연료의 에너지 밀도는 전기자동차에 사용되는 리튬이온 배터리의 에너지 밀도보다 훨씬 높다. 35kg의 가솔린을 채운 승용차는 일반적으로 연료를 보급할 필요 없이 약 579km를 운행할 수 있다. 반면 35kg 배터리를 장착한 전기자동차는 단 33km만 주행할 수 있다. 비행기 및 화물선과 같이 1회 정박과 급유에 큰 비용이 들어가는 경우 화석연료에 대한 선호도는 더욱 높아진다.

지난 반세기 동안 석유시추 공정의 효율성을 개선하기 위해 기업과 각국 정부는 수조 달러를 투자했다. 이로 인해 화력발전의 경제성은 급속하게 올라갔으며 이런 효율을 대체에너지가 재현하려면 훨씬 더 많은 투자금과 20년 이상의 연구기간이 필요할 것으로 보인다.

탄소포집 산업의 비경제성과 정부 지원

엑슨모빌의 탄소포집 프로젝트에서 예의주시해야 하는 부분은 과연 얼마 정도를 정부로부터 지원받을 수 있는가다. 지금은 탄소포집기술을 통해 1톤당 50달러에 상응하는 세금 절감 혜택을 받을 수 있는 상황으로 이는 연간 25~50억 달러 규모다. 하지만 이 정도의 혜택은 사실 사업 경제성을 충족하기에 부족하다. 엑슨모빌은 현재보다 두 배의 혜택을 원하고 있고 과연 이러한 부분이 정부로부터 받아들여질지 말지는 앞으로 지켜봐야 한다.

어찌 됐건 미국정부가 엑슨모빌의 제안을 거절한다면 엑슨모빌은 탄소포집 사업을 지연시킬 수 있다. 바이든 정부가 세운 국가 인프라 지원 예산 3조 달러에는 녹색교통과 관련 예산이 600억 달러, 기후문제 연구 및 개발 관련 예산이 460억 달러로 마련되어 있다. 필자는 엑슨모빌이 원하는 만큼의 세제 혜택을 받을 수 있을 것이라 예상한다.

1. 수익 현황(2021년 1분기)

1. 매출액 : 591억 달러 (○)

2. 매출액 성장률 : 전년 대비 26.95% 하락, 1.06% 성장 예상 (△)

3. 매출총이익 : 198억 달러(33.6%) (○)

4. 영업이익 : 38억 달러 (△)

5. 순이익 : 27억 달러(4.6%) (○)

2020년 2분기 코로나로 인해 매출액이 큰 피해를 입었으나 2021년 1분기 591억 달러의 매출액을 기록하며 빠르게 회복했다. 매출총이익률은 33.6% 그리고 순이익률은 매출액 대비 4.6%로 코로나 이전과 큰 차이가 없는 수치다. 이 점을 봤을 때 엑슨모빌의 실적은 그저 코로나 팬데믹으로 인한 일시적 현상이며, 유가가 상승함에 따라 회복될 것임을 알 수 있다.

2. 자산 현황(2021년 1분기)

자산 현황		부채 현황	
현금	35억 달러	장기부채	451억 달러
장기투자금	441억 달러	단기부채	181억 달러
1년 내 매출채권	247억 달러	1년 내 매입채무	410억 달러
		세금 부채	190억 달러
총 자산	724억 달러	총 부채	1,234억 달러

경쟁 포지션 기업 : Occidental Petroleum, Chevron, BP, Royal Dutch Shell, Conoco Phillips

016

파운드리로 부활을 꿈꾸는

인텔

비지니스 모델

인텔은 크게 PC 사업부와 데이터 사업부로 나뉘어 자율주행, 5G 네트워크, 클라이언트 커넥티비티, 클라우드 컴퓨팅, IoT(사물인터넷), 컴퓨터, AI 등과 관련된 사업을 진행한다.

1. 컴퓨터 프로세서 : 인텔 전체의 매출액 51%를 담당하는 부서로, 최근에는 10nm 슈퍼핀 기술을 기반으로 한 11세대 인텔코어 프로세서를 출시했다. 이 프로세서는 CPU, GPU, AI 최적화 등의 기능을 갖추고 있어 활용도를 극대화할 수 있다.
2. 데이터센터 : 컴퓨팅, 데이터저장소, 네트워크 기능을 위한 데이터센터를 구축해 클라우드 서비스 제공업체, 통신 서비스 제공업체, 기업 및 정부 등을 대상으로 서비스를 제공한다. 인텔의 매출액 34%를 담당하는 수익률이 좋은 부서다.
3. IoT : 임베디드(내장형) 컴퓨팅 기기가 탑재된 다양한 사물인터넷 제품을 개발하는 부서다.

4. 자율주행 : 기계학습, 데이터분석 기술을 기반으로 한 운전지원 및 자율주행 솔루션 사업을 진행하고 있다. 인텔 매출액의 1%밖에 차지하고 있지 않으나 가장 빨리 성장하고 있는 부서이기도 하다.

5. 프로그래밍 솔루션 : 임베디드, 통신, 클라우드 컴퓨팅 산업에 쓰이는 FPGA(프로그래밍 가능한 반도체) 및 ASIC(특수목적용 반도체) 등의 제품을 제조하는 사업이다.

미래전망

1. 인텔 파운드리의 부활

최근 지속된 글로벌 반도체 공급 품귀는 안보 문제로까지 확산되는 조짐을 보였다. 4차 산업혁명으로 인해 이미 데이터센터, AI, 비트코인 채굴 등의 반도체 수요마저 과열된 판국에 전기차까지 합세하면서 공급이 따라가질 못하는 상태에 도달한 것이다.

미국 바이든 정부는 대만의 TSMC와 한국의 삼성전자와 같은 파운드리 기업에 대한 미국 팹리스(반도체 설계사)의 생산 의존도가 너무 높아지는 것이 위험하다고 통감하여 인텔 파운드리 서비스(IFS)를 부활시킬 것을 대책으로 내놓았다. 실제로 인텔의 CEO 패트릭 겔싱어는 바이든 정부로부터 받는 인센티브에 힘입어 200억 달러를 들여 애리조나에 있는 오코틸로 캠퍼스에 2개의 반도체 생산공장을 짓기로 결정했다.

TSMC의 매출총이익률 53%를 보면 알 수 있듯 반도체 파운드리 사업은 기술력을 갖출 경우 높은 수익률을 보장한다. 비록 인텔의 기술력은 아직 7nm 이하의 칩을 제조하기에 부족하지만 그렇다고 시장의 모든 파이를 TSMC와 삼성에 빼앗기는 것은 아니다. 또한 인텔은 '포베로스 3D 패키징 기술'이 있기에 반도체 소형화에서 격차가 벌어져 있더라도 기술 경쟁력을 가지고 있다고 분석된다.

포베로스 3D 패키징 기술은 반도체 소자를 위아래로 적층시키는 기술인데, 소형화와는 다른 방식으로 반도체칩의 집적도를 높인다. 뿐만 아니라 이렇게 구성된 반도체칩은 데이터 처리시간과 소모전력 면에서도 더 개선된 성능을 보인다. 이러한 기술로 인해 인텔은 이미 아마존, 마이크로소프트, 구글, 퀄컴과 같은 최고 기업의 수주를 확보했다.

게다가 인텔은 유럽에 추가로 반도체 생산공장을 지을 것이란 계획을 밝혀 여러 국가의 러브콜을 받기도 했다. 공장을 지어주는 대신 97억 달러 상당의 인센티브를 제공해줄 것을 각국에 조건으로 내걸었는데, 전기자동차 생산량이 많은 독일이 유력 후보지로 꼽히고 있다.

2. 자율주행 기업 모빌아이 인수

인텔은 2017년 이스라엘의 자율주행 기술회사 모빌아이를 인수했는데 현재에 와서는 인텔의 가장 좋은 M&A 사례라 여겨지고 있다. 모빌아이는 비록 인텔에서 가장 작은 규모의 사업체지만 2021년 1분기 전년 대비 48%의 성장률을 보여 3억 7,700만 달러라는 매출액을 기록했다.

모빌아이는 현재 Maas(Mobility as a service) 시장의 리더로 평가받는데, Maas란 자율주행부터 자동차 관리까지 모든 것을 자동화시킨 서비스를 말한다.

3. SK하이닉스에 NAND 사업부 매각

2020년 10월 인텔은 SK하이닉스에 NAND 메모리 사업부를 90억 달러로 매각했다. NAND 메모리 사업부는 NAND SSD, 컴포넌트, 웨이퍼 사업부 등을 포함한다. 아무리 일러도 2021년 10월에 매각은 완료가 될 것으로 보인다. NAND 시장은 사이클을 쉽게 타며, 굉장히 경쟁이 심하다는 특징이 있다.

인텔 NAND 메모리 사업부의 메모리 시장 점유율은 10% 정도로, 삼성, 키옥시아, 웨스턴 디지털 그리고 마이크론보다 낮은 5위에 위치한다. 지금까지 인텔 아래에서 실적이 그렇게 좋지 않았다는 것을 봤을 때 NAND 사업부 매각은 좋은 선택이었다 생각한다.

4. 저평가 구역에 위치한 주가

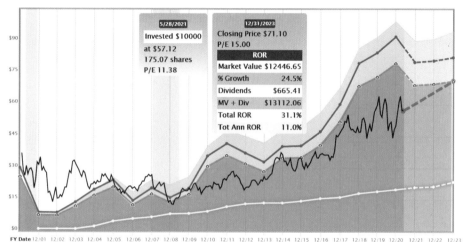

인텔 주가(검정색), 순이익(주황색), 조정순이익(파란색) / 출처 : Fast Graphs

현재 인텔에게 가장 매력적인 부분은 주식가격이다. 인텔은 2021년 7월 초 57달러 인근에 가격을 형성하고 있다. 인텔의 순이익 성장률에 따라 인텔의 주가는 70달러 이상까지 오를 수 있다고 판단된다. 위 그래프에서 순이익 성장률에 훨씬 못미치는 주가를 보이고 있는 걸 보면 인텔이 얼마나 저평가를 받는지 볼 수 있는 대목이다. 비록 인텔의 시장점유율이 경쟁사 AMD로 인해 줄어들고 있는 것은 사실이지만 그런 요소는 이미 인텔의 주가에 다 반영되어 있다.

파운드리 사업에 남는 의문

IDM(종합 반도체 제작업체)이던 인텔은 바이든 정부의 서포트로 파운드리 사업부를 구축하기로 선언했다. 그러나 인텔의 파운드리 사업부에는 다음과 같은 의문이 남는다. 인텔 파운드리 사업부가 앞으로 어떻게 아래와 같은 과제를 풀어나갈지는 미지수다.

1. TSMC와 삼성의 기술력에 뒤진 상태에서 장기적으로 어떻게 경쟁력을 확보할 수 있을까?
2. 프로세서 분야에서 AMD, 엔비디아와 경쟁 중인데 그들의 수주는 확보할 수 있을까?
3. 미국에서 1명의 엔지니어를 고용하려면 대만에서의 3~5배에 육박하는 임금을 지불해야 한다. 정부의 꾸준한 지원 없이 사업을 지속할 수 있을까?

1. 수익 현황(2021년 1분기)

1. 매출액 : 196억 달러 (○)
2. 매출액 성장률 : 전년 대비 2.61% 성장, 0.29% 성장 예상 (△)
3. 매출총이익 : 108억 달러(55.2%) (○)
4. 영업이익 : 36억 달러 (○)
5. 순이익 : 33억 달러(17.1%) (○)

인텔은 성장률 면에서 그렇게 좋은 모습을 보여주지는 못할 것으로 전망되고 있다. 대신 인텔의 매출총이익률은 55.2% 그리고 순이익률은 17.1%로 높은 마진율을 보이는 편이다.

인텔이 계획하고 있는 인텔 파운드리 서비스(IFS)의 성공여부에 따라 매출액 및 영업이익이 다시 한 번 도약할 수 있는 계기가 되지 않을까 생각된다.

2. 자산 현황(2021년 1분기)

자산 현황		부채 현황	
현금	51억 달러	장기부채	332억 달러
장기투자금	68억 달러	단기부채	26억 달러
단기투자금	172억 달러	1년 내 매입채무	54억 달러
1년 내 매출채권	72억 달러	세금 부채	80억 달러
총 자산	364억 달러	총 부채	493억 달러

경쟁 포지션 기업 : IBM, AMD, Micron Technology, NVIDIA, Qualcomm, Broadcom

017

NETFLIX

스트리밍 서비스 분야의 1위

넷플릭스

비지니스 모델

넷플릭스는 190개 이상의 국가에서 약 2억 700만 명의 유료 멤버십 가입자를 보유한 세계 최대의 엔터테인먼트 서비스다. OTT(인터넷 스트리밍 서비스)로 다양한 장르와 언어의 영상 콘텐츠를 제공하고 있다. 넷플릭스의 사업 전략은 전 세계의 스트리밍 멤버십 가입자를 늘리는 데 있다. 넷플릭스는 멤버십 회원들을 꾸준히 유지하고 늘리기 위해 콘텐츠에 대한 투자를 지속하고 있다.

물론 모든 콘텐츠는 넷플릭스에 의해 직접 제작된 것이 아니다. 콘텐츠 제공 파트너는 워너브라더스, 드림웍스, 소니 등이 있으며 이들로부터 라이선스를 받아 넷플릭스는 회원들을 대상으로 스트리밍 서비스를 제공한다.

1. 전 세계 잠재고객 숫자는?

현재 지구상에는 78억 명의 인구가 있다. 평균적으로 한 가구에 4명이 살고 있다고 봤을 때, 총 18억 가구가 있는 것이다. 현재 인터넷 보급수준과 중국 등의 넷플릭스 금지 국가를 고려했을 때 18억 가구 중 넷플릭스의 잠재고객이 되는 대상은 4억 5,000만 가구다.

넷플릭스는 이미 전 세계 잠재고객의 45%를 보유한 기업이라고 볼 수 있는데, 이미 많은 시장을 차지하고 있어 앞으로의 성장에 대해서는 조금 우려를 낳기도 한다. 그러나 전 세계의 가구 숫자는 매년 1%씩 상승하고 있고 인터넷 보급률 또한 연평균 2%씩 확대되고 있다. 이렇게 되면 2025년쯤에는 넷플릭스가 보급될 수 있는 가구의 숫자가 4억 5,000만 가구에서 5억 6,000만 가구로 늘어날 것으로 전망된다.

2. 저평가 그리고 과매도

2021년 1분기 실적이 공개된 후 넷플릭스의 주가는 약 10.5%까지 하락하는 모습을 보였다. 매출액은 2020년 1분기 대비 24%나 성장하는 좋은 모습을 보였는데도 왜 주가는 이렇게 큰 폭으로 하락하게 된 것일까? 그것은 넷플릭스의 2021년 2분기 예측 실적이 시장 기대에 비해 낮게 책정되었기 때문이다. 시장은 2021년 2분기 구독자 숫자를 2억 1,400만 명으로 예측하였지만 넷플릭스는 2억 800만 명 정도가 되리라 예측했다.

코로나로 인해 미래 구독자를 미리 끌어온 만큼 보수적인 예측 실적을 설정한 것은 회사 차원에서는 오히려 당연한 게 아닐까 싶다. 2021년 1분기 실적은 분기별 최고 실적이었으며 2021년 콘텐츠 사업에 170억 달러를 투자할 계획을 밝힌 만큼, 주가 10.5% 하락은 과매도였다고 할 수 있다. 앞으로 새로운 시즌으로 찾아올 예정인 드라마 〈Witcher〉,

〈You〉, 영화 〈Red Notice〉, 〈Escape From Spiderhead〉 또한 2021년의 매출액 성장을 견인해줄 것이다.

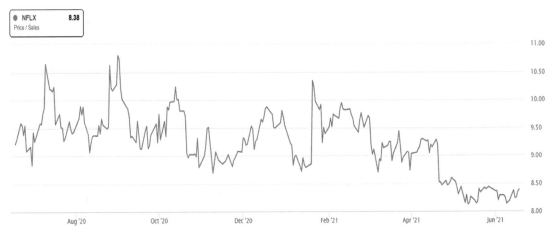

넷플릭스 Price/Sales 지표 / 출처 : Seeking Alpha

넷플릭스의 2021년 6월 기준 시가총액은 2,209억 달러이고 최근 12개월 기준 연매출액은 264억 달러이다. 주식가격을 연매출액으로 나는 지표인 P/S 멀티플 지표는 8.37이 나오게 되는데 이는 지난 1년간에 가장 낮은 수치다. 넷플릭스가 만들어내는 현금흐름 규모와 예상 매출액 성장률이 19%임을 감안했을 때 넷플릭스의 P/S 멀티플은 12에서 13 정도가 되어야 한다고 판단된다.

리스크

외부 콘텐츠에 대한 높은 의존도
문제는 넷플릭스의 콘텐츠를 제작하는 스튜디오들이 대부분 넷플릭스의 경쟁사가 소유하고 있는 스튜디오라는 것이다. 구글의 유튜브TV를 비롯하여 AT&T의 HBO MAX,

PEACOCK, 아마존의 Prime Video, 디즈니의 Disney+, Hulu 등의 경쟁사들이 스트리밍 시장에 진출하자 넷플릭스는 2013년 13억 달러였던 오리지널 콘텐츠에 대한 예산을 2021년 190억 달러까지 늘렸다. 하지만 그럼에도 넷플릭스는 다른 스튜디오로부터 제작된 콘텐츠에 대한 높은 의존도를 보인다.

경쟁사 스튜디오 콘텐츠에 대한 의존도를 낮추기 위해 넷플릭스는 자체 콘텐츠 제작에 많은 투자를 해왔다. 콘텐츠 경쟁성을 갖추고 비용 또한 줄일 수 있어 옳은 방향이라고 생각되나, 오랫동안 콘텐츠를 만든 경험이 있는 경쟁사의 스튜디오들과 맞설 경쟁력을 갖추려면 어느 정도의 시간이 소요될 수밖에 없을 것이다.

펀더멘탈

1. 수익 현황(2021년 1분기)

1. 매출액 : 71억 달러 (○)

2. 매출액 성장률 : 전년 대비 23.31% 성장, 19.28% 성장 예상 (○)

3. 매출총이익 : 32억 달러(46%) (○)

4. 영업이익 : 19억 달러 (○)

5. 순이익 : 17억 달러(23.8%) (○)

2021년 1분기 매출액, 매출총이익 그리고 순이익 모두 분기 기준 가장 높은 실적을 기록했고, 매출총이익률 및 순이익률까지 각각 46% 그리고 23.8%라는 좋은 마진율을 보여주며 수익성을 증명했다. 앞으로도 높은 폭으로 성장할 수 있는 준비가 되어 있다.

2. 자산 현황(2021년 1분기)

자산 현황		부채 현황	
현금	84억 달러	장기부채	148억 달러
		단기부채	6억 달러
		1년 내 매입채무	48억 달러
총 자산	84억 달러	총 부채	203억 달러

경쟁 포지션 기업 : Viacom, Walt Disney, Amazon, Google

018

5G로 도약을 준비하는

퀄컴

비지니스 모델

통신기술 분야에서 독보적인 원천 기술을 보유하고 있는 퀄컴은 휴대폰이 우리 일상에 파고든 이후로 누워서 떡 먹는 기업 중 하나였다. 그런 퀄컴의 입지는 5G 기술에 있어서도 변하지 않을 것이라 전망되고 있는데, 과연 퀄컴은 어떤 비즈니스 모델을 갖고 있는지 살펴보자.

1. QCT(Qualcomm CDMA Technologies) : 모바일 장치, 사물인터넷(IoT), 광대역 게이트웨이 장비, 소비자 전자장치 및 자동차 시스템에 사용되는 통신기술을 연구한다. 그리고 개발한 통신기술을 바탕으로 집적회로와 시스템 소프트웨어를 제작 및 판매해 수익을 얻는다. 전체 매출액의 77%를 차지한다.

2. QTL(Qualcomm Technology Licensing) : 보유한 특허 기술에 대한 라이선스나 자사 제품의 제조, 판매 및 지적 재산 포트폴리오의 일부를 사용할 권리를 제공함으로써 수익을 얻

는다. 우리가 익히 들은 바 있는 3G, 4G, 5G와 같은 통신기술을 구현하기 위해 필요한 디지털 변조 기술, 전송 기술 등의 사용권을 판매하는 것이다. 전체 매출액의 23%를 차지한다.

■ 미래전망

1. 가장 큰 고객 애플

2020년 4분기만 봤을 때, 애플은 퀄컴 매출액의 11.26%를 담당할 정도로 매우 큰 고객 중 하나다. 애플 5G 아이폰의 판매량 전망은 밝을 것으로 예측되며 애플은 다음에 출시될 아이폰13에서 퀄컴이 만든 5nm 스냅드래곤 5GX60 모뎀을 도입할 것이라고 밝혔다.

애플은 인텔로부터 모뎀 사업부를 10억 달러에 주고 사와 2023년까지 자체 5G모뎀을 개발할 것이라고 밝힌 바 있다. 그러나 설사 개발에 성공한다고 해도 곧바로 2억 개에 달하는 아이폰 한 해 생산량 전체에 애플의 자체 모뎀을 탑재시키는 데에는 한계가 있다. 그리고 2025년 4월 1일까지 퀄컴과의 라이센스 계약이 되어 있기에 로얄티 비용은 꾸준히 지불해야 한다. 그러므로 당분간 고객으로서 애플을 잃게 될 문제는 없을 것이라고 본다.

2. 화웨이 하이실리콘의 퇴장

2020년 9월부터 시행된 미국의 중국기업 제재로 인해 화웨이가 설립한 AP(스마트폰용 프로세서) 제조사 하이실리콘은 반도체 생산이 중단되었다. 이로 인해 퀄컴은 200만 개의 추가 수요를 얻게 되었고 추가 시장 점유율 16%라는 선물을 받게 되었다.

3. 5G의 강자

퀄컴은 5G의 시장이 가속화됨에 따라 더 빨리 성장하게 될 것으로 전망된다. 5G는 4G에 비해 낮은 지연시간, 100배 높아진 트래픽용량, 효율화된 네트워크 등으로 더욱 다양한 기능을 수행할 수 있다. 이로 인해 무선통신에 대한 수요 자체가 크게 증가할 것으로 기대된다.

물론 5G의 시장에는 많은 경쟁사가 있기에 퀄컴이 완벽히 독차지할 수는 없다. 그러나 퀄컴은 14만 개 이상의 특허를 갖고 있고 매출액의 20% 이상을 연구·개발에 투자할 정도로 기술개발 비용에 돈을 아끼고 있지 않은 기업이다.

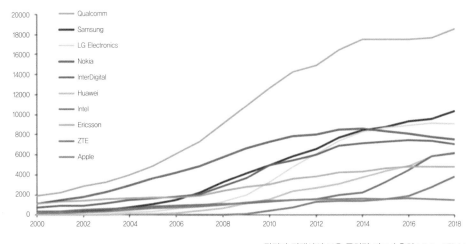

퀄컴과 경쟁사의 보유 특허량 비교 / 출처 : Patent Sight

위와 같이 퀄컴은 경쟁사들에 비해 압도적인 기술력을 자랑한다. 이로 인해 퀄컴은 2020년 3분기 5G 칩셋 시장의 39%를 차지하고 있다. 5G의 가장 큰 수혜 기업은 퀄컴이라고 해도 과언이 아닐 것이다.

4. 누비아의 인수

퀄컴은 최근 CPU 제작 업체 누비아를 인수했다. 인수 금액은 14억 달러로 이것은 퀄컴 시가총액의 1%가 안 되는 저렴한 가격이다. 누비아의 CPU는 노트북, 자동차, IoT와 같은 별개의 시스템을 사용하는 장치를 지원할 것으로 전망된다. 누비아는 몇 없는 ARM(영국의 프로세서 원천기술 보유사)의 경쟁사이기에, 퀄컴의 ARM에 대한 의존도를 조금 낮춰줄 것이다.

펀더멘탈

1. 수익 현황(2021년 1분기)

1. 매출액 : 79억 달러 (○)
2. 매출액 성장률 : 전년 대비 18.87% 성장, 21.78% 성장 예상 (○)
3. 매출총이익 : 45억 달러(56.9%) (○)
4. 영업이익 : 21억 달러 (○)
5. 순이익 : 17억 달러(22.2%) (○)

퀄컴의 매출액은 2020년 3분기부터 매우 좋은 모습을 보여주고 있다. 18.87%라는 적정한 매출액 상승률을 보여주었으나, 5G도입을 통해 유입되는 많은 수요로 인해 앞으로 21.78%의 매출액 성장률을 보여줄 것으로 전망된다. 56.9%라는 높은 매출총이익률 또한 보여주고 있다.

2. 자산 현황(2021년 1분기)

자산 현황		부채 현황	
현금	60억 달러	장기부채	152억 달러
단기투자금	55억 달러	단기부채	5억 달러
1년 내 매출채권	33억 달러	1년 내 매입채무	25억 달러
		세금 부채	17억 달러
총 자산	148억 달러	총 부채	200억 달러

자산에 비해 부채량이 버거워 보이지만 장기부채가 전체 부채 비율의 76%로 대부분의 상환 기간은 길게는 2047년까지 잡혀있다. 게다가 퀄컴은 이미 흑자를 내고 있는 기업으로 분기마다 10억 달러 이상의 잉여현금흐름을 만들어 내고 있으며 2021년 1분기에는 24억 달러의 잉여현금흐름을 만들어냈다.

경쟁 포지션 기업 : Apple, Intel, Broadcom, Ericsson, ZTE, InterDigital, Nokia, Samsung

019

동남아시아의 아마존
씨 그룹

비지니스 모델

동남아시아의 아마존이라 불리는 씨 그룹이다. 회사명은 생소하지만 해외직구 쇼핑에 관심이 있는 사람이라면 '쇼피', 게임에 관심이 있는 사람이라면 '가레나'에 대해서 들어봤을 것이다. 두 서비스 모두 싱가폴의 전자상거래 기업 씨 그룹에서 제공하는 서비스다.

1. 이커머스 : 쇼피(Shopee)는 아마존과 흡사한 플랫폼으로, 동남아시아 및 대만 시장에서 선전하고 있는 이커머프 플랫폼이다. 2019년 12월 쇼피는 1만 5,000개의 브랜드, 1,000만 명의 셀러, 12억 건의 주문 건수, 20조 원의 상품 판매액 그리고 앱 다운로드 수 1위를 기록했다.
2. 디지털 엔터테인먼트 : 가레나(Garena)라는 게임 개발·유통 서비스를 운영하고 있다. PC 게임으로는 〈리그오브레전드〉, 모바일 게임으로는 〈콜오브듀티〉, 〈AOV〉, 〈Free Fire〉, 〈Speed Drifter〉와 같은 게임들을 공동개발 및 유통했다. 2021년 가레나가 운영 중

인 〈Free Fire〉의 선풍적인 인기로 플랫폼 이용자가 전년 대비 72% 상승, 유료이용자도 120% 상승했다.

3. 전자 금융서비스 : '씨 머니'라는 이름의 모바일지갑, 디지털결제, 디지털 여신금융 서비스를 제공한다. 쇼피페이, 에어페이, S-Pay Later 등의 회사들과 연계되어 있다. 동남아시아의 경우 금융 전산화가 아직 완전히 이뤄져 있지 않아, 여전히 많은 사람은 현금에 의존하고 있다. 이런 환경 속에 더욱 빠르게 성장하고 있는 사업분야로 장기적인 성장이 기대된다.

미래전망

1. 동남아시아라는 블루오션

씨 그룹은 동남아시아의 아마존, 동남아시아의 블리자드, 동남아시아의 페이팔이라고도 불린다. 그만큼 잠재력을 지닌 회사로 기대를 한 몸에 받고 있는 것이다. 동남아시아 인구 6억 5,000명의 평균 연령은 30대다. 인터넷 세대로 분류되는 인구는 4억 명에 달한다. 그중에서도 씨 그룹이 주력하고 있는 이커머스 시장은 강한 모멘텀으로 성장해나갈 전망이다.

페이팔에서 봤듯이 동남아시아에서는 4억 명의 인터넷 세대 인구 중에서도 1억 400만 명만이 제대로 된 금융서비스를 받고 있다. 금융서비스를 못 받는 이들은 씨 머니를 통해 전자결제, 전자대출, 전자 투자서비스, 전자보험 등과 같은 금융서비스를 제공받을 수 있다. 이러한 추세로 간다면 2025년 동남아시아의 모바일지갑의 규모는 114조, 그리고 디지털결제는 1,100조까지 성장할 것으로 예상된다.

2. 경쟁사와 격차를 내는 쇼피

이커머스 서비스 중 동남아시아 시장의 경쟁자로는 '토코피디아', '라자다' 등이 있다. 그러나 위 그림을 보면 쇼피가 이미 시장을 점거하고 있다는 것을 볼 수 있다. 필리핀을 제외한 인도네시아, 대만,

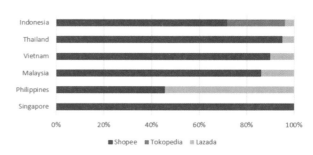

동남아시아 국가별 이커머스 이용 설문조사 / 출처 : DJY Research

베트남, 말레이시아 그리고 싱가폴에서는 쇼피가 70% 이상의 시장점유율을 보이고 있다.

동남아시아에서 상위 포식자로 자리매김을 한 가운데, 쇼피는 라틴아메리카에도 진출한 상태다. 브라질에서 쇼피를 이용해 쇼핑을 하는 월 이용자 숫자는 2021년 2월 기준 3,500만 명이다. 2019년 10월 이미 경쟁사인 메르카도리브레, B2W, Magzine, 알리바바를 재치고 1위로 거듭났다.

펀더멘탈

1. 수익 현황(2021년 1분기)

1. 매출액 : 17억 달러 (○)

2. 매출액 성장률 : 전년 대비 113.69% 성장, 59.58% 성장 예상 (○)

3. 매출총이익 : 6억 달러(36.5%) (○)

4. 영업이익 : 3억 달러 적자 (△)

5. 순이익 : 4억 달러 적자(-23.5%) (△)

씨 그룹의 매출액은 113.69%의 성장률을 보여주면서 꾸준히 우상향하고 있다. 그러나 영업이익과 순이익의 경우 디지털 엔터테인먼트를 제외한 부서에서는 적자를 보고 있다. 이것은 성장주의 전형적인 특징으로 디지털 엔터테인먼트에서의 꾸준한 흑자를 바탕으로 이커머스 그리고 핀테크 분야의 성장이 이어진다면 2023년에는 흑자로 전환할 수 있을 것으로 예상된다.

2. 자산 현황(2021년 1분기)

자산 현황		부채 현황	
현금	70억 달러	장기부채	20억 달러
장기투자금	3억 달러	단기부채	7,400만 달러
단기투자금	4억 달러	1년 내 매입채무	1억 달러
1년 내 매출채권	3억 달러	세금 부채	5,394만 달러
총 자산	80억 달러	총 부채	22억 달러

경쟁 포지션 기업 : Facebook, Amazon, Mercado Libre, Shopify, Pingduoduo

꼭 체크해야 할 분야별 강자

TOP 20~47

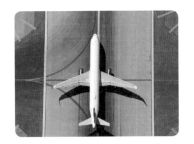

020

언제 다시 날개를 펼까?

보잉

비지니스 모델

보잉은 여러모로 한국과 인연이 깊다. 한국 국방부를 단골고객으로 두고 있기도 하며 서울시와 협력해 보잉한국기술연구센터를 짓기도 했다. 무기수주 사업에서 이점을 얻기 위해 국민여론을 산 것이라는 평가를 받는데, '한국에서 마케팅할 줄 아는 미국기업이다'라는 평가도 나온다. 보잉이 진행하는 사업은 다음과 같다.

1. 상업용 항공기 : 상업용 제트기를 개발, 생산, 판매하고 지원 서비스를 제공한다. 기종으로는 B737, B747, B767, B777, B787이 있으며 2021년 1분기에 77개의 항공기를 판매하면서 전년 대비 54% 매출 상승을 기록했다.
2. 방위&우주 : 무기 시스템, 감시 및 교전 장비, 유인 및 무인 군용 항공기, 위성 시스템 및 우주 탐사선과 같은 제품의 개발하고 생산한다. 제작한 무기 시스템으로는 CH-47 치누크(헬기), AH-64 아파치, KC-46A 탱크, 우주선 CST-100 등이 있다.

3. 애프터 서비스 : 전 세계 기업 및 정부를 대상으로 판매 제품의 유지보수, 물류 지원, 교육, 데이터 분석 등을 제공한다.

해외여행 증가

코로나 시기 늘어난 가게 저축액 조사 / 출처 : 유럽중앙은행

코로나가 끝나면 해외여행에 대한 수요도 폭증할 것으로 전망된다. 위 그래프와 같이 코로나 기간 동안 가게 저축액이 어마어마하게 증가했음을 볼 수 있다. 유럽중앙은행에 따르면 2019년에 비해 가게 저축 비율은 5%나 상승한 17.5%에 다다른 상태다. 가장 많은 응답자들이 저축 비율이 늘어난 이유로 '코로나로 인해 여행을 가지 못해 억지로 절약을 했다'를 골랐다. 즉 코로나가 풀리자마자 사람들은 여행 갈 준비를 단단히 하고 있는 것이다.

B737의 이미지 악화

B737은 보잉에서 가장 많이 팔린 민간 항공기 중 하나다. 그런데 최신형 B737 MAX가 2019년 기체결함으로 연이어 2번의 대량 인명피해 사고를 내자 전 세계 항공기관으로로부터 약 20개월 동안 이륙금지 조치를 받았다.

보잉은 B737 MAX의 기체 결함을 빠르게 찾아내 수리한 뒤 이륙금지 해제 조치를 받았는데, 해제 5개월 뒤 항공기 안전인증 기관들로부터 추가조사를 받는 과정에서 대기전력 제어장치에 다른 기체 결함이 발견되어 공분을 샀다.

게다가 보잉사는 이륙금지 조치를 조기 해제시킨 성과로, CEO 데이비드 칼훈에게 성과금을 지급했던 사실까지 들어나 더 큰 비난을 피할 수 없었다. 문제를 해결하는 것보다 영업을 재개하는 데 더 급급했던 것이다.

그로부터 다시 5개월 뒤 청천벽력 같은 소식이 추가되었다. B737 MAX 기체에 또다른 기체 결함이 발견된 것이다. 이 일로 인해 보잉은 물론 세계적으로 명망이 높던 항공기 안전인증 기관들의 평판까지 떨어지게 되었다.

1. 수익 현황(2021년 1분기)

1. 매출액 : 152억 달러 (△)

2. 매출액 성장률 : 전년 대비 19.96% 하락, 5.36% 상승 예상 (△)

3. 매출총이익 : 14억 달러(9.3%) (△)

4. 영업이익 : 80억 달러 적자 (△)

5. 순이익 : 5억 달러 적자(-3.28%) (△)

코로나 팬데믹으로 인해 가장 많은 타격을 입은 기업이 바로 비행기 제작사인 보잉일 것이다. 실제로 코로나가 일어났던 2020년에 이미 매출액, 매출총이익 그리고 순이익이 큰 폭으로 하락했다. 오늘날 코로나가 개선되었으나 아직 하늘길이 막혀있어 실적 상으로는 크게 회복이 되지 않은 모습을 보여주고 있다.

2. 자산 현황(2021년 1분기)

자산 현황		부채 현황	
현금	70억 달러	장기부채	575억 달러
장기투자금	9억 달러	단기부채	60억 달러
단기투자금	148억 달러	1년 내 매입채무	124억 달러
1년 내 매출채권	131억 달러	세금 부채	9억 달러
총 자산	360억 달러	총 부채	768억 달러

경쟁 포지션 기업 : Lockheed Martin, Raytheon Technologies, General Electric, Airbus

021

LOCKHEED MARTIN

하늘의 지배자

록히드마틴

비지니스 모델

현존하는 최강 전투기 F-22 랩터와, 가장 많이 팔린 전투기 F-16을 비롯해 수많은 정상급 전투기를 만들어온 록히드마틴이다. 그러나 과연 록히드마틴이 전투기만 만들까?

1. 항공 : 전투기를 만드는 부서로, F-35, F-22, F-16, C-130의 생산을 담당한다.

2. 미사일 및 사격통제장치 : 전략 미사일과 미사일 디펜스 시스템 등을 생산하는 부서다. 싸드(THAAD ; Terminal High Altitude Area Defense)와 같은 방어시스템이 대표적이다.

3. 회전익 장비 및 임무시스템 : 군사용 또는 상업용 헬리콥터, 전함 등에 탑재되는 전투 시스템 및 레이더를 만드는 부서다.

4. 항공우주 : 인공위성, 우주 운반시스템 등을 디자인, 개발 그리고 생산하는 부서다. NASA의 새로운 유인우주선 오리온과 미 공군의 GPS III 시스템를 개발하며 극초음속 미사일 프로그램 등의 프로젝트를 맡고 있다.

1. 에어로젯 로켓다인 인수

2021년 2월 록히드마틴은 로켓 제조사 에어로젯 로켓다인을 인수했다. 이로 인해 록히드마틴은 방위 산업 전반에서 더더욱 경쟁력을 지니게 될 것이며 제품 단가 또한 낮출 것으로 기대되고 있다. 에어로젯 로켓다인은 극초음속 전략 미사일, 지대공 미사일 방어시스템, 우주 분야에서 록히드마틴을 보완할 수 있는 기술력을 지닌 회사이다.

2. 항공우주산업

록히드마틴은 NASA의 우주탐사에 많은 공헌을 세운 바 있다. 록히드마틴이 개발한 에어로쉘이라는 기술이 대표적인데 우주선이 화성 상공을 안전하게 돌 수 있도록 했다. 이 밖에도 록히드마틴은 지난 수십년간 NASA와 함께 궤도선과 착륙선을 개발했다. 지금도 NASA의 오리온 우주선 수주를 받아 개발에 적극적으로 참여하고 있는 중이다. 앞으로도 록히드마틴은 NASA의 수주를 자주 받으리라 전망된다.

3. 우주 관련 펀드 출시

록히드마틴은 ARK 투자사가 2021년 4월 출시한 우주탐험 ETF 종목으로 구성되었고 이는 앞으로 주가성장을 견인하는 데 힘이 될 것이라 보여진다. 2020년 기준 전 세계 항공우주 시장은 3,500억 달러로 2040년까지 1조 달러대로 성장할 것으로 보인다. 꾸준히 시장이 성장할 것이기에 우주산업에 지대한 영향을 미치고 있는 록히드마틴 또한 함께 성장할 것이라 예측할 수 있는 대목이다.

4. 안정적인 배당금

록히드마틴은 꾸준히 배당금을 지급하고 있다. 2020년 4분기 영업을 통해 64억 1,700만 달러의 잉여현금흐름을 확보했으며, 그중에서 27억 6,400만 달러는 배당금으로 지급했고, 1억 1,000만 달러는 자사주매입에 사용했다. 시중의 주식을 매입해 보유 지분을 늘리는 것은 주주들이 갖고 있는 주식의 가치를 높이는 좋은 정책이다.

5. 저평가된 주가

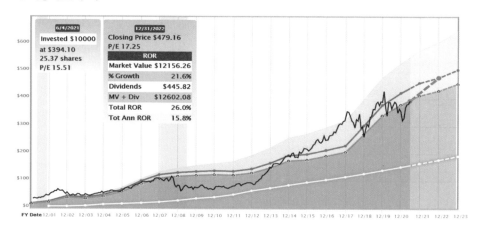

록히드마틴 주가(검은색), 순이익(주황색), 조정순이익(파란색) / 출처 : Fast Graphs

위 그래프를 보면 지금까지 록히드마틴의 순이익 성장률에 비해 주가 성장률이 부진했음을 알 수 있다. 시간이 지나면 제 가치를 회복해 파란색 라인 위에서 주가가 활동하는 것을 볼 수 있을 것이다. 그때는 적어도 475달러까지 가지 않을까 생각된다.

리스크

1. CEO 교체

2021년 6월부로 록히드마틴 CEO 메릴린 휴슨이 은퇴했다. 그는 8년이라는 시간동안 록히드 마틴을 경영하며 120억 달러의 배당금을 주주들에게 환원한 우수한 CEO였다. 후임으로 취임한 짐 테이클레는 부동산 투자신탁 아메리칸타워의 CEO로 성공적인 실적을 보여준 바 있으나, 방산산업에서 일한 경험이 한 번도 없다는 점은 리스크로 작용할 수 있다.

2. 정권 교체

바이든 정부가 당선이 되면서 미국의 국방 예산에 조정이 있을 수도 있다는 리포트가 이어지고 있다. 리포트 연구 결과에 따르면 국방 예산이 줄어든다고 해도, 다행히 F-35, 미사일 방어시스템과 같은 전략 무기에 대한 예산은 줄어들지 않을 것이라고 한다. 그렇지만 장기적 관점으로 봤을 때 록히드마틴 입장에서 호재라고는 할 수 없다.

3. F-35 기술적 문제

록히드마틴에 가장 큰 매출액을 가져다주고 있는 사업부는 항공이며 그 한 가운데 F-35 전투기가 놓여 있다. 그러나 F-35는 해결하지 못한 기술적 문제를 아직 많이 갖고 있는 기종으로 분류된다. F-35는 소프트웨어 그리고 하드웨어 상으로 약 871개의 결함을 갖고 있다. 그중에서도 10개의 결함은 조종석 기압 급상승 시 조종사의 귀 통증 문제, 레이더의 해상수색 범위 문제 등으로 '심각한 결함'으로 판단되는 건이다.

펀더멘탈

1. 수익 현황(2021년 1분기)

1. 매출액 : 162억 달러 (○)

2. 매출액 성장률 : 전년 대비 7.98% 성장, 5.85% 성장 예상 (△)

3. 매출총이익 : 21억 달러(12.96%) (○)

4. 영업이익 : 21억 달러 (○)

5. 순이익 : 18억 달러(11%) (○)

이미 충분한 시장점유율과 성장 수준을 갖추고 있어 매출액과 영업이익 성장률이 20% 이상으로 크게 나오진 않지만 꾸준히 우상향하고 있는 기업이다. 앞으로 우주 관련 산업에 대한 기대감이 높은 만큼 시간이 지남에 따라 성장률은 개선되는 모습을 갖게 될 것으로 생각된다. 종합적으로 코로나로 인해 많은 기업이 큰 피해를 입은 반면 록히드마틴의 펀더멘탈에는 전혀 영향이 없었다는 것을 봤을 때 얼마나 수익 모델이 안정적인 기업인지를 볼 수 있다.

2. 자산 현황(2021년 1분기)

자산 현황		부채 현황	
현금	29억 달러	장기부채	116억 달러
1년 내 매출채권	22억 달러	단기부채	5억 달러
		1년 내 매입채무	18억 달러
총 자산	51억 달러	총 부채	140억 달러

140억 달러 정도의 부채에 비해 자산은 51억 달러를 보유해 부채가 2배 이상이나 더 많다. 그러나 부채의 82%가 장기부채이고 이 부채의 상환 기한은 2052년까지 이어진다. 꾸준히 흑자가 나는 기업이기 때문에 재정상황이 나쁘지 않은 것으로 판단된다.

경쟁 포지션 기업 : Boeing, Raytheon, Northrop Grumman, L3Harris

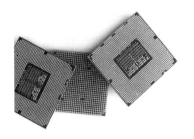

022

역전을 노리는

AMD

비지니스 모델

CPU에서는 인텔에 밀리고 그래픽카드에선 엔비디아에 밀리는, 컴퓨터 프로세서 업계의 만년 2인자 AMD다. AMD가 제작하는 컴퓨터 프로세서의 종류는 다음과 같다.

1. PC 프로세서 : 고사양 데스크탑과 노트북용 프로세서를 제작한다.

2. 서버용 프로세서 : 클라우드 컴퓨팅, 데이터 분석, 하이퍼포먼스 컴퓨팅을 위한 프로세서를 제작한다.

3. 그래픽카드 : PC에서 고화질 3D그래픽을 구현하는 데 있어 필요한 데스크탑, 노트북용 그래픽카드를 제작한다.

4. 세미 커스텀 프로세서 : XBOX, 닌텐도 Wii, 플레이스테이션과 같은 콘솔 게임기에 맞춤 제작된 프로세서를 제작한다.

1. 증가하는 비트코인 수요

가상화폐 가격 상승으로 가상화폐 채굴 산업의 경제성도 상승하면서 가상화폐 채굴에 필요한 그래픽카드의 가격이 가파르게 상승했다. AMD의 최신형 그래픽카드 'Radeon RX5700 GPU'의 경우 2020년 3월 25일 대당 427달러에 팔리던 것이 2021년 3월 9일 1,299달러까지 가격이 치솟았다.

2. AMD vs 인텔 시장점유율

다음 그래프를 보면 AMD와 인텔의 데스크탑 CPU 시장 점유율이 점점 좁혀져 가는 것을 볼 수 있다. 인텔이 약 49%, AMD가 51%로 AMD가 CPU의 시장점유율은 따라

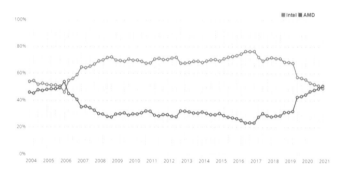

AMD와 인텔의 데스크탑 CPU 시장 점유율 변화 / 출처 : 패스마크

잡은 것은 15년 만에 처음으로 생긴 일이다.

3. 데이터센터의 CPU 수요 상승

클라우드 서비스를 운영하고 있는 아마존, 구글 그리고 마이크로소프트와 같은 기업들은 AMD의 서버용 프로세서를 많이 사용한다. 2021년 AMD가 선보인 3세대 서버용 CPU인 EPYC 밀란은 인텔의 최고 사양 제품인 듀얼 소켓 프로세서보다 68% 더 높은 퍼포먼스를 내는 것으로 알려졌다. 이로 인해 시장점유율이 크게 성장할 것으로 예측된다.

1. 인텔의 재기

AMD는 인텔의 시장점유율을 뺏어가며 성장하는 기업으로 인텔이 시장점유율을 방어할수록 AMD는 타격을 입을 수밖에 없다. 비록 최근 AMD가 인텔보다 더 좋은 실적을 보여주고 있으나, 인텔의 R&D 예산은 AMD의 7배이며 가용 인력은 AMD보다 10배나 더 많다는 점을 간과해서는 안 된다. 특히 새로운 CEO 패트릭 겔싱어가 부임하면서 인텔은 파운드리 사업을 새로이 시작했다. 반도체 수주 생산은 50%에 가까운 높은 마진율을 보이는 캐시카우(수익창출원)다.

2. ARM과 엔비디아의 합병

마이크로 아키텍처란 프로세서가 지시를 이해하고 실행하는 구조다. AMD는 그동안 'x86 아키텍처' 방식으로 프로세서를 만들어온 반면 ARM은 'ARM 아키텍처' 방식으로 프로세서를 만들어왔다. 현재 PC 프로세서 시장은 x86 아키텍처 방식의 프로세서가 독점하고 있지만 스마트폰 프로세서 시장은 ARM 아키텍처 방식의 프로세서가 독점하고 있다.

이런 가운데 그래픽카드 제조업체 엔비디아가 ARM에 대한 인수합병을 추진하고 있어 만약 인수가 성사될 경우 AMD는 큰 위기에 봉착할 것으로 보인다. ARM 아키텍처 기반의 프로세서는 높은 에너지 효율성과 퍼포먼스로 유명하다. 만약 엔비디아가 ARM을 인수한다면 이를 바탕으로 PC 프로세서와 데이터센터용 프로세서, 그래픽카드 시장에서 활개를 펼 수 있는 가장 큰 무기를 얻게 된다고 볼 수 있다.

1. 수익 현황(2021년 1분기)

1. 매출액 : 34억 달러 (○)

2. 매출액 성장률 : 전년 대비 57.65% 성장, 35.62% 성장 예상 (○)

3. 매출총이익 : 15억 달러(44.11%) (○)

4. 영업이익 : 6억 6,200만 달러 (○)

5. 순이익 : 5억 5,000만 달러(16.17%) (○)

AMD의 매출액, 매출총이익, 영업이익 모두 우상향하고 있어 훌륭한 펀더멘탈을 갖고 있다.

2. 자산 현황(2021년 1분기)

자산 현황		부채 현황	
현금	17억 달러	장기부채	5억 달러
장기투자금	6,500만 달러	1년 내 매입채무	9억 달러
단기투자금	13억 달러		
1년 내 매출채권	21억 달러		
총 자산	53억 달러	총 부채	15억 달러

경쟁 포지션 기업 : Intel, NVIDIA, Qualcomm, Broadcom

□
Square

전자결제의 신흥강자
스퀘어

비지니스 모델

스퀘어는 핀테크 기업으로서 금융서비스를 필요로 하는 개개인을 대상으로 캐쉬앱 서비스를 제공하는 한편 개인 사업자에게는 판매자 에코시스템(Seller Ecosystem)과 같은 비즈니스 보조 서비스를 제공한다.

1. 캐쉬앱 : 개개인이 금융서비스를 활용할 수 있도록 도와주는 앱이다. 현금인출, 현금카드, 송금, 암호화폐 거래 등과 같은 서비스를 제공한다. 스퀘어는 송금 및 거래 수수료, 서비스 이용료 등으로 수익을 얻는다.
2. 판매자 에코시스템 : 사업자 고객들에게 자신의 비즈니스를 개업하고, 운영하고, 성장하는 데 필요한 다양한 서비스를 제공한다. 그 과정에서 스퀘어는 1. 하드웨어 판매, 2. 서비스 이용료, 3. 송금 수수료 등으로 수익을 창출한다. 판매하는 하드웨어로는 계산대, 신용카드 리더기, 카드탭 등이 있다.

1. 회복되는 비즈니스

스퀘어가 대상으로 삼는 사업의 시장규모는 2020년 850억 달러에서 2021년 1,000억 달러 이상으로 회복되었다. 코로나 팬데믹의 여파로 2020년 시장 규모가 확 줄었던 것이다. 사업자 서비스 시장은 2015년부터 2019년까지 연평균 40%의 속도로 성장해왔다. 게다가 1,000여 명의 소상공인을 대상으로 행해진 설문조사에 의하면 2021년에 사업이 더 원활할 것으로 예측을 하는 사람들은 82%에 달했다.

2. 사업자 환경과 고용인 환경의 결합

2020년 3분기 실적발표에서 스퀘어는 캐쉬앱의 새로운 기능으로 '즉시입금 서비스'와 '주문형 임금 서비스'를 추가하기로 했다고 밝혔다. 즉시입금 서비스란 사업자와 근로자가 모두 캐쉬앱을 갖고 있다면 정기급여일에 지체 없이 근로자가 급여를 쓸 수 있도록 송금해주는 기능이다. 기성금융에서는 정기급여가 근로자의 계좌에 이체되는 데 4일이 걸렸다.

주문형 임금 서비스는 캐쉬앱을 가진 직원들이 원하는 날짜에 주급을 챙길 수 있도록 도와주는 서비스다. 정기 임금지급일 전에 하루에 최대 200달러까지 미리 임금을 사용할 수 있도록 하는 기능이다. 물론 이 또한 사업자와 근로자 모두 캐쉬앱 이용자여야 한다.

1. 치열한 경쟁

스퀘어가 주력하고 있는 판매자 에코시스템 서비스와 캐쉬앱 서비스 모두 경쟁이 심한 분야다. 에코시스템 서비스에서는 파이서브(Fiserv)라는 기업과, 캐쉬앱 환경에서는 페이팔의 벤모와 경쟁을 하고 있다. 사업자 시장에서 스퀘어는 저렴한 가격에 필요 하드웨어를 제공해주고 일정기간 강제 사용하게 하는 악성 조항도 내걸지 않아 경쟁자 파이서브보다 우세한 모습을 보이고 있다.

그러나 페이팔의 벤모는 다르다. 벤모는 스퀘어의 캐시앱과 치열한 경쟁을 벌이고 있다. 캐시앱은 가상화폐 거래 기능을 벤모보다 먼저 도입함으로써 시장의 전통적 강자이던 벤모를 추격해왔다. 그러나 2021년 4월 벤모도 가상화폐 거래 기능을 지원함으로서 추격 속도는 한풀 꺾였다.

2. 비트코인 투자로 인한 매출액 착시효과

스퀘어는 최근에 비트코인에 투자하면서 관련 매출액이 눈에 띄게 성장했다. 이로 인해 2021년 7월 기준 스퀘어의 시가총액÷연매출액(P/S 멀티플)은 5.33을 기록하고 있다. 페이팔의 13.12, 마스터카드의 20.20 그리고 비자카드의 21.24보다 훨씬 낮아 상대적으로 주가가 낮은 선에서 가격을 형성한 것으로 보인다.

그러나 이것은 비트코인으로 거둔 투자수익 때문이다. 비트코인 투자에서 발생한 매출액을 제외한다면 스퀘어의 P/S 멀티플은 17.62로 오르게 된다. 기업의 수익은 미래에도 그만큼의 돈을 벌 수 있을 때 가치가 있다. 스퀘어가 계속해서 비트코인 투자로 돈을 벌 수 있을까?

지금까지의 흐름으로 보았을 때 비트코인의 가격 상승에 영향을 미치는 것 중 하나로는 미국 정부의 경기부양책을 들 수 있다. 미국 정부는 코로나 팬데믹으로 인해 2020년 4월과 12월, 2021년 1월과 3월에 경기부양책을 벌였고 비트코인 가격 또한 이에 맞춰 2020년 4월까지 좋은 흐름을 보여주었다.

1. 수익 현황(2021년 1분기)

1. 매출액 : 50억 달러 (○)

2. 매출액 성장률 : 전년 대비 156.54% 성장, 115.73% 성장 예상 (○)

3. 매출총이익 : 9억 6,300만 달러(19.1%) (○)

4. 영업이익 : 6,774만 달러 (△)

5. 순이익 : 3,900만 달러(0.8%) (○)

스퀘어의 매출액은 핀테크 분야의 성장과 함께 앞으로 향후 연평균 115.73%의 높은 성장률을 보여줄 것으로 전망된다. 원가비용과 영업비용이 상승함에 따라 순이익률이 하락한 것은 우려할 만한 부분이다. 마진율이 떨어지는 모습을 2021년 2분기에도 보여줄지 관찰이 필요하겠다.

2. 자산 현황(2021년 1분기)

자산 현황		부채 현황	
현금	30억 달러	장기부채	33억 달러
장기투자금	5억 달러	단기부채	8억 달러
단기투자금	13억 달러	1년 내 매입채무	42억 달러
1년 내 매출채권	11억 달러		
총 자산	60억 달러	총 부채	84억 달러

경쟁 포지션 기업 : Paypal, Sofi

024

AR로 세상을 바꾸는

스냅

━━━━━━━━━━━━ **비지니스 모델**

스냅은 '카메라를 재창조하는 것이 사람들이 생활하고 소통하는 방식을 개선할 수 있는 가장 큰 기회'라고 믿고 있는 회사다. 스냅의 주력 서비스인 스냅챗은 짧은 동영상과 이미지를 통해 사람들이 시각적으로 소통할 수 있도록 도와주는 메신저와 카메라 역할을 하는 애플리케이션이다. 스냅챗은 5개의 독특한 기능을 통해 사용자들에게 신선한 경험을 제공한다.

1. 스냅맵(Snap Map) : 자신과 친구의 위치 및 주변에서 일어나는 일을 탐색할 수 있는 개인화된 라이브지도다.
2. 채팅 : 문자, 음성 또는 화상으로 메시지를 보낼 수 있다.
3. 카메라 : 스냅챗의 가장 기본적인 기능으로 사진을 통해 자신의 상태를 친구들에게 빠르게 알리거나, AR(증강현실) 기술을 기반으로 한 수백만 개의 렌즈와 배경음악으로 자신의 모습을 창의성 있게 표현할 수 있다.

4. 스토리 : 자신이 찍은 영상이나 사진을 친구들과 공유하는 시스템으로 업로드 24시간 뒤 자동으로 삭제되며 게시된 동안에는 누구나 와서 볼 수 있다. 페이스북, 인스타그램과 동일한 SNS 기능으로 구독 및 관심사를 기반으로 한 콘텐츠가 주로 표시되며, 뉴스와 엔터테인먼트 기능 또한 제공된다.
5. 스팟라이트 : 스토리보다 더 광범위하게 불특정다수를 대상으로 자신의 콘텐츠를 공유하는 방법이다. 전체 스냅챗 커뮤니티에서 가장 재미있는 영상이 표시되며 선호도에 따라 조정이 된다.

이러한 환경 속에서 스냅챗은 광고를 통해 수익을 얻는다. 스냅챗이 제공하는 광고의 형태는 다음과 같다.

1. 팝업 광고 : 일반 사용자가 올리는 게시글과 유사한 형식으로 소리와 영상을 사용하여 광고 내용을 전달한다.
2. 스폰서 렌즈 : 스냅의 AR 렌즈 기술을 활용해 제작된 AR 광고다. 의류 광고라면 카메라상의 이용자에게 옷을 덧씌우는 방식으로 상품을 노출시킨다. 스냅챗만의 매우 차별화된 광고 형식이다.

미래전망

1. 개선되는 실적
- 2020년 4분기 일일 서비스이용자 : 2억 6,500만, 예상치 2억 5,779만 2.8% 돌파
- 2020년 4분기 가입자당 평균 매출 : 3.44달러, 예상치 3.34달러 3% 돌파
- 2020년 4분기 매출액 : 9억 1,100만 달러, 예상치 8억 5,740만 달러 6.2% 돌파
- 2020년 4분기 주당순이익 : 0.09달러, 예상치 0.07달러 28.6% 돌파

- 2021년 1분기 매출액 예상치 : 7억 3,000만 달러, 예상치 7억 457만 달러 3.6% 돌파
- 2021년 1분기 영업이익 : 6,000만 달러 손해, 흑자 예상했으나 미달

일일 서비스이용자는 2020년 2분기에서 3분기 사이에 1,100만 명이 늘었고 3분기에서 4분기 사이에 1,600만 명이 늘었다. 스냅챗이 미국과 유럽에서 자리 잡은 지 꽤 된 애플리케이션이라는 점을 감안했을 때 아주 좋은 부분이라고 생각된다.

2. AR 기술

최근 스냅은 스냅챗 카메라의 AR 기능에 공격적으로 투자하여 좋은 결과를 보여주고 있다. 통계에 따르면 75%의 데일리 유저들이 AR 렌즈를 사용하기 위해 스냅 앱을 켰다. 또한 스냅챗이 제공하는 커스텀 렌즈 제작 스튜디오 서비스에서는 이용자들에 의해 매년 1,500만 개의 AR 렌즈 콘텐츠가 만들어지고 있다.

이러한 스폰서 렌즈 시스템은 이커머스 분야에서 40억 달러의 매출액을 일궈낼 수 있다고 보고된다. 벌써 구찌 그리고 챔스스포츠와 같은 브랜드는 스폰서 렌즈를 통해 사용자가 가상으로 제품을 착용해볼 수 있게끔 하고 있다. AR 기술의 쓰임새가 확대됨에 따라 스냅의 매출액은 꾸준히 늘어날 것으로 전망되고 있다. 실제로 다음 그래프에 따르면 스냅챗에 기재된 광고가 다

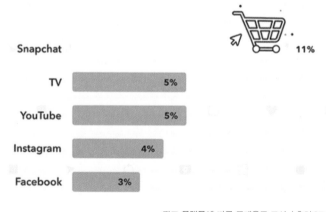

광고 플랫폼에 따른 구매욕구 조사 / 출처:SEJ

른 미디어 매체보다 두 배나 더 많은 소비 욕구를 일으킨다고 한다.

3. 스냅맵의 가능성

라이브지도 서비스 스냅맵은 수익 창출에 많은 포텐셜을 지닌 서비스다. 이미 2억 명의 유저가 자신의 위치 및 활동을 스냅맵 상으로 공유하고 있으며 주변 레스토랑 및 카페에 대한 정보들을 친구들과 자연스럽게 공유한다. 마케터 및 광고주 입장에서는 스냅맵을 통해 사업장을 마케팅하길 원할 것이고 이것은 스냅이 수익을 가져갈 수 있는 좋은 기회가 될 것으로 전망된다.

리스크

애플의 앱 사용자 식별 기능 업데이트

스냅 수익의 많은 부분이 애플리케이션 광고에 의존하고 있기에 iOS나 안드로이드와 같은 스마트폰 운영체제의 광고 기능 정책 변화는 리스크로 다가온다. 애플은 최근 광고주가 앱 사용자를 식별할 수 있는 기능을, 이용자가 끄고 켤 수 있도록 iOS 운영정책을 변경했다. 광고주는 이 기능을 사용해 데이터를 추적하여 맞춤형 광고를 제공할 수 있는데 이러한 방식에 제한이 생긴 것이다. 업데이트 이후 오직 10~15%의 사용자만 사용자 식별이 가능한 상태라고 한다.

펀더멘탈

1. 수익 현황(2021년 1분기)

1. 매출액 : 7억 6,598만 달러 (○)

2. 매출액 성장률 : 전년 대비 51.47% 성장, 49.86% 성장 예상 (○)

3. 매출총이익 : 3억 5,698만 달러(46.6%) (○)

4. 영업이익 : 3억 달러 적자 (△)

5. 순이익 : 2억 8,688만 달러 적자(-37.45%) (△)

매출액 성장률은 51.47%로 높다. 앞으로도 49.86% 성장을 보여줄 것으로 전망된다. 비록 영업이익과 순이익은 적자이나, 상승하는 스냅의 일일 이용자 수와 이용자 1인당 매출은 곧 흑자전환이 이뤄질 것임을 말해준다.

2. 자산 현황(2021년 1분기)

자산 현황		부채 현황	
현금	9억 달러	장기부채	25억 달러
단기투자금	15억 달러	단기부채	4,400만 달러
1년 내 매출채권	6억 달러	1년 내 매입채무	1억 달러
총 자산	30억 달러	총 부채	27억 달러

경쟁 포지션 기업 : Pinterest, Facebook, Twitter

025

테슬라 기다려라!

GM

비지니스 모델

GM의 비즈니스 지역은 크게 북아메리카와 글로벌로 구분되는데 북아메리카 매출이 전체 매출액의 79%를 담당한다. 역사적으로 꾸준히 미국에서 시장점유율을 누려온 대표적인 내수용 자동차 기업이다. 글로벌 매출액은 전체 매출액의 9.5% 정도로 상대적으로 시장점유율이 낮으나 전기자동차 프로젝트를 통해 점유율을 높일 계획을 갖고 있다.

1. 자동차&파츠 : 자동차, 부품 및 액세서리를 판매하는 부서로 전체 매출액의 86%를 차지한다. GM의 가장 핵심적인 부서다.
2. 중고자동차 : 중고차 판매 부서다. 전체 매출액의 0.6%로 비중이 작다.
3. 애프터 서비스 : 수리, 정비 등을 통해 수익을 얻는 부서로 전체 매출액의 3.3%다.
4. 금융 : 리스(대여) 프로그램을 통해서 매출액을 달성하며, 전체 매출액의 9.6%를 차지한다.

1. 울티움 드라이브 프로젝트

2025년까지 270억 달러 이상을 투자해서 30개의 다양한 전기자동차 모델을 출시할 예정이다. GMC 허머 전기차 픽업트럭은 2021년 가을에, 캐딜락 릴릭은 2022년 상반기에, GMC 허머 전기차는 2023년 쯤 나올 예정이다.

이런 전기자동차 모델에 탑재되는 것이 바로 울티움 배터리다. 울티움 배터리는 24개의 모듈로 이루어져 있는데 동시에 이것은 자동차 하부 프레임으로도 사용되기 때문에 무게

GM 울티움 배터리와 구동부 / 출처 : GM

를 크게 줄일 수 있다는 것이 장점이다. 울티움 배터리는 LG화학과의 파트너십을 통해 제작하며 모든 계획이 순조롭기 이루어진다면 2021년 가을부터 생산될 예정이다.

2. 자율주행 자회사 크루즈 오토메이션

크루즈 오토메이션은 2016년 3월 GM이 인수한 회사로, 자율주행 자동차 기술을 개발하는 곳이다. 최근 마이크로소프트와 월마트로부터도 투자를 받아 기업가치만 300억 달러에 다다른다. 크루즈 오토메이션은 2023년까지 22개의 자동차 모델에 자율주행 기능을 도입할 계획을 갖고 있다. 최근에는 두바이 정부의 자율주행 차량 4,000대 수주를 따내기도 했다.

3. 무선 배터리관리 시스템 도입

GM은 무선 배터리관리 시스템을 세계에서 처음으로 도입하려 하고 있다. 배터리의 각 파트가 무선으로 연결되어 자동차 소프트웨어의 관리를 받고록 한 것이다. 이로 인해 배터리 내부에 들어가는 전선의 숫자를 90% 줄일 수 있게 되었고 배터리 용량이 어느 정도 남았는지도 모니터링 할 수 있게 되었다.

펀더멘탈

1. 수익 현황(2021년 1분기)

1. 매출액 : 324억 달러 (○)

2. 매출액 성장률 : 전년 대비 9.39% 하락, 3.38% 성장 예상 (△)

3. 매출총이익 : 50억 달러(15.43%) (○)

4. 영업이익 : 32억 달러 (○)

5. 순이익 : 30억 달러(9.2%) (○)

2020년 2분기 코로나로 인해 매출액이 크게 떨어졌다가 다시 높은 매출액을 보여주고 있다. 원가비용 또한 잘 관리해주고 있어 자동차 제조업 치고 높은 매출총이익을 보여주고 있다. 순이익률은 9.2%로, 매출총이익의 절반 이상을 순이익으로 남겼다. 이미 기업의 네임밸류가 높은 만큼 영업비용 및 기타비용이 적게 든 것이다. GM의 펀더멘탈은 강하다고 판단할 수 있겠다.

2. 자산 현황(2021년 1분기)

자산 현황		부채 현황	
현금	216억 달러	장기부채	761억 달러
장기투자금	89억 달러	단기부채	350억 달러
단기투자금	77억 달러	1년 내 매입채무	204억 달러
1년 내 매출채권	674억 달러		
총 자산	1,057억 달러	총 부채	1,317억 달러

총부채의 양이 현금성 자산보다 많기에 좋은 대차대조표를 가진 것은 아니다. 그러나 총부채의 57%는 장기부채로 2022년에 194억 달러, 2023년에는 178억 달러, 2024년에 78억 달러, 2025년에 91억 달러를 상환해야 한다. 그보다 이후에 갚아야 하는 부채는 186억 달러다. 비록 많은 부채를 갖고 있지만 안정적인 현금흐름 또한 확보된 상태이기에 나쁜 대차대조표는 아니다.

경쟁 포지션 기업 : Tesla, Ford, Nio, Xpeng, Honda Motors, Stellantis, Volkswagen, Daimler, Hyundai Motor

026

미국의 삼성전자, 미국의 하이닉스

마이크론

비지니스 모델

마이크론 테크놀로지는 가장 앞서가는 DRAM 및 NAND 메모리 분야 제조업체다. 그 부분은 우리나라 기업이 최고 아니었나 싶을 수도 있겠지만, 2021년 1분기 마이크론의 깜짝 실적 발표로 인해 여러 가지 '최초 개발, 최초 양산화, 최초 납품' 타이틀을 빼앗기고 있는 중이다.

마이크론은 DRAM에서 전체 매출액의 71%, NAND 메모리에서 전체 매출액의 26%를 얻는 메모리 전문 회사다. 각 제품의 특징에 대해서 알아보도록 하자.

1. DRAM : 고속 데이터 색인 기능을 제공하는 지연시간이 짧은 메모리 반도체다. 전원이 차단되면 콘텐츠가 사라진다는 휘발성이 특징이다. 클라우드 서버, 엔터프라이즈 컴퓨팅, 네트워킹, 그래픽, 산업 시스템 시장에서 큰 수요를 보인다.

2. NAND : 고용량 저비용 데이터 스토리지다. 크게 관리형 NAND와 저밀도 NAND로 나뉘는데, 관리형 NAND는 스마트폰 및 기타 모바일 장치와 자동차 및 임베디드 시장에서 사용되고, 저밀도 NAND는 감시, 자동화 기기, 프린터 및 홈 네트워킹과 같은 애플리케이션에서 사용된다.

미래전망

1. DRAM 분야

마이크론의 주력 제품인 DRAM은 삼성전자, SK하이닉스와 경쟁을 벌이고 있다. 아직 마이크론의 시장점유율은 2020년 22.5%로 SK하이닉스 29.3%, 삼성전자 42.7%에 비해 밀린다. 그러나 마이크론은 점차 점유율을 확대시키고 있다. 2019년 대비 2020년의 흐름을 본다면 마이크론은 21.9%에서 22.5%로 성장했고 삼성전자는 44.2%에서 42.7%로 하락했다. 삼성전자의 파이를 점차 뺏어오는 것이다.

이렇게 개선되는 시장에 맞춰서 마이크론은 기술개발에도 최선을 다하고 있다. 2021년 1월, 마이크론은 세계에서 가장 어려운 DRAM 공정으로 불리는 $1+a$ nm 프로세스 노드를 만들기 위해 메모리반도체 칩을 옮기고 있다고 발표했다. 이는 경쟁사인 삼성전자 그리고 SK하이닉스보다 더 앞선 행보다.

2. NAND 분야

NAND 메모리 분야는 마이크론, SK하이닉스, 삼성전자, 웨스턴디지털, 키옥시아 그리고 인텔 사이에서 시장경쟁이 이루어지고 있다. 마이크론의 NAND 메모리 분야 매출액은 데이터센터와 PC 고객층을 상대로 한 판매에서 큰 실적을 거두어 2020년 7.4% 성장했으나 경쟁기업들이 더 큰 성장을 이뤄 오히려 시장점유율은 2019년 12.8%에서 2020년 11.1%로 떨어졌다.

구 분	2017	2018	2019	2020
삼성전자	46.3%	6.8%	−30.1%	19.7%
키옥시아	29.7%	21.5%	−28.1%	25.2%
웨스턴디지털	45.8%	0.1%	−30.1%	27.5%
마이크론	63.2%	17.5%	−28.2%	7.4%
인 텔	36.7%	22.4%	1.5%	22.8%
SK하이닉스	58.4%	13.2%	−32.5%	42.1%

NAND 분야 기업별 매출액 성장률 / 출처 : Statista

비록 경쟁사 대비 상대적으로 저조한 성장을 보여주었으나 2021년 마이크론의 출하량
은 30%의 성장률을 보일 것으로 전망되며, NAND 메모리의 가격은 전년 대비 약 5% 성
장해줄 것으로 예측된다. 게다가 2020년 매출액 성장률을 희생하면서까지 준비한 176L
NAND는 마이크론의 경쟁사가 보유하고 있는 NAND 메모리 대비 30%나 작은 사이즈,
2배 높은 파워효율성, 33% 더 많은 데이터 송수신율, 1.5배의 비용 절감효과를 갖고 있
다. 마이크론의 NAND 분야 매출액은 견인될 일만 남은 것이다.

3. DRAM 수요 증가

DRAM을 필요로 하는 핸드폰과 서버 산업의 수요를 집계한 전망치를 보면 2020년은 비
록 수요보다 공급이 많았지만, 2021년부터 2023년까지는 꾸준히 수요가 공급을 상회할
것으로 보고된다. 2020년 대비 2023년 DRAM 제품의 공급은 54% 성장 그리고 수요는

DRAM	2020	2021	2022	2023	3년 증감률
공급	19,177	23,268	26,319	29,537	54%
수요	18,974	23,867	26,476	29,589	55.9%
공급/수요	101.1%	97.5%	99.4%	99.8%	

DRAM 수요와 공급 전망치 / 출처 : The Information Network

55.9% 성장할 것으로 전망되는데 이로 인해 가격이 오르게 되면 DRAM을 주력으로 활약하는 마이크론은 수혜를 입을 것으로 보인다.

4. 순이익 성장 대비 저평가된 주가

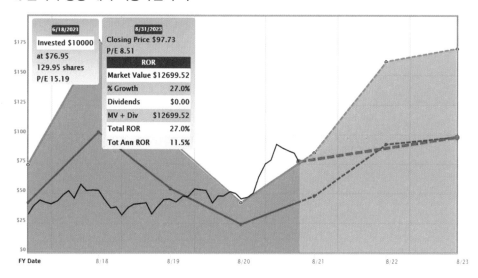

마이크론 주가(검은색), 순이익(주황색), 조정순이익(파란색) / 출처 : Fast Graphs

마이크론의 순이익과 주가의 성장률을 비교해봤을 때 마이크론의 현재 가격은 순이익 성장률에 못 미치는 흐름을 보이고 있다. 향후 매출액도 예측치대로 꾸준히 성장하는 모습을 보여준다면 크게 잡아 27% 이상의 주가 성장률은 보여주지 않을까 예상된다.

리스크

경기에 민감한 산업 분야

마이크론의 최근 수익 지표를 직전 해와 비교해보면 개선되었다는 것을 알 수 있지만 그

이전의 지표를 보면 많이 둔화되어 있음을 알수 있다. 이것은 마이크론의 비즈니스 모델이 경기를 심하게 타는 것에서 기인한 것이다. DRAM과 NAND 메모리 제품은 수요가 높아질 때 제품

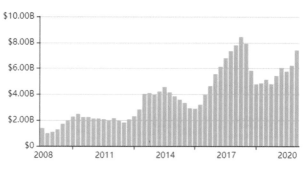

마이크론 매출액 증감 / 출처 : LazyFA

가격이 급등했다가, 다시 급격하게 수주량을 사라지는 특성이 있다. 이러한 특성을 생각했을 때 장기적으로 기업의 매출액이 안정적이지 못한 것은 리스크로 다가올 수 있다.

펀더멘탈

1. 수익 현황(2021년 2분기)

1. 매출액 : 74억 달러 (○)

2. 매출액 성장률 : 전년 대비 25.87% 성장, 15.26% 성장 예상 (△)

3. 매출총이익 : 31억 달러(41.89%) (○)

4. 영업이익 : 18억 달러 (○)

5. 순이익 : 17억 달러(22.47%) (○)

마이크론의 매출액은 62억 달러로 코로나에도 큰 타격 없이 전년 대비 25.87%라는 성장률을 보여주었다. 앞으로도 15.26%라는 괜찮은 매출액 성장률을 보여줄 전망이다.

2. 자산 현황(2021년 2분기)

자산 현황		부채 현황	
현금	77억 달러	장기부채	69억 달러
장기투자금	14억 달러	단기부채	3억 달러
단기투자금	6억 달러	1년 내 매입채무	44억 달러
1년 내 매출채권	42억 달러		
총 자산	139억 달러	총 부채	117억 달러

경쟁 포지션 기업 : TSMC, Samsung, SK Hynix

027

고객, 물건, 음식 모두 운반한다

우버

비지니스 모델

1. 우버드라이브(Uber Drive)

우버의 기본 서비스로 누구나 개인차량으로 다른 우버 이용자에게 택시와 같은 운송 서비스를 제공할 수 있다. 우버는 고객으로부터 돈을 받아 수수료를 제외한 금액을 차주에게 준다. 2020년 4분기 기준 우버 전체 매출액의 55%를 차지한다.

2. 우버이츠(Uber Eats)

우버이츠 애플리케이션을 통해 제공되는 음식 배달 서비스다. 레스토랑은 우버이츠 앱으로 주문이 들어오면 음식을 만들고 우버의 개인 배달자들이 음식을 고객에게 배달해준다. 픽업비용, 배달비용을 합산하여 고객으로부터 배달비를 받는다. 2020년 4분기 기준 전체 매출액의 35%를 차지하고 있다.

3. 우버프레이트(Uber Freight)

택배 운송업을 할 수 있는 화물차주와 택배 서비스 이용 고객을 연결해주는 앱이다. 2020년 4분기 기준, 전체 매출액의 9%를 차지하고 있으며, 2019년 대비 38.3% 상승했을 정도로 빠르게 성장하고 있다.

미래전망

1. 음식배달 업계를 휘어잡은 우버이츠

미국에서 운영되고 있는 배달 서비스 제공업체로는 우버이츠, 그럽허브, 저스트잇 테이크어웨이, 딜리버리 히어로, 도어대시가 있다. 2016년 우버이츠를 런칭했을 때 경쟁사 대비 가장 낮은 주문 실적을 보였으나, 매년 2배씩 주문실적을 증가시켜 2020년 4분기 가장 높은 주문실적을 달성하게 되었다.

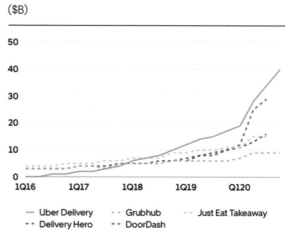

음식배달 업계 주문량 비교 / 출처 : 우버

게다가 2020년 12월 우버이츠는 또다른 음식배달 업계 강자 포스트메이츠를 인수하면서 시장점유율을 더 확고히 다지고 있다. 포스트메이츠는 미국 전역 60만 개의 레스토랑(쉑쉑버거, 님블, 월마트 등)과 연결돼, 배송 및 픽업 서비스를 제공해주는 회사다.

2. 자율주행

2020년 12월 우버는 자신들의 자율주행 사업체를 아마존의 데이터서비스 회사 오로라에 매각했다. 대신 오로라에 4억 달러를 투자하여 지분 26%를 갖게 되었다. 우버와 오로라의 거래에서 우버가 득을 볼 수 있는 점은 2가지다.

1. 오로라가 개발할 자율주행 소프트웨어 안에 우버 앱이 탑재된다. 자연스럽게 자율주행 서비스 이용자들이 우버 플랫폼 이용자로 흡수될 것으로 예상된다.
2. 자율주행 기술을 개발하기 위하기 위해 우버가 들여야 할 비용이 대폭 줄어든다. 이로 인해 우버는 이른 시일 내에 흑자전환을 할 수 있을 것으로 예측된다.

리스크

1. 언제쯤 흑자를 보여줄까?

우버는 2021년 1분기, 1억 800만 달러의 순이익 적자를 냈는데 2018년 2분기 이후로 가장 낮은 적자율이다. 그러나 재무제표를 조금 더 깊이 파헤쳐보면 우버는 사업부 매각을 통해 적자 폭을 줄였다는 것을 알 수 있다. 우버잇츠의 인도 사업부를 현지 기업 Zomato Media Private에게 1억 5,400만 달러에 매각했고 자율주행 사업부 ATG를 아마존의 오로라에게 16억 달러에 매각했다. 사업부를 매각하지 않았다면 18억 달러의 적자를 냈으리라는 것을 의미한다.

우버는 이미 미국 차량호출 서비스의 70%를 점유하고 있고, 우버잇츠는 35%의 시장을 점유하고 있다. 이미 큰 시장을 점유한 상태에서 18억 달러에 달하는 적자를 내고 있다면, 어느 정도의 시장점유율을 차지해야만 순이익에서 흑자를 낼 수 있을지 궁금증을 자아낸다.

2. 경쟁업체들의 자율주행 활용

아마존은 음식 배달사업을 하기 위해 홀푸즈를 인수했다. 오로라의 자율주행기술이 완성되자마자 음식 배달사업에 적용할 계획이기에 이른 시일 내에 우버의 시장점유율을 뺏어올 수 있다. 도미노피자는 2021년 4월 자율주행 자동차 뉴로를 런칭해 피자를 배달하기 시작했다.

펀더멘탈

1. 수익 현황(2021년 1분기)

1. 매출액 : 29억 달러 (○)

2. 매출액 성장률 : 전년 대비 17.91% 하락, 16.48% 성장 예상 (△)

3. 매출총이익 : 11억 달러(37.93%) (○)

4. 영업이익 : 15억 달러 적자 (△)

5. 순이익 : 1억 800만 달러 적자(-3.7%) (△)

2. 자산 현황(2021년 1분기)

자산 현황		부채 현황	
현금	66억 달러	장기부채	93억 달러
장기투자금	129억 달러	단기부채	1억 달러
단기투자금	8억 달러	1년 내 매입채무	2억 달러
1년 내 매출채권	10억 달러		
총 자산	213억 달러	총 부채	96억 달러

경쟁 포지션 기업 : Lyft, DoorDash, GrubHub

028

숙박업의 역사를 새로 쓰다
에어비앤비

비지니스 모델

에어비앤비는 집을 대여해주고 싶은 호스트와 숙소를 찾는 게스트를 연결시켜주는 플랫폼을 제공함으로써 수수료를 거둬들이는 비즈니스 모델을 갖고 있다.

가정집을 대여하는 개인 호스트뿐 아니라 전문 숙박업체 호스트도 플랫폼 내에 들어올 수 있게 했는데 두 호스트에 대한 운영방식이 조금 다르다. 에어비앤비는 고객으로부터 숙박료를 받을 때 6~14%를 수수료로 가져간다. 그리고 거기서 다시 3%의 수수료를 떼고 개인 호스트에게 지급한다. 전문 호스트의 경우 고객과 호스트 합쳐 일괄적으로 14~16%의 수수료를 뗀다. 에어비앤비 플랫폼에는 현지 서비스(체험, 클래스)를 등록하고 운영할 수 있는데 이러한 현지 서비스에 대하여서는 지불 금액에 대해 20%를 수수료로 받아간다.

2019년 기준 에어비앤비에는 전 세계 220개 국가 1만 개 도시에 있는 400만 명의 호스트가 560만 개의 숙소를 등록해놓았다. 그리고 5,400만 명의 여행자들이 플랫폼을 방문해 3억 2,700만 회 숙박한 기록을 갖고 있다.

미래전망

1. 숙박시장 회복

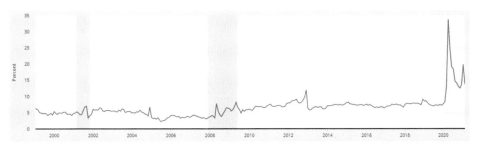

개인 저축 비율 변화 / 출처 : St Louis Fed

위 자료는 미국 경제분석국에서 조사한 개인 저축 비율 변화 그래프이다. 코로나 기간 동안 소비심리가 락다운되어 저축액이 상승한 것을 알 수 있다. 호스트들은 지금까지 적어진 수익을 만회하기 위해 자신의 집 또는 방을 에어비엔비 플랫폼에 내놓을 것이고, 1년 만에 여행을 갈 수 있게 된 사람들도 에어비엔비를 통해 숙박을 예약할 것이다.

2. 포텐셜이 큰 시장

에어비앤비의 서비스 옵션은 단기숙박, 장기숙박 그리고 호스트가 제공하는 체험 서비스다. 에어비앤비 경영진에 의하면 해당 분야의 전체 시장규모는 3조 4,000억 달러라고 한다. 에이비엔비의 연매출액이 34억 달러인 것을 봤을 때, 아직 전체 시장의 1%도 되지 않는 점유율을 지녔다고 볼 수 있다. 이는 에어비앤비가 사업 성장 면에서 굉장히 큰 포텐셜을 갖고 있다는 것을 뜻한다. 물론 3조 4,000억 달러 시장을 온전히 갖고 갈 수는 없겠으나, 에어비앤비의 매출이 전체 시장의 3%만 되더라도 주가가 어떻게 될지는 상상에 맡겨 놓도록 하겠다.

1. 수익 현황(2021년 1분기)

1. 매출액 : 8억 8,694만 달러 (○)

2. 매출액 성장률 : 전년 대비 29.7% 하락, 13.16% 성장 예상 (△)

3. 매출총이익 : 6억 3,242만 달러(71.3%) (○)

4. 영업이익 : 4억 4,694만 달러 적자 (△)

5. 순이익 : 11억 달러 적자(-124%) (△)

이미 6,000억 달러 이상의 시장을 보유하고 있는 에어비앤비는 상장하자마자 10억 달러에 가까운 매출액 실적을 보여주었다. 하지만 이것도 과거 코로나가 오기 전의 일이다. 2020년 코로나 팬데믹으로 인해 여행 수요가 급감했고 이로 인해 매출액은 전년 대비 29.7% 줄어들었다. 코로나 팬데믹이 해소됨에 따라 에어비앤비의 매출액은 차츰 회복할 것으로 보인다.

에어비앤비의 매출총이익률은 71.3%로 플랫폼을 통해 호스트와 게스트를 매칭시켜줄 뿐이기에 원가비용이 거의 들지 않는다. 하지만 에어비앤비는 시장 점유율을 높이기 위해 영업비용인 세일즈, 마케팅, 인건비 그리고 R&D 비용에 공격적으로 투자하고 있다. 에어비앤비 입장에서는 아직 충분한 현금을 보유하고 있기에 지금 당장의 적자는 감수할 만하다고 보는 것으로 판단된다.

2. 자산 현황(2021년 1분기)

자산 현황		부채 현황	
현금	45억 달러	장기부채	24억 달러
단기투자금	20억 달러	단기부채	5,487만 달러
1년 내 매출채권	40억 달러	1년 내 매입채무	41억 달러
총 자산	105억 달러	총 부채	65억 달러

경쟁 포지션 기업 : Home Away, Trip Advisor, Hyatt Hotels, Marriott Vacation Worldwide, Hilton Worldwide

029

중국의 4차 산업혁명 선봉장

바이두

비지니스 모델

1. 모바일 앱 : 바이두, 바이두 포스트바(커뮤니티), 하오칸(유튜브와 같은 스트리밍 서비스)을 포함한 12개 이상의 앱 포트폴리오로 구성되어 있다. 타사 서비스까지 포함하는 광범위한 개방형 플랫폼을 제공한다.

2. 클라우드 서비스 : 바이두의 클라우드 서비스는 인프라 기능(컴퓨팅, 데이터 스토리지, 서버), 플랫폼 기능(프로그램 개발, 운영체제, 네트워크), 소프트웨어 기능(오피스, 애플리케이션) 등 전체 클라우드 서비스 분야에 대한 솔루션을 제공한다.

3. 자율주행, 기타 성장 플랫폼 : 자율주행, 로봇택시, 고화질 지도와 같은 프로젝트를 실현하기 위해 필요한 스마트 디바이스와 프로그램을 개발한다.

1. 자율주행의 강자

바이두는 2013년부터 자율주행 기술을 연구해온 기업으로 중국 내 자율주행 분야 1위 기업으로 꼽힌다. 자국 내에서 430만 마일 이상의 테스트를 진행했고 199개의 자율운전 면허를 획득했다. 바이두는 해외에서도 테스트를 이어가고 있는데 2019년 미국 캘리포니아에서 자율주행을 실험한 결과 10만 8,300마일의 거리 운행 중에 단 6번만의 자율주행 해제가 있었을 뿐 사고는 없었다.

'자율주행 해제'란 자율주행 시스템이 상황을 완벽히 통제하고 있지 못하다 판단해 운전자에게 조작을 넘긴 것을 말한다. '자율주행 해제 당 주행 거리'는 자율주행을 킨 상태로 해제가 되지 않고 얼마나 먼 거리를 갈 수 있냐를 보여주는 부분인데 자율주행 기술의 객관적인 척도라고 할 수 있다.

회사	자율주행 해제 수	테스트 거리(마일)	자율주행 해제 당 주행 거리
바이두	6	108,300	18,050
웨이모	110	1,454,137	13,219
크루즈	68	831,040	12,221
AutoX	3	32,054	10,684
포니.ai	27	174,845	6,475

2019년 자율주행 테스트 결과 / 출처 : The Last Driver License Holder

자율주행 해제 당 주행 거리를 보면 바이두가 경쟁사 중 가장 좋은 퍼포먼스를 보인다. 물론 테스트 거리 자체가 구글의 웨이모 및 GM의 크루즈보다 적으나 바이두의 2018년의 자율주행 해제 당 주행거리는 205.6마일로 1년 만에 퍼포먼스를 86배 이상 향상시킨 것이다. 이러한 트렌드가 유지된다면 바이두의 자율주행은 앞으로 좋은 결과를 보여주지 않을까 생각된다.

정보분석사 IHS Markit은 2040년까지 전 세계적으로 3,300만 대의 자율주행 자동차가 팔릴 것이며 이 중 1,450만 대는 중국이 제작할 것이라는 예측을 내놓았다. 지금은 자율주행 기술이 상용화되지 못 했지만 2030년부터는 기하급수적인 성장을 하게 될 것으로 예측된다. 또한 바이두가 자율주행 관련 특허 측면에서 상당한 우위를 점하고 있는 점을 봤을 때 적어도 중국 시장 내에서 자율주행 시장점유율의 대부분은 바이두가 갖고 갈 수 있을 것으로 보인다.

2. 로봇택시 아폴로 고

바이두는 로봇택시 서비스인 '아폴로 고'를 상용화할 계획을 갖고 있다. 바이두는 2020년 10월부터 수도 베이징에서 총 3개의 로봇택시 시범 프로그램을 운영하고 있는데 이는 바이두가 자율주행 사업을 추진하는 데 있어 가장 중요한 이정표가 될 것으로 보인다.

바이두 회장 로빈 리에 따르면 2021년 3월경 광저우 시에서 로봇택시 서비스를 운행하기 위한 라이센스를 취득할 예정이며, 2025년에는 로봇택시 차량의 완전한 상용화를 예정하고 있다고 한다. 바이두는 로봇택시 말고도 자율주행으로 행하는 아폴로 셔틀, 로봇버스, 거리를 쓸고 닦고 쓰레기와 음료를 버려주는 공공안전로봇을 개발하고 있다.

3. 인공지능 기술

바이두는 인공지능 분야에서도 많은 특허를 출원하며 경쟁력을 확보해가고 있다. 2010년부터 웹 검색 및 수익 창출 효율화를 위해 인공지능에 투자해온 바이두는 기업 경영에도

AI를 도입한 것으로 유명하다. 회사의 새로운 비즈니스를 개발하는 데 AI 기술엔진인 BAIDU BRAIN을 도입했다고 한다.

AI 개발 업계에는 많은 경쟁사가 있지만 AI 칩, 딥러닝 프레임워크, 자연어처리, 지식그래프, 음성인식 등 AI 기능 전반에 대

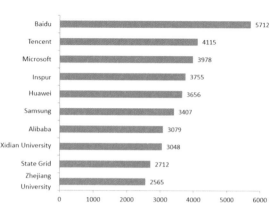

2000~2019년 기업별 인공지능 관련 특허 출원 수 / 출처 : Globe News Wire

한 인프라를 구축하고 있는 회사는 얼마 되지 않는다.

위 그래프를 보면 실제로 바이두가 AI와 관련하여 출원한 특허 수는 텐센트, 마이크로소프트, 알리바바를 능가하는 것을 알 수 있다. 2020년에만 출원한 AI 관련 특허 수만 해도 2,682개다. 주요 분야별 보유 특허로는 딥러닝 분야 438개, 자연어처리 377개, 지능형 음성 330개, 자율주행 283개, 지식 그래프 242개, 지능형 추천 540개, 교통용 빅데이터 384개를 보유하고 있다.

4. 중국 정부의 서포트

중국 정부는 완전 자율주행 자동차 도입 계획으로 2030년까지 레벨4(제어권 전환 없이 자율주행 가능) 자율주행 차가 전체 차량 생산의 20%를 차지하도록 하겠다고 밝혔다. 중국 정부는 위와 같은 목표를 달성하기 위해 바이두가 개발 과정을 가속화하는 데 필요한 지원을 제공할 것이다. 실제로 중국의 수도 베이징은 자율주행 차량과 도로 안전에 관해 엄격한 법률을 갖고 있음에도 불구하고 바이두의 자율주행 기술 테스트를 위한 특허 및 라이센스를 신속하게 허가해주기도 했다.

1. 수익 현황(2021년 1분기)

1. 매출액 : 42억 달러 (○)

2. 매출액 성장률 : 전년 대비 6.45% 성장, 14.42% 성장 예상 (△)

3. 매출총이익 : 20억 달러(48.5%) (○)

4. 영업이익 : 4억 달러 (○)

5. 순이익 : 39억 달러(90%) (○)

매출액은 42억 달러로 과거와 비슷한 트렌드를 보여주고 있고, 매출총이익은 48.5%로 바이두가 좋은 비즈니스 모델을 갖고 있음을 보여준다.

2. 자산 현황(2021년 1분기)

자산 현황		부채 현황	
현금	55억 달러	장기부채	99억 달러
장기투자금	116억 달러	단기부채	26억 달러
단기투자금	193억 달러	1년 내 매입채무	63억 달러
1년 내 매출채권	19억 달러	세금 부채	4억 달러
총 자산	385억 달러	총 부채	194억 달러

경쟁 포지션 기업 : Google, Facebook, Alibaba, Tencent

030

라틴아메리카의 아마존

메르카도리브레

비지니스 모델

스페인어로 '자유 시장'을 의미하는 메르카도리브레(Mercado Libre)는 라틴아메리카의 가장 큰 온라인 상거래 서비스 업체다. 3대 시장인 브라질, 아르헨티나, 멕시코를 포함한 라틴아메리카 18개국에 서비스되고 있다. 라틴아메리카 지역 총 인구는 6억 6,600만 명으로 세계에서 인터넷 보급률과 전자상거래 성장률이 가장 빠르게 성장하는 지역 중 하나이다. 이러한 시장에서 메르카도리브레는 총 6가지의 이커머스 서비스를 제공한다.

1. 메르카도리브레(Mercado Libre) : 전자상거래 서비스다. 거래 수수료로 수익을 얻는다.
2. 메르카도파고(Mercado Pago) : 이커머스를 위한 전자결제 시스템이다.
3. 메르카도엔비오스(Mercado Envios) : 전자상거래 과정에서 발생하는 주문처리 및 창고 보관, 배송 서비스를 제공하는 물류 플랫폼이다. 브라질, 아르헨티나, 멕시코, 콜롬비아, 칠레, 우루과이에 서비스된다.

4. 메르카도애드(Mercado Ads) : 판매자가 제품과 서비스를 홍보할 수 있는 광고 솔루션이다.

5. 메르카도리브레 선별품(Mercado Libre Classified) : 차량, 선박, 항공기, 부동산과 같은 항목에 대한 서비스다.

6. 메르카도리브레 숍(Mercado Shops) : 판매자를 위한 솔루션으로, 이용료를 내고 자신이 팔고 싶은 제품을 등록한다.

미래전망

1. 직불카드 서비스

메르카도리브레는 핀테크 서비스 메르카도파고를 통해 총 7,000만 명에 상당하는 고객에게 금융서비스를 제공하고 있다. 최근에는 직불카드 서비스도 런칭했는데 계좌에 있는 돈으로 결제하거나 돈이 부족할 경우 할부 신용거래를 할 수 있는 기능도 있다.

2. 비트코인 결제 서비스 준비

메르카도리브레는 향후 보험과 투자 기능 또한 추가하여 핀테크 사업역량을 높여나갈 것이라 밝혔다. 메르카도리브레는 현금자산의 일부인 780만 달러를 비트코인에 투자했는데 수익 추구의 의미도 있지만, 가상화폐와 연동된 다양한 핀테크 서비스를 제공하고자 하는 움직임으로 읽어볼 수 있다.

3. 라틴아메리카 시장의 성장

라틴아메리카의 이커머스 시장 규모는 2020년 전년 대비 37% 성장했고 같은 기간 메르카도리브레는 73%의 매출액 성장률을 보여주었다. 이커머스 산업은 우세 기업이 점점 시장 점유율을 잠식해나가는 특성을 갖고 있는데, 이용자가 많은 기업일수록 규모의 경제를 통해 고객에게 부과할 수수료는 상대적으로 저렴해지기 때문이다.

4. 저평가된 주가, 멀티플을 이용하는 이유

2021년 7월 기준 메르카도리브레의 기업가치는 753억 달러 2021년 예상 매출액은 63억 달러로 기업가치÷연매출액(EV/S 멀티플) 수치는 11.9다. 동종 기업 쇼피파이의 47.82와 비교해보면 많이 저평가된 수준이다. '기업가치'란 기업의 시가총액에 기업이 보유한 현금을 뺀 뒤 부채를 더해서 구하는데, 부채가 많아 경영부담이 높은 기업에 페널티를 주기 위해서 성장주의 경우 시가총액보다 기업가치를 주가 판단에 자주 사용한다.

우리가 멀티플 수치를 사용하는 이유는 다른 종목과 주가 수준을 비교해보기 위함도 있지만, 멀티플이 한 종목 내에서 주가와 매출액 예상치의 변화에 따른 주가의 향방을 정확히 잡아주기 때문이기도 하다.

시가총액은 매일 바뀌며 매출액 예상치 또한 분기별로 갱신된다. 만약 내가 주식을 구매한 시점보다 시가총액이 떨어지거나 매출액 예상치가 높게 갱신된다면 멀티플 수치는 내려가게 될 것이고 주가는 그 수준을 맞추기 위해 가격이 오르려는 경향을 띤다. 이러한 이유에서 기업에 투자를 할 때 지속적으로 멀티플을 체크하고 가격을 예측해보는 것이 유용하다고 말할 수 있겠다.

펀더멘탈

1. 수익 현황(2021년 1분기)

1. 매출액 : 13억 달러 (○)
2. 매출액 성장률 : 전년 대비 89.92% 성장, 54.19% 성장 예상 (○)
3. 매출총이익 : 5억 9,138만 달러(45.4%) (○)

4. 영업이익 : 9억 달러 (○)

5. 순이익 : 3,401만 달러 적자(-2.61%) (△)

2021년 1분기 13억 달러라는 역대 최고 매출액을 기록했다. 실제 2020년 대비 89.92% 성장한 수치로 메르카도리브레는 현재 성장 사이클의 한 가운데 있다고 할 수 있다. 45.4%라는 매출총이익률은 메르카도리브레의 높은 사업성을 대변해준다. 다만 아마존 유형의 다른 이커머스 기업과 마찬가지로 시장점유율을 높이고, 가격경쟁에서 승리하기 위해 어마어마하게 많은 돈을 세일즈, 마케팅, R&D에 투자하고 있다. 매출이 증가하는 만큼 이 비용은 매분기 증가하는데 이 부분은 메르카도리브레가 충분한 시장점유율을 차지한 뒤 보상받을 수 있을 것이다.

2. 자산 현황(2021년 1분기)

자산 현황		부채 현황	
현금	11억 달러	장기부채	19억 달러
장기투자금	1억 달러	단기부채	5억 달러
단기투자금	14억 달러	1년 내 매입채무	23억 달러
1년 내 매출채권	9억 달러	세금 부채	2억 달러
총 자산	37억 달러	총 부채	51억 달러

경쟁 포지션 기업 : Amazon, Etsy, Sea, Shopify

031

포드의 혁신, 전기차에도 통할까?

포드

비지니스 모델

포드는 1903년 헨리 포드에 의해 설립된 자동차 제조업체다. 미시간주의 디트로이트 교외에 본사를 둔 포드는 디트로이트에 '자동차의 도시(Motor City)'라는 별명을 붙인 장본인이기도 하다. 포드의 사업 섹터는 자동차 제조, 크레딧, 주행개발로 나눌 수 있다.

1. 자동차 제조 : 자동차 브랜드로는 베이직 브랜드 포드와 프리미엄 브랜드 링컨이 있다. 최근 전기자동차 개발에 뛰어들면서 머스탱 마하-E, F-150 모델 등을 생산하고 있다.
2. 크레딧 : 차량 관련 금융 및 리스 활동을 하는 섹터로 포드크레딧이라는 서비스명을 갖고 있다.
3. 모빌리티 : 포드의 자율주행 차량과 자율주행 시스템의 개발을 담당하는 섹터다.

1. 전기자동차 투자

바이든 정부의 인프라 구축 및 일자리 창출 예산, 2조 달러에는 1,740억 달러를 전기자동차 시장에 투입하는 계획도 포함되어 있다. 전국에 50만 개의 전기차 충전소가 들어서는 데 바이든 정부는 적극 지원하겠다고 한다. 이런 움직임에 따라 블룸버그의 전망에 따르면 전기자동차의 자동차 시장 점유율은 2025년 10%, 2040년 58%까지 올라갈 것으로 추산된다.

2020년 포드 CEO 제임스 팔리는 전기자동차 프로젝트에 대한 야심찬 계획을 발표했다. 그는 2030년 안에 판매되는 모든 포드 자동차의 40%가 전기자동차가 될 수 있도록 하겠다고 했으며, 이를 위해 2025년까지 전기자동차에 80~300억 달러를 추가 투자하기로 했다. 포드가 여태까지 전기자동차에 투자한 금액이 220억 달러라는 것을 감안한다면 포드는 지금 큰 모험을 하고 있는 셈이다.

포드는 특히 전기자동차 신생 시장 중 유럽 시장에 많은 공을 들이고 있다. 독일 쾰른에 있는 포드의 전기차 제조공장은 2023년부터 유럽 시장을 목표로 전기차 대규모 생산을 진행할 예정이다. 이밖에도 포드는 리튬이온 배터리 생산에 투자하고 있다. 이 분야에 높은 전문성을 가진 SK이노베이션과 협력하여 고성능 배터리를 공급받을 예정이다.

2. 최강자 테슬라

현재는 테슬라가 전기자동차 분야 선두를 차지하고 있으나 시장 자체도 빠른 속도로 성장하는 만큼, 모든 시장을 테슬라가 차지할 수는 없을 것이라 보는 의견이 지배적이다. 포드가 2021년 출시한 머스탱 마하-E는 전기 스포츠카로 출시 후 테슬라의 존재를 위협하기에 충분했다. 모건스탠리에 의하면 2021년 1분기 포드의 머스탱 마하-E로 인해 테슬라의 전기자동차 시장점유율은 81%에서 69%까지 줄었다.

3. SUV 및 트럭형 전기자동차

포브스에 의하면 포드의 F 시리즈는 2020년 미국에서 가장 많이 팔린 차량 모델이었다. 포드는 새롭게 F-150 라이트닝 프로라는 전기자동차 트럭 모델을 발표했는데, 약 7만 대가 출시 전 예약으로 팔려나가는 훌륭한 결과를 선보였다. 미국에서 가장 많이 팔린 차량 모델 Top 10 중 9개가 SUV 또는 픽업트럭이다. 전기자동차를 고를 때도 미국 소비자들의 선택은 SUV와 트럭으로 향할 것을 기대해봄직하다.

2022년 테슬라의 사이버트럭, 리비안의 R1T, 볼링거의 B2 그리고 포드의 F-150EV, 쉐보레의 실버라도 EV를 포함하여 많은 SUV·트럭 전기자동차가 시장에 출시될 예정인 만큼, 이번 SUV·트럭 시장 경쟁이 향후 전기자동차 시장의 분수령이 될 것으로 보인다. 그리고 SUV와 트럭 계열 자동차 시장에서 훌륭한 명성을 쌓아온 포드가 갖게 될 이점은 두 말할 필요 없을 것이다.

리스크

아직 부족한 회복

코로나 팬데믹으로 인해 2020년 미국을 비롯한 전 세계의 자동차 생산량은 다음과 같이 급감했다. 그러나 코로나 팬데믹이 해소되어가고 있음에도 자동차 생산량은 곧바로 늘어나기가 쉽지 않다. 자동차에 들어가는 반도체 칩이 품귀상태에 있기 때문이다. PC, 노트북, 스마트폰을 만드는 테크 기업들이 반도체를 대량으로 공급받고 있는 데 반해 자동차 제조회사의 반도체 수요는 뒷전으로 밀려난 상태다.

2021년 1분기 포드 실적발표에서 제임스 팔리는 "2021년 2분기 또한 반도체 공급 부족으로 포드는 좋은 실적을 기대하기가 어렵다"고 발표했다. CEO가 나서서 말해준 정보인 만큼 2021년 2분기 실적이 어떨지는 나와

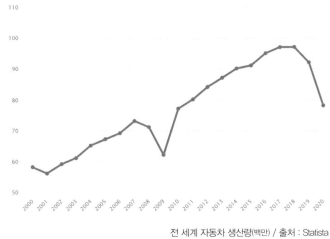

전 세계 자동차 생산량(백만) / 출처 : Statista

봐야 알겠지만, 이러한 부분은 단기적인 리스크로 오히려 포드를 눈여겨보고 있던 투자자의 입장에서는 기회가 될 수 있다.

펀더멘탈

1. 수익 현황(2021년 1분기)

1. 매출액 : 362억 달러 (○)
2. 매출액 성장률 : 전년 대비 13.9% 하락, 2.62% 성장 예상 (△)
3. 매출총이익 : 53억 달러(14.6%) (○)
4. 영업이익 : 24억 달러 (○)
5. 순이익 : 32억 달러(9%) (○)

포드의 매출액은 코로나 이전과 비슷한 트렌드를 보여주고 있으며, 매출총이익은 2021

년 1분기 53억 달러로 2014년 이후로 가장 높은 실적을 보여주었다. 매출총이익률 또한 14.6%로 지난 5년간 평균 8%대의 매출총이익률보다 수익 현황이 개선되었음을 말해준다. 비록 2021년 2분기에 반도체 공급 문제로 나쁜 실적이 예상되지만 지금과 같은 매출총이익률을 유지해준다면, 포드의 펀더멘탈은 더 견고해지리라 생각된다.

2. 자산 현황(2021년 1분기)

자산 현황		부채 현황	
현금	218억 달러	장기부채	1,032억 달러
장기투자금	850억 달러	단기부채	494억 달러
단기투자금	649억 달러	1년 내 매입채무	234억 달러
1년 내 매출채권	104억 달러	세금 부채	6억 달러
총 자산	1,823억 달러	총 부채	1,768억 달러

경쟁 포지션 기업 : Tesla, GM, Nio, Xpeng, Honda Motors, Stellantis, Volkswagen, Daimler, Hyundai Motor

032

인플레이션에는 금이지!

뉴몬트

비지니스 모델

뉴몬트는 금, 은, 구리와 같은 광물자원을 채굴하는 회사로 아시아(호주), 아메리카, 아프리카 등지에서 광산을 운영한다. 뉴몬트가 보유한 금광에서 채굴할 수 있는 금의 양은 9,400만 온스로 뉴몬트는 세계에서 가장 많은 금을 보유한 기업이다. 뉴몬트가 지역별로 보유한 광산은 다음과 같다.

1. 북아메리카 : 미국 네바다주의 칼린, 피닉스, 트윈크릭 그리고 콜로라도주의 크리플 크릭과 빅터 광산을 운영하고 있다.
2. 남아메리카 : 페루의 야나코차, 니카라과의 세로네그로 광산을 운영하고 있다.
3. 아시아 지역 : 호주의 보딩턴, 타나미, 칼굴리 그리고 인도네시아의 바투히주 광산을 운영하고 있다.
4. 아프리카 : 가나에 있는 아하포, 아켐 광산을 운영하고 있다.

1. 금 생산량 변화

구 분	2019	2020	2021E	2022E
금 생산량	629만 온스	591만 온스	650만 온스	620~627만 온스
온스당 채굴비용	970달러	1,045달러	966달러	850~950달러

뉴몬트 연도별 실적 / 출처 : 뉴몬트

위 표를 보면 2020년 금이 채굴된 양은 591만 온스로 2019년에 비해 약 6% 줄었다. 코로나로 인해 야나코차와 세로네그로 광산 등의 채굴이 정지되었기 때문이다. 그러나 2021년 예상치를 보면 650만 온스 그리고 2022년에는 620~627만 온스로 코로나 이전 생산량으로 회복될 예정이다.

온스당 채굴비용은 2020년 1,045달러, 2021년 966달러 2022년에는 850~950달러로 계속 줄 것이라 예상된다. 금 채굴비용이란 금광 탐사 비용부터 채굴 및 운반비용까지 포함한 전체 생산비용으로 당연히 적을수록 이득이다. 최근에 꾸준히 높아지고 있는 금값 또한 뉴몬트의 실적을 훌륭하게 견인해주리라 생각한다.

2. 인플레이션 → 금값 상승

연방준비제도는 양적완화를 통해 7조 1,700억 달러에 달하는 양의 돈을 시장에 풀었고 이제 인플레이션이 오는 것에 대해서는 부정할 수 없는 단계까지 이르렀다. 인플레이션은 항상 금리의 상승을 동반한다. 그리고 금리의 상승은 기업의 주가 하락으로 이어질 가능성이 크다.

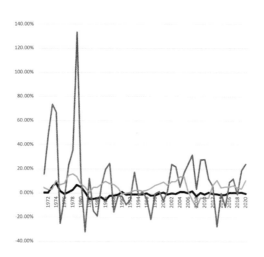

비(比)기대 인플레이션(검정), 금값 상승률(빨강), 부동산 상승률(초록) 변화 / 출처 : 에시워스 다모다란

미국에서 실제 인플레이션이 가장 크게 찾아왔던 시기는 1970년대다. 당시 기대 물가 상승률은 4.6%로 예측되었으나, 실제 물가 상승률은 7.41%로 더 높게 나타나면서 예상치 못한 인플레이션이 2.8%정도 나타났다. 당시 1970~1979년 주가 수익은 연평균 0.11%였을 정도로 처참하게 나타났다. 그렇다면 금을 투자했을 때 수익은 어땠을까? 위 그래프와 같이 이 시기 금의 수익은 연평균 30.05%로 엄청난 상승을 보여주었다.

달러의 가치가 떨어지니 금이 매력적인 투자자산으로 올랐던 것이다. 이러한 금값의 상승은 금을 채굴하는 기업 뉴몬트에게도 호재로 작용할 수밖에 없기에 뉴몬트는 인플레이션을 헷징하는 역할을 하게 될 것으로 기대된다.

1. 수익 현황(2021년 1분기)

1. 매출액 : 28억 달러 (○)

2. 매출액 성장률 : 전년 대비 12.07% 상승, 10.5% 성장 예상 (○)

3. 매출총이익 : 16억 달러(56%) (○)

4. 영업이익 : 8억 5,600만 달러 (○)

5. 순이익 : 5억 5,900만 달러(19.5%) (○)

뉴몬트의 매출액은 우상향 하는 모습을 보여주며 2022년도 10.5%라는 준수한 매출액 성장률을 보여줄 전망을 갖고 있다. 매출총이익률은 56%, 순이익률은 19.5%로 2019년 3분기부터 꾸준히 수익을 이어나가고 있는 기업이다. 금, 은 구리를 채굴하는 기업인만큼 원자재가 시장에서 어느 정도의 평가를 받느냐에 따라 기업의 실적도 판가름 날 것이다.

2. 자산 현황(2021년 1분기)

자산 현황		부채 현황	
현금	55억 달러	장기부채	55억 달러
장기투자금	31억 달러	단기부채	11억 달러
단기투자금	2억 달러	1년 내 매입채무	4억 달러
1년 내 매출채권	2억 달러	세금 부채	24억 달러
총 자산	91억 달러	총 부채	96억 달러

경쟁 포지션 기업 : Kinross, Barrick Gold, Royal Gold, Agnico Eagle Mines

033

게임으로 연 메타버스 패러다임

로블록스

비지니스 모델

로블록스는 소셜미디어와 게임 플랫폼의 성격을 띤 PC, 스마트폰 게임 서비스다. 레고와 닮은 캐릭터를 조종하는 오픈월드형 RPG로 시작한 로블록스는 이용자가 게임 내에서 새로운 게임을 개발할 수 있는 환경을 제공한다. 로블록스는 2차 개발자들에게 높은 개발 자유도와 수익성을 보장하여 다양한 장르의 게임 속 게임들이 개발되게끔 했고 이제는 하나의 플랫폼이자 SNS 서비스로 자리 잡았다.

일반 유저들은 전 세계에서 몰려온 수억 명의 유저들과 함께 새로운 가상공간을 탐색하고 소통할 수 있다. 게임 외 영화 관람, 쇼핑까지 할 수 있는 공동경험 환경과 그를 둘러싼 인간관계는 게임 이상으로 이용자의 일상을 가상세계 속에 끌어들였다. 이렇게 현실에 버금가는 사회·경제활동이 가능한 가상공간을 '메타버스(Metaverse)'라 한다.

가상화폐를 통한 메타버스 경제시스템 운영

로블록스는 메타버스 서비스를 운영하며 가상화폐 '로벅스(Robux)'를 발행하고 거래 수수료를 받는다. 이용자들은 게임 내에서 소비를 하기 위해 그리고 로블록스 프리미엄 서비스를 이용하기 위해 로벅스를 구매한다. 로블록스 프리미엄 서비스는 게임 내 구매, 특정 서비스에 대한 독점 액세스 등의 혜택 등이 주어지는 정기 멤버십이다.

2차 개발자들은 게이머에게 가상 아이템을 판매하기도 하고, 개발자 커뮤니티 내에서 콘텐츠 및 도구를 판매하기도 한다. 거래금의 상당량을 수수료로 내야 하지만 이렇게 번 로벅스를 개당 0.0035달러로 바꿔 실제 수익을 낼 수도 있다. 이것은 개발자의 개발 동기를 끌어올리고 새로운 개발자들을 유입시키는 촉매제가 된다.

2020년 기준 애플의 앱스토어를 통해 들어온 로벅스 수익은 전체 매출액의 35%를 그리고 구글플레이를 통해 들어온 로벅스 수익은 전체 매출액의 19%를 차지한다. 로블록스는 로벅스 외에도 광고와 라이선싱을 통해 매출을 낸다. 디즈니 마블, 레고, 워너브라더스의 광고를 받아 수익을 내고 있고, 로블록스 브랜드 품목을 판매하고 있는 Toys'R'Us와 월마트로부터 라이선스 수익을 얻고 있다.

미래전망

1. 서비스 및 이용자 확대

a. 플랫폼 확장 : 로블록스 플랫폼은 지속적으로 업그레이드되고 있다. 개발진은 아바타, 3D공간, 오디오를 고품질로 개선시키고 있으며 엔터테인먼트, E-러닝, 오피스 업무 커뮤니케이션과 같은 별개 영역으로의 확장 또한 고려 중이다.

b. 글로벌 시장 확장 : 로블록스의 수익 대부분은 미국, 캐나다, 영국에서 발생한다. 세계

시장으로의 확장을 노리고 있는 로블록스는 지역규정 준수, 언어 자동번역과 같은 현지화에 치중하고 있다.

c. 수익 모델 강화 : 로블록스는 수익모델을 강화하기 위해 개발자 커뮤니티와 적극적으로 협력하고 있다. 이밖에도 워너브라더스, NFL, 넷플릭스, 마블, WWE 등과 협력하여 로블록스 플랫폼만의 고유한 마케팅 경로가 발현될 수 있도록 시스템을 구축하고 있다.

2. 시장의 성장

2020년에는 게임 종류 중에서도 특히 모바일게임 시장의 성장이 가장 돋보였는데 2019년 대비 13.3% 성장하여 772억 달러에 달하며, 2025년에는 1,500억 달러의 시장을 갖게 될 것으로 예측되고 있다. 로블록스 또한 모바일게임 시장 성장의 수혜를 톡톡히 볼 것으로 예측된다.

또한 로블록스는 VR 게임도 지원하고 있어 VR 관련주로도 분류된다. VR 시장은 2016년 20억 달러에서부터 연평균 성장률 44.5%의 속도로 달려가 2022년에는 178억 달러의 시장으로 거듭나게 될 전망이다.

리스크

코로나 종식

로블록스는 2020년 코로나 팬데믹 기간 동안 많은 신규유저를 유치할 수 있었고 2019년 대비 81% 매출액이 성장하는 기염을 토했다. 일일 이용자 수는 1,910만 명에서 3,700만 명까지 상승했고 유저당 지출 금액은 12.37달러에서 17.3달러로 늘었다. 그러나 코로나로 인해 미래의 실적을 미리 앞당겨온 만큼, 코로나가 어느 정도 해소된 2021년의 실적은 2020년 대비 좋지 못할 것으로 예상된다.

약 6%의 일일 이용자 수 성장이 기대되며 이용자들이 로블록스에 접속한 시간은 큰 차이가 없을 것으로 전망되고 있다. 로블록스의 성장률과 밀접한 관계를 갖고 있는 로벅스 구매 금액은 전년 대비 10%밖에 오르지 못할 것으로 예측된다. 기업은 미래를 위해 R&D 투자할 것이고, 현금흐름이 하락함에 따라 단기간 내에 주가가 높은 성장을 보이지는 않을 것으로 판단된다.

펀더멘탈

1. 수익 현황(2021년 1분기)

1. 매출액 : 3억 8,698만 달러 (○)

2. 매출액 성장률 : 전년 대비 105.77% (○)

3. 매출총이익 : 2억 8,904만 달러(74.7%) (○)

4. 영업이익 : 1억 3,506만 달러 적자 (△)

5. 순이익 : 1억 3,422만 달러 적자(-34.7%) (△)

매출액이 전년 대비 105.77% 성장했다. 그런 가운데 74.7%라는 높은 매출총이익률을 기록하고 있다는 것은 로블록스가 역시 IT 서비스 기업으로서 좋은 수익모델을 갖고 있다는 것을 가리킨다. 다만 상장한 지 얼마 되지 않은 회사이고 시장점유율을 높이기 위해 세일즈, 마케팅, 인건비, R&D에 공격적으로 투자하고 있어 순이익률은 -34.7%이다. 성장주에게 있어서 마이너스 순이익률은 흔히 볼 수 있는 모습으로, 로블록스와 같이 부채보다 많은 자산을 들고 있는 기업에서는 문제가 되지 않는다.

2. 자산 현황(2021년 1분기)

자산 현황		부채 현황	
현금	16억 달러	정기 부채	1억 달러
1년 내 매출채권	2억 달러	1년 내 매입채무	827만 달러
총 자산	18억 달러	총 부채	1억 달러

경쟁 포지션 기업 : Activision Blizzard, Electroinc Art, Microsoft

034

앱을 연결하는 다리가 되다
트윌리오

비지니스 모델

트윌리오는 프로그래머를 위한 플랫폼이다. 프로그래머를 위한다는 게 무슨 말일까? 트윌리오는 애플리케이션 개발 인터페이스로서 만약 개발할 프로그램에 페이스북 메신저, 푸쉬 알림, 구글 지도, 전화와 같은 타 앱의 기능이 필요하다면 해당 앱과 개발 앱을 연결하는 다리 역할을 해준다. 그리고 이런 모든 개발환경은 클라우드 네트워킹 상으로 제공되어 다양한 프로그래밍 언어에 일괄 호환되게끔 하는 기능을 자랑한다.

트윌리오 플랫폼을 기반으로 만들어진 우버 앱을 예로 들어보자. 애플리케이션은 고객에게 우버 승용차가 고객의 위치로 곧 도착한다는 푸쉬 알림이 전송한다. 스마트폰 상에는 우버에서 곧바로 알림을 보낸 것으로 뜨지만, 실제 이 메시지는 우버에서 트윌리오 플랫폼을 지나 통신사를 거쳐 전달된 것이다. 우버뿐만이 아니다. 도미노피자, 에어비엔비, 넷플릭스 등 22만 개의 고객사들이 트윌리오의 플랫폼을 통해 서비스를 제공한다.

1. 세그먼트 사 인수와 시너지효과

트윌리오는 '고객 데이터 플랫폼'을 운영하는 세그먼트 사를 32억 달러에 인수했다. 고객 데이터 플랫폼이란 웹과 모바일 채널을 통해 고객의 데이터를 수집하고 분석하여 작성된 데이터를 CRM(고객관리체계), 이메일, 광고 등 마케팅 도구에 활용할 수 있게 제공하는 서비스다. 이러한 기능이 트윌리오 내에서 구현된다면 어떨까? 프로그래머들은 개발할 프로그램 안에 고객 성향 정보와 연동된 마케팅 및 서비스 기능을 간단히 구현할 수 있다.

세그먼트 고객 데이터 플랫폼 서비스 입장에서 트윌리오로의 인수를 본다면 어떨까? 트윌리오를 통해 개발된 프로그램에서 발생하는 고객 데이터들은 모두 귀중한 양식이 된다. 별도의 고객 데이터 플랫폼 서비스로 있을 때와는 비교도 안 되는 고객 정보가 수집된다. 트윌리오를 통해 개발된 프로그램들은 고객에 대해 더 깊게 이해하고 고객의 니즈에 맞춘 서비스를 제공할 수 있게 되는 것이다. 이를 통해 트윌리오는 기존의 620억 달러 시장에서, 170억 달러의 시장이 더해져 총 790억 달러의 시장을 얻게 되었다.

2. 빠르게 성장하는 트윌리오

트윌리오의 성장은 타의 추종을 불허할 정도이다. 2021년 1분기 기준 5억 8,999만 달러의 매출액 실적을 기록했고 이것은 2020년 1분기 대비 56.92%의 상승한 것이다. 이러한 매출액 성장률은 급격히 늘어난 고객사 숫자 덕분이다. 고객사 숫자는 2018년 4분기에 6만 4,000개였다가 2019년 1분기 15만 4,000개를 확보하더니, 2020년 4분기 기준 22만 개로 늘어났다. 특히 트윌리오는 기존고객 매출 증가율이 33%로 업계 Top 5 안에 든다고 할 수 있다. 그만큼 트윌리오 서비스가 각광을 받고 있다는 의미로 해석된다.

1. 수익 현황(2021년 1분기)

1. 매출액 : 5억 8,999만 달러 (○)

2. 매출액 성장률 : 전년 대비 56.92% 성장, 43.19% 성장 예상 (○)

3. 매출총이익 : 2억 9,830만 달러(50.6%) (○)

4. 영업이익 : 1억 9,734만 달러 적자 (△)

5. 순이익 : 2억 654만 달러 적자(-35%) (△)

앞서 말한대로 트윌리오는 높은 매출액 성장률을 보이고 있다. 50.6%라는 매출총이익률은 트윌리오의 비즈니스 모델이 효율적이며 수익성이 높다는 것을 뜻한다. 다만 트윌리오는 지금 눈앞의 수익보다는 회사의 네임밸류 그리고 기술력에 투자하고 있어 순이익은 해가 갈수록 적자가 심해지고 있다. 그러나 보유 자산이 부채의 4배 가까이 되는 기업이다. 투자금을 아까워할 이유가 전혀 없다.

2. 자산 현황(2021년 1분기)

자산 현황		부채 현황	
현금	23억 달러	장기부채	14억 달러
단기투자금	33억 달러	단기부채	4,600만 달러
1년 내 매출채권	2억 달러	1년 내 매입채무	6,600만 달러
총 자산	59억 달러	총 부채	15억 달러

경쟁 포지션 기업 : ServiceNow, Okta

035

해외로 진출하는 중국 전기차

니오

비지니스 모델

'싼 가격에 크게 차이나지 않는 성능', 점점 기술 경쟁력을 갖춰가고 있는 중국 기업 제품들의 특징이다. 윌리엄 리에 의해 2015년 설립된 전기자동차 회사 니오의 제품 또한 이러한 특징을 보이고 있다. 2016년에는 직접 개발한 레이싱카 EP9이 내연기관 차량까지 포함한 주행기록에서 탑 자리를 꿰차기도 했는데, 나름 화려한 이력으로 시작한 전기자동차 스타트업이라 할 수 있다. 니오는 현재 어떤 평가를 받고 있을까?

니오는 2018년에 상장하면서 일반형 전기자동차 모델 ES8과 ES6을 출시했다. 이후 세단과 미니밴 등 다양한 형태의 모델을 출시하고 있다. 니오는 전기자동차에 탑재하는 부품 수에 따라 프리미어 에디션, 퍼포먼스 버전, 스탠다드 버전 등으로 가격 옵션을 둔 판매를 한다. 옵션에 따라 탑재하는 모터의 개수와 승차감을 조절하는 에어서스펜션 개수에 차이가 난다.

1. 정부의 지원

전 세계에서 가장 많은 원유를 수입하고 있는 나라는 중국으로 2019년 기준 2,387억 달러의 돈을 내고 전 세계 원유 생산량의 22.6%를 수입하고 있다. 원유에 대한 의존성이 높기에, 중국은 내연기관에 대한 의존성을 줄이고자 전기자동차에 투자를 이어가고 있다.

중국은 2020년 말까지로 예정되었던 전기자동차 지원 정책을 2022년까지로 연장했고, 중국의 전기차 충전 인프라 확충 예산을 10배 확대한 27억 달러로 늘리기도 했다. 니오는 정부의 전폭적인 지지와 함께 빠른 속도로 성장하고 있는데 2020년 4만 3,728개의 전기자동차를 판매함으로써 2019년 대비(2만 565대) 112%의 성장을 이루었다.

2. BaaS, 배터리 렌탈교체 사업

니오는 중국 내 전기차 경쟁기업인 샤오펑과 리오토보다 높은 매출을 보이고 있다. 이는 바로 니오의 BaaS(Battery as a Service) 덕분으로 BaaS는 간단하게 말하면 배터리 렌탈교체 서비스다. 니오 차는 배터리를 충전할 필요 없이 바로 교환소에서 배터리를 바꿔 끼면 된다.

니오는 62개의 도시에 138개의 배터리 교환소를 설치했으며 2020년 5월 기준 월 50만 개의 배터리 교환 실적을 보이고 있다. 배터리 교환은 평균 3분밖에 걸리지 않으며, 한 번 교환할 때 드는 비용은 25달러다. 이러한 사업 모델에 맞춰 전기차 판매 시에도 배터리를 제외하고 자동차만 판매하는 옵션이 존재한다. 초기 구입비용에서 경쟁력을 가졌던 것이다.

3. 노르웨이 진출

니오는 모델 ES8을 노르웨이 오슬로에 출시한다. 노르웨이는 다른 유럽 국가와 달리 자국 기업 전기차 회사가 없다는 점에 있어 좋은 선택으로 평가된다. 참고로 독일에는 폭스바겐이 있고, 프랑스에는 스텔란티스가 있다.

그리고 노르웨이는 이미 2020년 12월 기준 전체 자동차 중 전기차 비율이 66.7%를 넘어섰다. 노르웨이 정부는 2025년까지 휘발류 및 디젤 차량을 없애는 것을 목표로 하고 있다. 니오가 노르웨이에서 좋은 시장점유율을 확보하게 된다면 유럽 사람들로부터 신뢰를 얻게 되고, 이것은 다른 유럽 국가들로 진출할 수 있는 좋은 계기가 될 것이다.

리스크

반도체 대란

반도체 생산회사 셧다운으로 인해 발생한 반도체 품귀현상은 니오에도 덮쳤다. 반도체 부족으로 인해 니오는 자동차 생산량을 한 달에 7,500대로 낮추었는데, 니오의 CEO 윌리엄 리는 니오의 2021년 1분기 전기자동차 출하량은 충분하나 2분기 전기자동차 출하량은 불확실하다고 언급했다.

니오뿐 아니라 전기자동차를 만드는 제너럴모터스, 포드, 테슬라 또한 타격을 입고 있다. 시장조사 업체 IHS Markit에 따르면 2021년 1분기 생산되는 전기자동차의 개수가 67만 2,000대 적어진다. 다행히 세계에서 가장 큰 반도체 파운드리 TSMC가 신규 생산량을 전기자동차 업체에 먼저 할당해줄 것이라고 발표했기 때문에 반도체 품귀로 인한 피해가 어느 정도로 나타날지는 2021년 중순까지는 지켜봐야 알 수 있다.

1. 수익 현황(2021년 1분기)

1. 매출액 : 12억 달러 (○)

2. 매출액 성장률 : 전년 대비 202.26% 상승, 99.08% 성장 예상 (○)

3. 매출총이익 : 2억 3,665만 달러(19.5%) (○)

4. 영업이익 : 4,504만 달러 적자 (△)

5. 순이익 : 6,864만 달러 적자(-5.67%) (△)

니오는 전년 대비 202.26%의 매출액 성장률을 기록했고 앞으로도 100%에 가까운 매출액 성장률을 예정하고 있다. 매출총이익률 또한 19.5%로 전년도 매출총이익률 11.5%에 비해 원가비용을 크게 개선시킨 모습을 보인다. 비록 니오의 순이익률은 마이너스를 나타내고 있으나, 빠른 속도로 적자폭이 줄어들고 있다. 2020년도 순이익률이 -34.5%였다는 것을 본다면 해가 갈수록 빠르게 좋아지고 있다는 것을 알 수 있겠다.

2. 자산 현황(2021년 1분기)

자산 현황		부채 현황	
현금	43억 달러	장기부채	15억 달러
단기투자금	28억 달러	단기부채	3억 달러
1년 내 매출채권	2억 달러	1년 내 매입채무	13억 달러
총 자산	74억 달러	총 부채	32억 달러

경쟁 포지션 기업 : Tesla, Xpeng, Li Auto

036

사이버보안의 전문가
크라우드 스트라이크

비지니스 모델

크라우드 스트라이크는 사이버보안 기업이다. AI 기반으로 구성된 보안 플랫폼 '팔콘(Falcon)'을 바탕으로 고객 컴퓨터의 네트워크의 보안저해 요소를 분석하고 해킹을 차단한다. 자체 전산서버 혹은 클라우드 네트워크와 같은 고객의 네트워크 환경에 맞는 보안을 제공하며 그에 따른 서비스 모듈은 크게 다음과 같이 나뉜다.

1. 사용자기기 보안 : 고객의 컴퓨터에 일어나는 일을 실시간으로 감시하고 알리며 악성소프트웨어 및 파일리스 공격으로부터 보호한다. 그 외에 운영체제 방화벽 기능과 USB 등 주변장치에 대한 관리·제어 기능을 설정할 수 있도록 툴을 제공한다.
2. 클라우드 서버 보안 : 다중 클라우드 환경에 대한 통합 감시, 위협 탐지 기능을 제공한다. 서비스, 이미지 배포 과정에서 해킹 취약성을 감지하고 프로그램 런타임 중의 침투를 예방하기도 한다.

3. 보안 네트워크 운용 : 네트워크 상의 불량 섹터와 불량 애플리케이션을 식별한다. 참여하는 사용자 계정의 취약점을 점검하고 계도한다. 보안사고 발생 시 빠른 점검과 대처가 가능하도록 데이터를 수집하고 대시보드를 구성해놓는다.

4. 위협 분석 : 보안과정에서 탐지된 위협을 자동적으로 분석하여, 공격의 속성, 기능, 동기를 해명하고 보안 성능을 강화한다.

크라우드 스트라이크는 이와 같은 서비스를 일정 기간 무료로 사용할 수 있는 체험기간을 제공한다. 이러한 '선체험 후구매(Land-and-Expand)' 세일즈 전략은 지금까지 성공적인 실적을 보여주고 있다.

미래전망

1. 시장점유율 확대 노력

사이버보안이 중요해지면서 크라우드 스트라이크의 목표시장 규모도 빠르게 성장하고 있다. 사이버보안 시장은 2021년 360억 달러, 2023년 440억 달러, 2025년 1,060억 달러까지 성장할 것으로 전망된다. 크라우드 스트라이크의 2020년 연매출액이 8억 7,400만 달러라는 것을 본다면, 2021년 목표시장 규모의 2.4%밖에 되지 않는다는 것을 알 수 있다.

크라우드 스트라이크는 시장점유율을 보다 높이기 위해 고객들에게 다양한 사이버보안 기능을 제공하기 시작했다. 2020년 1분기에는 11개였던 서비스 모듈 숫자를, 4분기 19개로 확대시켰다. 제품의 기능이 확장됨에 따라 기존고객들도 제공받는 서비스의 범위를 증가시켰고 이로 인해 같은 기간 기존고객에게서 일어난 매출은 24% 상승했다.

대기업 및 정부를 대상으로 서비스를 지원해왔던 크라우드 스트라이크는 앞서 말한 선체

험 후구매 전략을 통해 중소기업을 대상으로도 서비스를 넓혀가고 있으며, 그 결과 2020
년 4분기에 1,482개의 추가 고객을 확보하여 총 9,896개의 고객사를 확보했다. 고객 성장
률은 82%에 육박한다.

2. 휴미오 인수

최근 이뤄진 '휴미오' 인수도 큰 성장기회를 제공할 것으로 관측된다. 휴미오는 2016년 설
립된 영국의 스타트업으로, 기업들이 클라우드 네트워크를 통해 수집한 기록을 관리할 수
있게 하는 제품을 제공한다. 최근 미국 정부는 행정명령을 통해 연방 부서 및 기관의 사이
버보안 사항을 수집 및 관리하도록 했다. 관련 제품에 특화된 휴미오를 인수한 크라우드
스트라이크는 정주 사업 수주를 노릴 수 있는 기반을 얻은 셈이다.

리스크

갑자기 너무 오른 주가

크라우드 스트라이크의 주가는 고평가를 받고 있다. 2021년 13억 달러의 연매출액을 기
록할 것으로 예상치가 제시되어 있는데, 이것은 2020년 대비 56% 상승한 것이며 이에 따
른 시가총액÷연매출액(P/S 멀티플)수치는 55.99로 나타날 것이라 예상된다. 설사 크라우드
스트라이크의 매출액 성장률이 56%에 육박한다고 해도, 동종 기업 포티넷의 14.65와 파
이어아이의 4.98에 비하면 굉장히 고평가를 받고 있는 것이다.

현재로서는 고평가라는 리스크를 갖고 있지만 이것은 반대로 조정 뒤의 장을 노릴 수 있
는 기회라고도 할 수 있다. 이렇게 성장전망이 좋은 기업이 조정을 받는다면 기업을 상대
적으로 싼 가격에 투자할 기회를 얻는 것이기 때문이다. 지금과 같은 매출액 성장률을 유
지해준다면 주가가 떨어진다 해도 원래의 가격을 회복할 것이다.

1. 수익 현황(2021년 1분기)

1. 매출액 : 3억 284만 달러 (○)

2. 매출액 성장률 : 전년 대비 77.35% 성장, 56.57% 성장 예상 (○)

3. 매출총이익 : 2억 2,434만 달러(74.1%) (○)

4. 영업이익 : 3,135만 달러 적자 (△)

5. 순이익 : 8,505만 달러 적자(-28.1%) (△)

매출액과 매출액 성장률 모두 우상향하는 모습을 보여주고 있으며 매출총이익 또한 2억 2,434만 달러로 원가비용을 잘 관리하고 있다. 현재는 시장점유율을 높이기 위해 영업비용에 돈을 아끼지 않는 모습을 보여주고 있다. 한 가지 짚고 넘어가야 하는 것은 순이익에서 2021년 1분기 8,505만 달러라는 역대 가장 높은 적자를 기록했으나, 이는 휴미오 인수 과정에서 현금 확보를 위해 많은 IP(지적재산권)를 매각했고 이로 인해 5,006만 달러라는 세금을 맞았기 때문이라는 점이다.

2. 자산 현황(2021년 1분기)

자산 현황		부채 현황	
현금	16억 달러	장기부채	7억 달러
장기투자금	816만 달러	단기부채	933만 달러
1년 내 매출채권	2억 달러	1년 내 매입채무	347만 달러
총 자산	18억 달러	총 부채	7억 달러

경쟁 포지션 기업 : Cloudflare, Fortinet, Zscaler, FireEye

coinbase

암호화폐를 거래한다

코인베이스

비지니스 모델

코인베이스는 암호화폐 경제에 필요한 인프라를 제공하는 핀테크 회사로 개인과 기관에게 암호화폐를 저장, 거래, 채굴할 수 있는 플랫폼을 운영한다. 코인베이스의 암호화폐 거래 플랫폼은 100개 이상의 국가에 5,600만 명 이상의 이용자를 보유하고 있으며, 90개 이상의 암호화폐에 대한 거래 서비스를 지원하고 있다.

이러한 가운데 코인베이스는 1. 거래수수료, 2. 보관수수료, 3. 채굴수익 4. 암호화폐 교육 과정 등을 통해 수익을 낸다. 그리고 80% 이상의 매출액이 거래수수료를 통해 발생한다.

1. 수익 구조 다양화

코인베이스는 전체 매출액의 80%를 차지하는 코인 거래수수료에 대한 의존도를 낮추기 위해 다양한 수익 모델을 개발하고 있다. 코인베이스의 직불카드 결제시스템은 거래소에 보유한 암호화폐를 일상생활에서 사용할 수 있게 해주는 서비스다. 2021년 6월 코인베이스의 직불카드 결제시스템을 애플페이, 구글페이와 연동시켜 사용할 수 있게 할 예정이라는 발표가 있었다.

점차 테슬라, 로블록스를 비롯해 많은 기업들이 암호화폐로 자사의 상품을 살 수 있게 결제 채널을 열어가고 있다. 이러한 트렌드가 계속된다면 코인베이스는 보관수수료와 결제수수료 등의 수익을 증가시킬 수 있을 것으로 기대된다. 이밖에도 코인베이스는 코인 채굴과 코인 발행 등의 추가 수익 모델을 고려하고 있다.

2. 높은 순이익률

구 분	2020년 1분기	2020년 2분기	2020년 3분기	2020년 4분기	2021년 1분기
유저 수	3,400만 명	3,700만 명	3,900만 명	4,300만 명	5,600만 명
거래량	130만 달러	150만 달러	210만 달러	280만 달러	610만 달러
거래소 자산	170억 달러	260억 달러	360억 달러	900억 달러	2,230억 달러
매출액	1억 9,100만 달러	1억 8,600만 달러	3억 1,500만 달러	5억 8,500만 달러	18억 100만 달러
순이익	3,200만 달러	3,200만 달러	8,100만 달러	1억 7,700만 달러	7억 7,100만 달러

코인베이스 분기별 실적 / 출처 : 코인베이스

코인베이스 유저의 숫자는 2021년 1분기 기준 5,600만 명으로 전년 동기 대비 64.7%나 성장했으며 매분기 꾸준히 성장을 해오고 있는 추세다. 유저 수가 증가한 만큼 거래량, 매출액, 순이익도 큰 폭으로 성장하고 있다. 순이익은 2021년 1분기 7억 7,100만 달러를 기록했는데 매출액 대비 42.8%에 달한다. 순이익률이 이렇다는 것은 황금알을 낳는 거위를 가지고 있다는 것과 다를 바 없다.

리스크

1. 경쟁사 등장

그러나 이렇게 높은 이익은 그 자체로 몇 가지의 우려사항을 낳는다. 높은 마진율은 다른 경쟁사가 해당 시장에 진출할 동기를 유발시킨다. 코인베이스의 좋은 실적은 시장 선점에서 기인했으나 경쟁자가 나타난다면 가격경쟁이 일어날 것으로 예상된다. 기관들은 코인베이스가 2021년 약 62억 6,000만 달러의 매출액을 낼 것으로 예상했고 코인베이스는 70억 달러까지도 낼 수 있다고 자신하는 상태이나, 강력한 경쟁자가 생겨난다면 매출액이 떨어질 수 있고 이것은 주가의 하락으로 이어질 수 있다.

2. 코인 가격 변동

자산 거래소는 원활한 매매를 위해 해당 자산을 많이 보유하고 있어야만 한다. 코인베이스 또한 자산의 대부분을 암호화폐로 구성하고 있는데, 보유한 암호화폐의 70%가 비트코인이다. 비트코인 가격 변화에 따라 코인베이스의 자산 규모가 크게 달라지고 주가도 영향을 받을 것임을 알 수 있다.

비트코인의 가격은 2021년 초 6만 달러 이상의 고점을 찍은 뒤 2021년 6월 3만 달러대로 내려왔다. 비트코인 가격이 다시 오를지 내려갈지에 대해서는 예측할 수 없으나, 코인베이스 주가에 큰 영향을 미치는 리스크로 작용하고 있다는 점만은 확실하다.

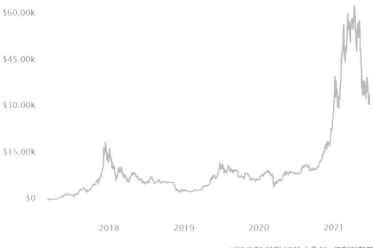

비트코인 가격 변화 / 출처 : 코인마켓캡

펀더멘탈

1. 수익 현황(2021년 1분기)

1. 매출액 : 18억 달러 (○)

2. 매출액 성장률 : 전년 대비 399.24% 상승, 8.43% 성장 예상 (△)

3. 매출총이익 : 18억 달러(100%) (○)

4. 영업이익 : 9억 8,771만 달러 (○)

5. 순이익 : 7억 7,100만 달러(42%) (○)

코인베이스는 상장하자마자 2021년 1분기부터 좋은 실적을 보여준 회사다. 매출액이 전년 대비 399.24% 성장했으나 코인 시장이 소강돼 2022년에는 8.43% 성장이 예상된다.

2. 자산 현황(2021년 1분기)

자산 현황		부채 현황	
현금	20억 달러	장기부채	8,800만 달러
장기투자금	6억 달러	단기부채	5억 달러
단기투자금	1억 달러	1년 내 매입채무	3억 달러
1년 내 매출채권	2억 달러		
총 자산	29억 달러	총 부채	10억 달러

경쟁 포지션 기업 : Paypal, Square, Riot Games

038

SNS의 수익모델을 혁신하다

트위터

비지니스 모델

트위터는 하나의 트윗(게시글) 당 280자 이상의 텍스트를 쓸 수 없다는 특징을 지닌 SNS다. 텍스트 메시지 외에도 비디오, 사진과 같은 형태의 미디어를 공유할 수 있다. 트위터는 친구와 메시지를 상호작용하는 기초 SNS로 시작했으나 현재는 글로벌 뉴스 플랫폼으로 변모했다. 이제는 사실상 모든 뉴스 속보가 트위터에서 거론된 뒤 외부간행물로 퍼지는 수순에 이르렀다. 쉽게 말해 전 세계 정치, 경제, 스포츠 속보를 전하는 파수대 역할을 하게 된 것이다.

많은 인플루언서와 정치인들이 트위터를 통해 팬과 지지자에게 소식을 전하고 있다. 미국 정치권에서는 트위터를 통해 지지층에게 정책 견해와 캠페인을 공유하여 인지도를 높이지 않고 선출되는 것은 불가능할 정도가 되었다.

광고 기반의 수익구조

트위터는 다른 SNS와 마찬가지로 광고에 기반해 수익을 낸다. 유저에게 광고를 노출시킬 권한과 유저들의 성향을 조회할 수 있는 권한을 기업에 판매한다. 트위터 알고리즘은 유저가 적은 트윗과 읽은 트윗 데이터를 기반으로 유저의 성향을 파악한다. 이런 성향 데이터를 기업에 제공하고 기업은 유저의 성향에 따라 자신들의 광고를 노출시킨다.

트위터는 양질의 콘텐츠를 제공하는 유저와 수익을 나누기도 한다. 프리미엄 콘텐츠 제공자가 올리는 트윗에는 별도의 광고가 붙어 유저들에게 노출되고 프리미엄 콘텐츠 제공자는 여기서 발생하는 광고 수익의 일부를 가져간다.

미래전망

1. 유료구독 서비스

트위터는 광고 수익 외에 새로운 매출액 파이프라인을 만들고자 노력하고 있다. 트위터는 유료구독 서비스를 게시하여 프리미엄 콘텐츠 제공자들이 개별적으로 유료 구독자를 유지하게 하고 자신들은 수수료를 챙겨가고자 하고 있다. 흔히 '슈퍼팔로우'라 불리는 기능으로, 유료 구독을 하지 않으면 해당 제공자의 일부 게시글을 볼 수 없는 등의 제약이 생긴다.

2. 스페이스

트위터는 실시간 음성 채팅 기능 스페이스(Spaces)를 출시했다. 음성 채팅 기능이지만 실제로는 진행자와 청취자가 나뉜 방송 형태로 서비스를 이용하는 사람들이 많다. 트위터는 여기에 팁(Tip) 기능도 추가시켜 방송 청취자가 호스트에게 청취료 명목으로 돈을 보낼 수 있게끔 했다. 이는 트위터의 새로운 수익구조 모델이 될 전망이다.

3. 실적발표와 과매도

2021년 1분기 트위터 매출액은 전년 대비 약 13.5% 상승한 10억 4,000만 달러였다. '수익창출 이용자 수'는 2020년 4분기 대비 700만 명 증가한 1억 9,900만 명이었다. 수익창출 이용자 수는 트위터를 통해 돈을 벌고 있는 이들의 숫자로 트위터의 매출과 직접적으로 연결된 중요한 지표다. 그런데 이런 실적발표가 있었던 날 트위터의 주가는 15.16% 하락했다. 좋은 실적이었음에도 애널리스트들의 예상치, '수익창출 구독자 수' 2억 명에 못 미쳤기 때문이었다.

애당초 애널리스트들이 너무 높은 예상치를 내놓았었다는 점을 지적하지 않을 수 없다. 2020년 2분기에는 매우 큰 폭의 수익창출 이용자 수 증가가 있었다. 코로나 팬데믹 발발로 사회의 디지털화가 촉진된 영향이라 판단된다.

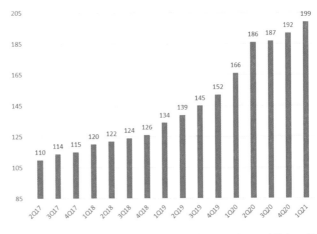

트위터 수익창출 이용자 수 증감(백만명) / 출처 : 트위터

또한 이번 수익창출 이용자수 증가는 미래에 도입될 유저를 미리 끌어온 것이라고 할 수 있다. 이러한 점에서 2021년 실적이 2020년 실적을 돌파하기 어려운 것은 당연했다. 게다가 매출액 성장률은 29%로 훌륭했기에 이번 주가 하락은 과매도라고 볼 수밖에 없다.

1. 수익 현황(2021년 1분기)

1. 매출액 : 10억 4,000만 달러 (○)

2. 매출액 성장률 : 전년 대비 13.35% 상승, 19.51% 성장 예상 (○)

3. 매출총이익 : 6억 5,501만 달러(63.2%) (○)

4. 영업이익 : 5,218만 달러 (△)

5. 순이익 : 6,800만 달러(6.6%) (△)

전년 대비 13.35%의 매출액 성장률을 보여주었고 2022년에도 19.51% 성장률을 보여주리라 예측된다. 반면 영업이익에서부터 많은 비용이 빠져나간 것을 확인할 수 있는데 유료구독 서비스와 스페이스 같은 신사업에 투자해오는 탓에 그런 것으로 풀이된다. 순이익률은 6.6%로 조금 부족한 모습을 보여주나 좋은 매출액 성장률과 함께 시장점유율을 높여일정 궤도까지 다다른다면 영업이익과 순이익 모두 충분히 개선될 수 있을 것이라 본다.

2. 자산 현황(2021년 1분기)

자산 현황		부채 현황	
현금	42억 달러	장기부채	51억 달러
단기투자금	45억 달러	단기부채	11억 달러
1년 내 매출채권	8억 달러	1년 내 매입채무	2억 달러
총 자산	96억 달러	총 부채	64억 달러

경쟁 포지션 기업 : Pinterest, Facebook, Snap

039

Palantir

17년 만에 날개를 편 빅데이터 기업
팔란티어

비지니스 모델

〈반지의 제왕〉에는 등장하는 세상 어디든 볼 수 있는 천리안의 돌 '팔란티르'를 알고 있는가? 여기서 이름을 따온 팔란티어는 현실에서 이런 천리안의 기능을 구현하고자 노력해온 빅데이터를 기업이다.

2003년 피터 틸에 의해 설립된 이 회사는 빅데이터를 만들어 자신들의 사업에 활용하는 구글, 페이스북과 달리, 빅데이터를 기반으로 고객이 더 현명한 판단을 내릴 수 있도록 도와주는 프로그램을 만드는 사업모델을 갖고 있다. 팔란티어가 지난 17년 동안 천문학적인 자금을 들여 개발해낸 빅데이터는 어떤 방식으로 활용되고 있는지 알아보자.

1. 파운드리(Foundry) : 데이터를 기반으로 기업의 현재 상황을 진단하고 미래를 분석하여 매니저들이 판단을 내릴 수 있도록 한다. 물류 데이터, 재무 데이터와 공장의 센서 데이

터 등을 모아 한눈에 파악할 수 있도록 이미지화 하고 이에 따라 각 부서의 효율을 올리기 위해 어떤 보충이 필요한지 추천해준다. 공장의 여건 및 수요 변화에 따라 매니저들이 그에 따른 경영 판단을 즉각 내릴 수 있도록 서포트한다.

2. 고담(Gotham) : 미군이 보유한 수많은 군 센서와 네트워크를 통해 수집된 전장의 데이터를 종합하고 분석해주는 서비스다. 테러조직의 추적, 군사 작전 등을 수행하기 위해 필요한 전장 리포트, 장비 상태 등의 정보를 한눈에 볼 수 있다.

고담 소프트웨어 / 출처 : 팔란티어

미래전망

1. 아마존에 ERP 제공

ERP(Enterprise Resource Planning)란 우리말로 전사적 자원관리라 불리는, 기업에서 사용되는 인적·물적자원의 주문정보 등을 통합해 관리하는 프로그램을 말한다. 아마존은 팔란티어와 파트너십을 맺어 자사의 클라우드 서비스 사업부 AWS에서 사용할 ERP 프로그램의 개발을 의뢰했다. 이로 인해 아마존의 클라우드 서비스를 사용하는 고객들도 팔란티어의 ERP와 빅데이터 소프트웨어를 사용할 잠재고객이 되었다는 분석이 나온다. 아마존의 클라우드 시장점유율은 32%로 로얄더치쉘, 넷플릭스, 세일즈포스, 코카콜라, 에어비앤비 등을 고객으로 두고 있다.

2. IBM과의 파트너십

팔란티어는 2020년 4분기 실적발표에서 자사의 파운드리 소프트웨어를 IBM의 클라우드 팩과 연계시킬 것이라고 언급했다. IBM의 클라우드 서비스를 통해 팔란티어 파운드리의 기업 서포트 서비스를 이용할 수 있는 것이다.

IBM은 팔란티어의 파운드리 시스템을 앞세워 클라우드 시장공략에 나설 것이고 팔란티어는 IBM의 2,500명에 달하는 영업 인력의 지원을 얻게 될 전망이다. 팔란티어의 빅데이터 AI 또한 다양한 서포팅 경험을 통해 성장시킬 수 있을 것으로 기대된다.

3. 정부에서 사기업으로 고객층 이동

처음으로 수주를 받았던 2007년부터 2013년까지 초창기 팔란티어의 수주 고객은 오로지 미군과 국가기관으로만 구성되어 있었다. 그러다 2014년 허쉬와 BP를 시작으로 사기업의 수주 건은 점차 늘어나고 있다. 2021년 1분기 매출액 3억 4,100만 달러 중 사기업으로부터 얻은 매출액은 39%로 정부 매출액 61%를 많이 따라왔다.

팔란티어는 아마존 AWS 및 IBM 클라우드 팩과의 파트너십을 통해 사기업 고객층을 더욱 확보할 것으로 보인다. 팔란티어는 가장 풍부한 AI 솔루션 경험을 지닌 기업이다. 2027년까지 AI 솔루션 시장은 7,370억 달러로 성장할 것으로 관측되는 가운데 이중의 1~2%만 차지해도 팔란티어는 엄청나게 성장할 수 있을 것으로 기대된다.

펀더멘탈

1. 수익 현황(2021년 1분기)

1. 매출액 : 3억 4,123만 달러 (○)
2. 매출액 성장률 : 전년 대비 48.61% 성장, 37.22% 성장 예상 (○)

3. 매출총이익 : 2억 6,712만 달러(78.3%) (○)

4. 영업이익 : 1억 1,401만 달러 적자 (△)

5. 순이익 : 1억 2,347만 달러 적자(-36.2%) (△)

팔란티어의 매출액은 우상향하고 있다. 아마존 AWS, IBM과 파트너십을 맺었고 이를 통해 2025년에는 40억 달러 가량의 매출액을 기록할 것으로 전망된다. 매출총이익률은 78%로 원가비용을 굉장히 효율적으로 관리하고 있음을 알 수 있다.

영업이익과 순이익은 적자인데 이는 직원들에 대한 스톡옵션(주식 지급) 때문이다. 2021년 1분기 스톡옵션 지급액은 2억 4,100만 달러로 매출액의 74%나 된다. 이러한 주식 지급은 설립한 지 17년이나 된 기업이 아직도 적자인 비밀이기도 하며, 팔란티어가 지금까지 성장해온 원동력이기도 하다. 언제가 될 진 알 수 없지만 향후 이런 스톡옵션 지급이 끝나게 된다면 팔란티어는 엄청난 영업이익과 순이익을 얻을 수 있게 될 것으로 보인다.

2. 자산 현황(2021년 1분기)

자산 현황		부채 현황	
현금	23억 달러	장기부채	4억 달러
1년 내 매출채권	1억 달러	단기부채	3,200만 달러
		1년 내 매입채무	1,700만 달러
총 자산	24억 달러	총 부채	4억 달러

경쟁 포지션 기업 : C3AI, Alteryx, Snowflake

040

홈트니스 혁신 기업
펠로톤

비지니스 모델

펠로톤의 비즈니스는 크게 두 가지로 나눌 수 있다. 첫 번째는 헬스용품 판매 사업으로 제품으로는 바이크(헬스용 자전거), 러닝머신 등의 운동기구와 관련 액세서리를 등이 있다. 두 번째는 피트니스 영상 스트리밍 사업이다. 머신에 달려 있는 LCD나 스마트폰 등을 통해 시청할 수 있으며 월 39달러 유료멤버십 형태로 제공된다.

영상 구독을 위해 펠로톤 바이크와 러닝머신을 꼭 구매할 필요가 없지만 머신 구매사는 비(比)구매자에 비해 더 많은 혜택을 누릴 수 있다. 일반적인 피트니스 짐에서 제공하는 수업이 회당 25~45달러라는 점을 고려해봤을 때 펠로톤 멤버쉽은 경제적이라고 볼 수 있다. 피트니스 영상으로는 뉴욕과 런던에서 촬영된 950개의 오리지널 프로그램이 있으며 29명의 강사가 진행하는 라이브 수업이 있다.

1. 시장점유율 확대를 위한 노력

홈트레이닝 장비 시장의 규모는 2020년 165억 달러이고 2026년까지 연평균 성장률 2.75%로 성장할 전망을 보이고 있다. 운동 산업의 경우 성장률이 낮은 특성을 보이는데 산업이 매우 다양한 분야로 나뉘어져 있고 경쟁이 심한 분야인 만큼 하나의 기업이 지배적인 성향을 띄고 있지는 않다. 펠로톤은 피트니스 장비 공급업체 '프리코(Precor)'를 인수하면서 시장을 점유하기 위한 적극적 드라이브를 걸고 있다.

그러나 펠로톤은 단지 홈트레이닝 장비 시장만을 목표로 하고 있지는 않다. 펠로톤 CEO 존 폴리에 의하면 그들의 진짜 목표시장은 전 세계적 약 2억 명으로 추산되는 피트니스 클럽 이용자들이라고 한다.

미국 소비자 3,500명을 대상으로 진행한 설문조사 결과에 따르면 밀레니얼 세대 소비자의 81% 혹은 전체 소비자의 66%는 피트니스 클럽에 가는 것보다 집에서 운동하는 것을 더 선호한다고 한다. 현재 코로나 팬데믹으로 인해 홈트레이닝 시작이 성장했지만 잠깐의 반짝임으로 끝나지 않을 것임을 말해주며, 그들의 홈트레이닝 니즈를 꾸준히 충족시켜준다면 펠로톤이 시장의 핵심 플레이어로 부상할 가능성이 있다는 것이다.

펠로톤은 피트니스 산업에 있어서는 아직 작은 회사지만 빠르게 성장하고 있다. 펠로톤은 현재 미국, 캐나다, 영국 그리고 독일에서 자사의 제품과 서비스를 판매하고 있으며 2021년 하반기부터는 호주에도 서비스를 출시시킬 예정이다. 펠로톤은 호주를 시작으로 유럽 및 아시아 태평양 지역 국가로도 사업을 확장시킬 계획을 하고 있다.

2. 낮은 구독 서비스 이탈률

펠로톤의 월간 구독자 이탈률은 2021년 1분기 0.31%로 매우 낮으며 12개월 구독 유지율은 92%에 다다른다. 일반 피트니스 짐의 월간 회원 유지율이 72%라는 점을 봤을 때 굉장히 높은 비율이다. 그리고 펠로톤은 이용자 만족도 조사에서 100점 만점에 94점을 받았는데 같은 방식의 조사에서 스타벅스는 77점, 에어비엔비는 74점, 테슬라는 37점을 받았다.

구 분	2017	2018	2019	2020
총 매출액	2억 1,860만 달러	4억 3,500만 달러	9억 1,500만 달러	18억 2,590만 달러
운동머신 판매	1억 8,620만 달러	3억 5,470만 달러	7억 3,390만 달러	14억 6,220만 달러
구독 서비스	3,250만 달러	8,030만 달러	1억 8,110만 달러	3억 6,370만 달러
구독 서비스 비율	14.8%	18.4%	19.8%	19.9%

펠로톤 사업 분야별 매출 비율 / 출처 : 펠로톤

위 표를 보면 펠로톤의 전체 매출액 중 구독 서비스 매출 비율이 꾸준히 올라가고 있는 것을 알 수 있다. 구독 서비스 매출액 비율의 상승과 낮은 구독 서비스 이탈률은 펠로톤의 앞날에 매우 좋은 신호라 할 수 있다. 한 번 구독을 하면 고정 수익이 될 확률이 높고 구독자가 늘수록 원가비용 부담도 떨어지기 때문에 향후 폭발적인 매출액 증가를 기대할 수 있다.

리스크

1. 안전문제

펠로톤의 비즈니스 특성상 본질적으로 존재하는 위험은 안전문제다. 이미 2021년 4월 러닝머신 제품 전량 리콜 사태로 펠로톤의 주가는 8.2% 하락을 보였다. 이런 제품 안전문제가 향후 출시될 제품에서도 발생하지 않는다는 보장은 없기에 향후 안전 설계 역량을 얼마나 강화하느냐에 따라 해당 리스크가 좌우될 것이다.

2. 강력한 경쟁사

또 한 가지의 리스크는 '비치바디(Beachbody Company)'라는 경쟁사이다. 비치바디는 1998년부터 광범위한 피트니스 콘텐츠를 개발해온 회사로, 유명 트레이너를 기용한 피트니스 VOD와 라이브 수업을 내세워 구독형 피트니스 콘텐츠 시장을 두고 펠로톤과 맞서왔다. 최근에는 MYX 피트니스라는 헬스용 자전거 제조업체를 인수하여 펠로톤과 완벽히 동일한 비즈니스 모델을 추구할 것으로 예상되고 있어 펠로톤에는 큰 위협으로 다가오고 있다.

비치바디 이외에도 펠로톤은 노르딕 트랙, 하이드로우, 에셜론, 룰루레몬, 토날, 애플 피트니스 등 많은 경쟁사들과 대치하고 있다. 이들과의 경쟁에서 밀리지 않고 얼마나 시장점유율을 확보해나가느냐가 중요하다.

펀더멘탈

1. 수익 현황(2021년 1분기)

1. 매출액 : 12억 6,000만 달러 (○)

2. 매출액 성장률 : 전년 대비 156% 성장, 80.24% 성장 예상 (○)

3. 매출총이익 : 4억 4,490만 달러(35.2%) (○)

4. 영업이익 : 1,370만 달러 적자 (△)

5. 순이익 : 860만 달러 적자(-0.7%) (△)

매출액은 전년 대비 156% 성장하며 2021년 1분기 12억 6,000만 달러를 기록했고 2022년 1분기에도 80.24%의 매출액 성장률을 보여줄 전망을 갖고 있다. 매출총이익률은 35.2%로 좋은 마진율을 유지하고 있다. 다만 영업이익은 과거 대비 많이 하락했고 순이익은 갑자기 적자로 전환했는데 이는 펠로톤이 캐나다, 영국, 독일, 호주 등 해외시장에 진출하기 위해 공격적 투자를 진행하느라 많은 마케팅 비용이 소모되었기 때문이다.

2. 자산 현황(2021년 1분기)

자산 현황		부채 현황	
현금	20억 달러	장기부채	14억 달러
단기투자금	6억 달러	단기부채	4,500만 달러
1년 내 매출채권	3,000만 달러	1년 내 매입채무	8억 달러
총 자산	27억 달러	총 부채	23억 달러

경쟁 포지션 기업 : Beachbody, MYX Fitness, Nordic Track, Hydrow, Echleon, Lululemon's Mirror, Tonal, Apple

 **OXY Occidental Petroleum**

벼랑 끝에서 살아돌아온 석유메이저

옥시덴탈

비지니스 모델

옥시덴탈은 세븐시스터즈라 불리는 미국의 7대 정유사 '엑슨모빌, 로열더치쉘, BP, 쉐브론, 토탈, 코노코필립스, 에니'에 이어 8번째 정유기업으로 꼽히는 석유 메이저다. 그러나 옥시덴탈은 2019년 무리한 인수합병 추진과 부채상환 위기로 부도 위기까지 몰렸었다. 최근에는 부활의 조짐을 보이고 있다고 하는데 옥시덴탈에는 과연 어떤 비전이 있는 걸까?

1. 석유&가스 시추 : 미국, 중동 및 아프리카에서 지속적인 탐사 및 생산활동을 수행하고 있다. 미국 내에서는 텍사스, 뉴멕시코 및 콜로라도에서 국제적으로는 주로 오만, 아랍에미리트 및 알제리에서 사업을 진행하고 있다.

2. 석유화학 : 제약 및 수처리 산업에 사용되는 폴리염화비닐(PVC)과 염소 및 가성소다 등을 제조한다. 미국 내에서는 앨라배마, 조지아, 일리노이 등에 사업장을 두고 있으며, 국제적으로는 칠레와 캐나다에 화학제조 공장을 소유 및 운영하고 있다.

도키와 함께하는 미국주식 어디에 투자할까

210

3. 석유 운송 : 석유, 응축수, 천연가스액체(NGL), 천연가스, 이산화탄소(CO2) 및 전력을 구매, 처리, 운송 및 저장하는 사업을 한다.

미래전망

1. 퍼미안 분지

미국 텍사스주의 퍼미안 분지는 옥시덴탈이 시추하는 원유의 30%를 차지할 정도로 기업 실적의 중심을 담당하고 있는 사업장이다. 퍼미안 분지는 2억 5,000만 년 전 존재했던 내해(內海)의 잔해로 인해 생긴 석유층인데, 매장공간의 깊이와 수평 길이가 매우 깊고 넓어 '원유의 왕'이라고 불릴 정도이다. 미국지질조사국(USGS)에 의하면 퍼미안에는 463억 배럴의 원유가 있다고 하는데 세계 9위 매장량을 자랑하는 리비아를 넘어서는 엄청난 양이다.

현재 옥시덴탈이 채굴하고 있는 퍼미안 분지 내 지역은 과거 옥시덴탈이 인수한(그래서 부도 위기로 몰린) '아나달코'가 보유하고 있던 곳으로, 퍼미안 지역에서도 가장 깊은 곳의 원유를 시추할 수 있는 위치다. 여기서 생산되는 원유는 전 세계적으로 가장 품질이 좋다는 평가를 받고 있다. 또한 옥시덴탈의 발전된 시추기술로 인해 아나달코 보유 당시보다 예상회수량은 7% 더 많아졌고 채굴 효율성도 더 좋아졌다.

2. 유가 상승

채굴량 증가 덕분에 옥시덴탈은 원유 값이 1달러만 올라도 2억 1,500만 달러의 수익을 볼 수 있는 채굴 마진율을 갖게 되었다. 2020년 1배럴당 40달러였던 원유값은 2021년 현재 1배럴당 63달러로 올랐다. 적어도 옥시덴탈에는 50억 달러 이상의 현금흐름 개선이 있었다고 볼 수 있다. 실제로 2020년 4분기 옥시덴탈은 8억 달러의 잉여현금흐름을 남겼는데 이것은 원유 가격이 1배럴당 44달러였을 때이다. 앞으로 비슷한 돈이 경영비용으로 지출되고 원유 값이 1배럴당 60달러를 넘는다면 잉여현금흐름은 16억 정도가 될 것으로 전망된다. 기업 시총이 240억 달러라는 것을 감안했을 때 매우 많은 금액이다.

3. 개선되는 펀더멘탈

옥시덴탈은 2020년 4분기 24억 달러의 자산을 매각해 24억 달러의 부채를 갚았다. 또한 70억 달러 가까이 있었던 단기부채는 2025년 이후로 상환기환을 늘려 부채에 대한 부담을 크게 줄였다. 이것 자체만으로도 기업이 파산할 가능성은 크게 줄어든 것이다. 또한 추가 자산매각을 통해 20~30억 달러 정도의 현금을 확보할 계획이다.

4. 탄소포집

옥시덴탈은 자사의 탄소포집기술을 통해 화석연료에 대한 선입견을 통째로 바꿀 수 있는 시추시설들을 2023년까지 지을 계획이다. DAC(Direct Air Capture)는 원유를 시추하는 과정에서 나오는 이산화탄소를 포집하여 땅 밑에 다시 묻는 기술이다. 지금으로서는 비경제적이지만 시설이 건설됨에 따라 기술은 더 저렴해질 것으로 예상되고 있다.

펀더멘탈

1. 수익 현황(2021년 1분기)

1. 매출액 : 54억 8,000만 달러 (○)

2. 매출액 성장률 : 전년 대비 29.89% 하락, 1.2% 성장 예상 (△)

3. 매출총이익 : 8억 1,800만 달러(14.9%) (△)

4. 영업이익 : 1억 9,000만 달러 (△)

5. 순이익 : 1억 4,600만 달러 적자(-2.6%) (△)

경제가 빠르게 회복되면서 유가는 빠르게 오르고 있고, 이에 따라 옥시덴탈의 펀더멘탈도 빠르게 회복되고 있다. 2021년 1분기 매출액은 54억 8,000만 달러로 전년 대비 29.89% 하락했으나 직전 2020년 4분기 대비 63% 회복한 수치다. 매출총이익 또한 2020년 2·3·4분기는 적자였지만 2021년 1분기는 흑자로 전환되었다. 여름에는 오일의 수요가 높은 만큼 2021년 2분기 또한 좋은 모습을 보여줄 것으로 생각된다.

2. 자산 현황(2021년 1분기)

자산 현황		부채 현황	
현금	24억 달러	장기부채	360억 달러
장기투자금	31억 달러	단기부채	9억 달러
1년 내 매출채권	41억 달러	1년 내 매입채무	34억 달러
		세금 부채	69억 달러
총 자산	97억 달러	총 부채	473억 달러

비록 2019년 아나달코를 550억 달러에 인수하느라 많은 부채를 지고 기업이 기울어졌지만 옥시덴탈은 이 점을 인지하고 최대한 부채를 줄이기 위해 배당금을 잠정적으로 중단하고 보유하고 있는 자산을 매각하며 부채를 줄여나가고 있다. 이러한 부채 내역 중 투자자가 봐야 하는 부분은 얼마 정도의 부채를 언제까지 갚아야 하냐는 점이다. 옥시덴탈의 경우 전체 부채 중 76.18%의 부채가 장기부채로 잡혀있으며, 장기부채 중 70%가 2026년 이후에 상환할 부채다. 나머지 30% 중 30억 달러는 2022~2023년에 그리고 67억 달러는 2024~2025년에 갚아야 하기에 옥시덴탈이 갖고 있는 현금 비중을 감안한다면 관리 가능한 부채라고 판단된다.

경쟁 포지션 기업 : Exon Mobile, Chevron, BP, Royal Dutch Shell, Conoco Phillips

042

≙ Zillow

직접 사서 직접 파는 부동산 중개자

질로우

비지니스 모델

'프롭테크(Proptech)'라는 신조어가 있다. 부동산(Property)과 기술(Technology)을 합친 용어로 부동산 중개업에 IT기술을 접목하여 다양한 서비스 혁신을 이룬 것을 가리킨다. 애플리케이션을 통해 집과 관련된 정보를 일목요연하게 제시해주며 AR·VR기술을 통해 찾아가지 않아도 집을 입체적으로 살펴볼 수 있게 한다. 또 모기지론, 리모델링과 같은 타 서비스도 앱 내에 연동시켜 원큐에 처리할 수 있다. 대표적인 프롭테크 기업으로는 질로우와 레드핀, 오픈도어가 꼽힌다.

1. 주택 사업

질로우, 레드핀, 오픈도어 모두 'iBuyer' 비즈니스 모델을 채택하고 있다. iBuyer 모델이란 간단하게 말해 질로우와 같은 부동산 중개 플랫폼이 매도인의 집을 먼저 구매한 뒤 매수자가 나타나면 그때 집을 파는 것이다.

이 과정에 AI를 도입하여 다양한 요소를 고려해 가능한 많은 시세차익을 남길 수 있도록 하며 거래가 쌓일수록 알고리즘은 학습을 거듭한다. 질로우의 iBuyer 비즈니스 모델인 '질로우 오퍼(Zillow Offers)' 서비스는 미국 네바다주와 아리조나주 등지에서 운영되고 있다.

이밖에도 질로우는 거래 중개 수수료를 통해 매출액을 만들고 있다. 집 거래비용의 6%를 수수료로 가져가는데, 일반적인 미국 오프라인 부동산 중개사가 평균 6~7%의 판매수수료를 가져가므로 특별히 다른 점은 없다. 추가적으로 금전거래 수수료, 1~2%의 마감비용과 2.5%의 유지보수작업 비용이 발생한다.

2. 미디어&테크놀로지 사업

질로우는 오프라인 에이전트와 렌탈 사업자에게 광고 기회를 제공하여 광고수익을 낸다. 또한 기타 부동산 서비스에 필요한 사진작가, 건축업자 및 주택개량 전문가 등에게도 광고 기회를 제공한다. 이밖에도 자신들의 정보수집, 분석, 고객관리 기능을 개인 에이전트들에게 유료로 제공하여 수익을 낸다.

3. 모기지론 사업

질로우는 2018년 10월 대부업체를 인수하여 본격적으로 라이선스를 지닌 대출기관이 되었다. '질로우 홈 론(Zillow Home Loans)'이라는 명칭의 서비스를 통해 집을 구매하고자 하는 고객에게 대출 서비스를 제공한다. 타 대출기관의 광고나 고객과의 맞춤연결을 통해 수익을 내기도 한다.

1. 부동산 중개업 생태계 변화

프롭테크 기업의 등장으로 경쟁이 심화된 부동산 중개업 시장 환경에서 살아남기 위해 개인 중개사들은 자신들의 사업 구조를 변화시키고 있다. 이제 대부분의 중개인은 질로우에 광고를 올려 고객을 유치해야 한다. 이로 인해 질로우의 미디어&테크놀로지 사업부는 계속 성장하고 있다. 2020년 4분기 질로우의 매출액은 14억 5,000만 달러로 2019년 4분기 대비 14% 성장했다. 서비스 이용자는 월 2억 100만 명으로, 16%나 상승했다.

또한 질로우는 개인 중개사들에게 '프리미어 에이전트 서비스'를 제공하고 있다. 200만 명 이상의 부동산 중개업자들에게 질로우 앱을 통해 부동산 정보수집, 분석, 고객관리 서비스를 제공하고 있는데, 이 과정에서 다시금 축적한 데이터는 질로우 오퍼의 부동산 AI 알고리즘 성장에 도움을 주고 있다.

2. 질로우 오퍼 사업 활성화

구 분	판매 주택	매출액	주택 매입·수리 비용	이자 제외 이익
2020년 4분기	923개	3억 170만 달러	2억 8,155만 달러	1,772만 달러

질로우 오퍼 매출 및 비용 / 출처 : 질로우

2020년 4분기 기준 질로우는 1,789개의 집을 사들여, 923개의 집을 되팔았다. 질로우 오퍼 서비스의 경우 사업 운영에 막대한 매입비용, 영업비용이 들기 때문에 2020년 4분기에서야 마침내 흑자 전환을 이룰 수 있었다. 점차 사업 규모가 확대되면 원가비용과 영업비용을 더 효율적으로 줄일 수 있게 될 것으로 보인다.

3. 저평가된 주가

다음 그래프는 질로우
의 '기업가치를 연매출
로 나눈 값' EV/S 멀티
플의 흐름이다. 수치가
낮을수록 연매출에 비
해 주가가 저평가되어
있는 것이라 볼 수 있
는데, 2021년 초 질로
우의 주가가 주당 200

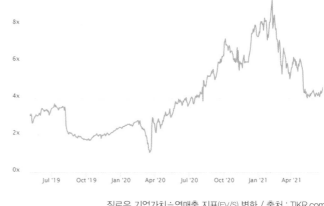

질로우 기업가치÷연매출 지표(EV/S) 변화 / 출처 : TIKR.com

달러로 고점이었을 당시 9.4에 비해 현재는 4로 낮아진 것을 볼 수 있다. 질로우의 매출액
이 오른 것에 비해 기업가치가 충분히 오르지 못한 것이다.

펀더멘탈

1. 수익 현황(2021년 1분기)

1. 매출액 : 12억 2,000만 달러 (○)

2. 매출액 성장률 : 전년 대비 0.52% 성장, 42.54% 성장 예상 (○)

3. 매출총이익 : 5억 3,141만 달러(43.6%) (○)

4. 영업이익 : 8,759만 달러 (○)

5. 순이익 : 5,196만 달러(4.3%) (△)

2020년 후반기 질로우의 매출액은 코로나 팬데믹으로 인해 하락하는 모습을 보여주었으나 2021년 1분기 12억 2,000만 달러라는 신기록을 보여주며 선방하고 있다. 2022년 동기 매출액 성장률도 42.54%로 전망되어 부동산 시장은 활기를 되찾았음을 보여주고 있다. 영업이익과 순이익 또한 2020년 3분기부터 흑자전환해 기업의 펀더멘탈이 빠르게 개선되어가고 있음을 볼 수 있겠다.

2. 자산 현황(2021년 1분기)

자산 현황		부채 현황	
현금	35억 달러	장기부채	18억 달러
단기투자금	15억 달러	단기부채	6억 달러
1년 내 매출채권	8,200만 달러	1년 내 매입채무	1,700만 달러
총 자산	51억 달러	총 부채	25억 달러

경쟁 포지션 기업 : Opendoor, Redfin, eXp World Holdings

043

Opendoor

부동산 혁신을 노린다
오픈도어

비지니스 모델

오픈도어는 2014년 설립된 프롭테크 기업이다. 오픈도어의 비즈니스 모델은 질로우와는 달리 오로지 iBuyer 모델만을 갖고 있다. 시장점유율은 어떨까? 아쉽게도 오픈도어는 미국 내 부동산 시장의 2%만 점유하고 있다. 그러나 미국의 부동산 시장은 연 1조 6,000억 달러에 달한다. 중고차 시장이 연 8,410억 달러, 식음료 시장이 연 1조 달러라는 점을 봤을 때 매우 큰 규모의 시장인 것이다. 비율로 봤을 때는 적지만 액수로 봤을 땐 결코 적지 않다.

미래전망

1. 서비스 지역 확대

2020년 코로나 팬데믹이 발생하지 않았다면 오픈도어는 21개 시장에서 연 50억 달러의 매출액을 달성했을 것으로 추산된다. 2021년 코로나 팬데믹이 점차 해소되는 가운데 많은 애널리스트들은 오픈도어가 35억 달러의 연매출을 올릴 것이라 예측한다. 오픈도어의 CFO 캐리 휠러는 이러한 예측에 대해 동감한다는 견해를 밝히기도 했다.

또한 오픈도어는 2021년 서비스 지역 시장을 대폭 늘릴 계획을 갖고 있다. 오픈도어는 현재 미국 21개 시장에 서비스를 제공하고 있는데, 오픈도어 CEO 에릭 우는 2021년 안에 새로운 21개 시장에 오픈하여 총 42개 시장에 서비스를 제공할 계획을 갖고 있다고 밝혔다. 부동산 중개 시장에도 코로나 팬데믹 해소 후 소비급증 효과가 발생할 것으로 예상되기에, 오픈도어는 기대 이상의 매출액 증대를 올릴 수 있으리라 본다.

2. 다수의 투잡 중개업자

미국에는 200만 명의 부동산 중개업자가 있다. 그중에서 연 50개 이상의 거래를 성사시키는 이가 4%, 15~50개의 거래를 성사시키는 이가 31%, 0~15개의 거래를 성사시키는 이가 66%이다. 부동산 중개업만으로 생계를 꾸리는 게 힘든 이들도 많다. 따라서 미국 부동산 중개업자의 28%는 겸업을 하고 있다.

이런 투잡 중개업자들이 28%나 된다는 것은 오픈도어와 같은 부동산 중개 플랫폼이 고객을 확보할 기회가 있다는 의미로 풀이된다. 이들은 필연적으로 고객들에게 많은 시간을 할당하기 힘들 수밖에 없다. 부동산 중개 플랫폼은 이들의 고객이 경험해야 하는 일처리의 지연, 비효율성을 등을 만족시켜줄 수 있기에 고객들을 뺏어올 수 있으리라 예상된다.

3. 경쟁사 대비 낮은 주가

다음의 표는 2021년 6월 기준 오픈도어와 경쟁사 레드핀, 업계 1위 질로우 등 프롭테크 기업 3사의 펀더멘탈 지표다. 비교해보면 시가총액 대비 매출액 규모가 가장 큰 기업은 오픈도어임을 알 수 있다.

구 분	오픈도어	레드핀	질로우
시가총액	94억 달러	59억 달러	269억 달러
2021년 예상 매출액	40억 달러	16억 달러	55억 달러
시가총액÷매출액(P/S 멀티플)	2.35	3.68	4.89

오픈도어의 2021년의 예상 매출액은 40억 달러로, 질로우보다는 낮지만 레드핀보다는 2배 이상 높은 매출액을 보여줄 전망이다. 또한 2020년 대비 매출액 성장률은 108.25%로, 질로우 64.97%, 레드핀 88%보다 더 높은 성장을 기록할 것으로 전망되고 있다. 이것을 통해 오픈도어의 주가는 저평가 상태라는 것을 알 수 있다.

만약 오픈도어가 2021년 연매출액 40억 달러를 달성하고 질로우 수준의 P/S 멀티플을 달성하려면 주가는 얼마나 올라야 할까? 오픈도어의 멀티플이 4.89인 상태에서 매출액 40억 달러를 기록하게 된다면 오픈도어의 적정 시가총액은 195억 달러여야 한다.

또한 오픈도어는 빠른 백신 접종으로 인한 코로나 팬데믹의 조기 해소에 따라 2021년 예상 매출액이 상승할 수도 있다. 오픈도어의 2022년 매출액 예상치는 62억 달러인 가운데 예측치가 1년 앞당겨질 수도 있다고 보여진다.

펀더멘탈

1. 수익 현황(2021년 1분기)

1. 매출액 : 7억 4,727만 달러 (△)
2. 매출액 성장률 : 전년 대비 57.31% 하락, 89.94% 성장 예상 (○)

3. 매출총이익 : 9,713만 달러(13%) (○)

4. 영업이익 : 2억 4,469만 달러 적자 (△)

5. 순이익 : 2억 7,044만 달러 적자(-36.2%) (△)

오픈도어는 2020년 3분기 매출액 23억 3,000만 달러라는 훌륭한 기록으로 상장되었으나 이후 매출액 증감폭이 심하게 요동치고 있다. 어찌 됐던 오픈도어의 비즈니스는 장기적으로 성장하고 있다. 2022년 매출액 성장률은 89.94%로 나타나기 때문이다. 다만 매출총이익률은 13%로 경쟁기업 질로우의 43.6%에 비해 많은 원가비용이 들어간다는 것을 알 수 있다. 이제 막 상장을 마친 기업이니만큼 펀더멘탈이 어떻게 개선되는지 지켜볼 필요가 있다.

2. 자산 현황(2021년 1분기)

자산 현황		부채 현황	
현금	21억 달러	장기부채	1억 달러
단기투자금	6,600만 달러	단기부채	6억 달러
1년 내 매출채권	1,900만 달러	1년 내 매입채무	4,100만 달러
총 자산	22억 달러	총 부채	8억 달러

경쟁 포지션 기업 : eXp World Holdings, Redfin, Zillow

044

CLOUDFLARE

인터넷을 더 안전하고 빠르게

클라우드플레어

비지니스 모델

클라우드플레어의 임무는 더 나은 인터넷을 구축하는 것으로 지역과 규모에 관계없이 모든 기업에 제공할 수 있는 글로벌 네트워크를 구축하는 것을 목표로 하고 있다. 클라우드플레어가 제공하는 서비스는 다음과 같이 크게 3가지로 나뉜다.

1. DNS(Domain Name System) : 우리가 인터넷을 사용할 때 인터넷 창에 도메인 네임을 치면, 실제 컴퓨터는 DNS 관리자 사이트에 그 도메인 네임에 해당하는 인터넷 프로토콜(IP) 주소를 물어보고 이를 통해 사이트 서버에 접속한다. 클라우드플레어는 전 세계에서 가장 빠르고 보안 성능이 높은 DNS 서비스를 제공한다.

2. 콘텐츠 전송 : 고객이 자신의 콘텐츠를 전 세계적으로 배포할 수 있도록 도와준다. 배포 과정에서 전 세계 곳곳에 설치된 클라우드플레어의 캐시서버를 활용해, 사이트 방문자는 일반적인 다운로드보다 두 배 빠르게, 대역폭은 60%나 적게 사용하여 콘텐츠

를 공유받을 수 있다.

3. 위험관리 : 웹 방화벽을 제공하여 디도스와 같은 인터넷 환경에서 발생할 수 있는 위협
요소들을 차단할 수 있게 도와준다.

미래전망

1. 4차 산업혁명 핵심기술로 부상

네트워크 최적화, 분석 서비스, 디도스 방어, VPN과 같은 클라우드플레어의 목표시장은
2020년 말 기준 720억 달러 규모로, 2024년까지 1,000억 달러로 성장할 것이 예상된다.
이런 시장규모 성장의 중심에는 '서버리스 컴퓨팅, IoT, 5G 통신' 등 4차 산업혁명 핵심기
술의 상용화가 있다. 해당 기술이 상용화되는 과정에서 클라우드플레어의 네트워킹 보안
기술에 대한 수요가 높아지는 것이다.

2. 선체험 후구매 형식의 비즈니스 모델

클라우드플레어의 비즈니스 모델은 구독형 서비스의 특징인 '선체험 후구매(Land-and-
Expand)' 형식이다. 특히 서비스의 취사선택 및 업·다운그레이드가 자유로워 신규고객의 유

입도가 높다. 이러한 비즈
니스 모델은 기존고객을 계
속해서 유치할 수 있을 경
우 시간이 지남에 따라 수
익이 크게 확대되어 간다.

클라우드플레어는 항상 기
존고객들에게서 15% 이상

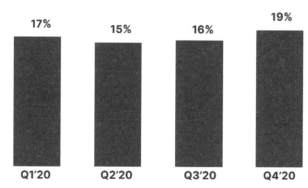

기존고객 매출 증가율 / 출처 : 클라우드플레어

의 매출 향상을 이뤄내고 있다. 신규고객도 늘고 있지만 기존고객들도 클라우드플레어의
제품이 맘에 들어 더욱 업그레이드하고 있는 것이다.

고수익 고객의 확대도 긍
정적으로 평가되는 지점이
다. 지난 3년간 클라우드
플레어에 연간 10만 달러
이상을 소비하는 고객 수
는 연평균 73%씩 늘어났

클라우드플레어 매출 규모별 고객 숫자의 변화 / 출처 : 클라우드플레어

다. 50만 달러 이상 소비자는 86%, 100만 달러 이상 소비자는 100%씩 늘어났다.

리스크

고평가된 주가

밸류에이션 면에서 클라우드플레어의 '기업가치÷매출액(EV/S)' 수치는 25.1로 동종 기업들
의 평균 수치가 13.8인 것에 비해 높다.

클라우드플레어가 이렇게 고평가를 받는 이유는 높은 매출액 성장률에서 기인한 것으로,
경쟁사들의 매출액 성장률이 평균 24%인 반면 클라우드플레어의 2022년 예상 매출액 성
장률은 32%다.

클라우드플레어의 매출액 성장률이 30% 이하로 줄어들게 되면 그땐 주가에 즉각적인 반응
이 있을 것으로 예상된다.

1. 수익 현황(2021년 1분기)

1. 매출액 : 1억 3,806만 달러 (○)
2. 매출액 성장률 : 전년 대비 50.96% 성장, 41.71% 성장 예상 (○)
3. 매출총이익 : 1억 597만 달러(76%) (○)
4. 영업이익 : 3,125만 달러 적자 (△)
5. 순이익 : 3,996만 달러 적자(-27%) (△)

클라우드플레어는 코로나 팬데믹의 영향을 거의 받지 않은 기업 중 하나다. 매출액과 매출총이익 모두 우상향 트렌드를 이어나가고 있다. 매출총이익률은 76%로 소프트웨어 기업답게 적은 원가비용으로 높은 마진이 남는 사업을 하고 있다. 다만 시장점유율을 높이기 위한 영업비용 투자가 높아 영업이익과 순이익은 아직 적자다.

2. 자산 현황(2021년 1분기)

자산 현황		부채 현황	
현금	2억 달러	장기부채	4억 달러
단기투자금	8억 달러	단기부채	1,700만 달러
1년 내 매출채권	7,100만 달러	1년 내 매입채무	2,000만 달러
총 자산	11억 달러	총 부채	4억 달러

경쟁 포지션 기업 : Zscaler, Fortinet, Crowdstrike, FireEye, Fastly, Datadog

045

2D&3D 그래픽 제작 플랫폼

유니티

비지니스 모델

유니티는 실시간 2D 및 3D 콘텐츠 제작을 위해 필요한 프로그램을 제작하는 회사다. 게임 개발자, 아티스트, 건축가, 영화 제작자 등 다양한 비주얼 산업 종사자들이 유니티의 프로그램을 사용한다. 유니티의 비즈니스 모델은 크게 두 가지로 나누어져 있다.

1. 개발 플랫폼 : 2D&3D 콘텐츠 제작 프로그램 개발 및 운용 툴이다. 유니티는 프로그램을 무료·유료 버전으로 배포하며 유료 버전은 월 구독 형태로 사용료를 받는다. 유니티의 플랫폼을 통해 '포켓몬고, 아너 오브 킹즈, 아레나 오브 발러, 아이언맨VR'과 같은 게임들이 만들어졌다.

2. 배포 플랫폼 : 별도의 콘텐츠 배포 채널이 없는 이용자들을 위해 유니티가 운영하고 있는 콘텐츠 배포 및 수익창출 솔루션 프로그램이다. 유니티는 개발자로부터 배포 수수료를 가져가거나 플랫폼 내 광고를 유지해 수익을 발생시킨다.

1. 게임 업계에서의 높은 시장점유율

다음의 그래프를 보면 게임개발 엔진 선호도 조사에서 유니티가 압도적 1위를 하고 있는 것을 알 수 있다. 또한 현재 게임 시장에 유통되는 모바일 게임의 71%가 유니티 플랫폼을 통해 만들어졌을 정도로 유니티는 높은 시장점유율을 갖고 있다. 게임 개발 및 배포 시장은 2019년 기준 120억 달러 규모를 갖고 있으며 2025년까지 160억 달러 규모로 성정할

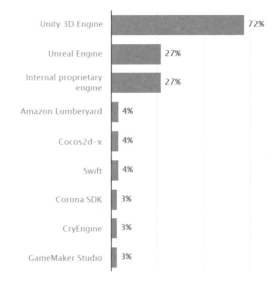

영국 게이머들의 게임개발 엔진 선호도(복수응답, 2019) / 출처 : Statista

것이라 예측된다. 승자독식구조를 갖고 있는 게임개발 업계 특성 상 시장이 성장할수록 유니티는 더 큰 수혜를 받을 것으로 기대된다.

유니티의 비즈니스 모델에 따른 목표시장은 2019년 기준 290억 달러 규모다. 게임 업계에서 높은 점유율을 차지하고 있음에도 불구하고 유니티의 전체 시장 점유율은 아직 2.6%에 불과하다. 아직 성장할 여지가 많은 기업이라 할 수 있다.

2. AR·VR 개발 플랫폼

유니티의 개발 플랫폼은 AR·VR 전용 콘텐츠 개발에도 사용되고 있다. 마이크로소프트의 VR 기기 '홀로렌즈'의 콘텐츠 소프트웨어 91%가 유니티 플랫폼으로 만들어졌다.

AR·VR의 시장은 2025년 280억 달러에 가까운 규모로 성장할 예정이다. 이렇게 성장률 높은 시장에 적용될 플랫폼을 보유한 유니티이기에 앞서 290억 달러로 언급한 유니티의 목표시장은 더더욱 커질 것으로 보인다.

리스크

애플의 앱 사용자 식별 기능 업데이트

애플의 '앱 사용자 식별 기능 업데이트'로 인한 희생양 목록에는 유니티도 포함될 것으로 보인다. 앱 사용자 식별 기능이란 앱 관리자가 앱을 사용하고 있는 스마트폰 이용자를 식별할 수 있는 기능이다. 이 기능을 통해 광고 제공자는 개인화된 맞춤광고를 보낼 수 있었다. 그런데 애플이 이 기능을 사용자가 끄고 켤 수 있게 바꾼 것이다. 애플 내 플랫폼 운영을 통해 광고 수익을 올리고 있는 유니티는 최대 3,000만 달러의 매출액 감소 타격을(전체 매출액의 3%) 입을 것으로 예상된다.

펀더멘탈

1. 수익 현황(2021년 1분기)

1. 매출액 : 2억 3,477만 달러 (○)

2. 매출액 성장률 : 전년 대비 44.27% 성장, 33.41% 성장 예상 (○)

3. 매출총이익 : 1억 7,604만 달러(75%) (○)

4. 영업이익 : 1억 1,090만 달러 적자 (△)

5. 순이익 : 1억 746만 달러 적자(-45.8%) (△)

매출액은 꾸준히 우상향 패턴의 보여주고 있으며 매출총이익률은 원가비용이 많이 들지 않아 75%라는 높은 마진율을 보여주고 있다. 그러나 영업비용이 많이 지출되어 적자를 보고 있는 것을 알 수 있는데, 유니티는 특히 게임개발 엔진의 성능을 높이기 위해 R&D 에 투자를 아끼지 않는 것으로 알려졌다. 단기적으로 적자를 내고 있으나 유니티가 현재 시장점유율을 꾸준히 유지해나간다면 펀더멘탈은 앞으로 더 좋아질 것으로 생각된다.

2. 자산 현황(2021년 1분기)

자산 현황		부채 현황	
현금	11억 달러	장기부채	1억 달러
단기투자금	5억 달러	단기부채	2,500만 달러
1년 내 매출채권	3억 달러	1년 내 매입채무	2억 달러
		세금 부채	5,400만 달러
총 자산	19억 달러	총 부채	3억 달러

경쟁 포지션 기업 : Unreal Engine, Cocos2d, Swift, Cry Engine,
　　　　　　　　Game Maker Studio, Phyre Engine, Octane, Play Canvas, Virtygon

엔터테인먼트의 숨은 강자
바이어컴 CBS

비즈니스 모델

바이어컴 CBS(이하 바이어컴)는 1927년 세워진 미국의 방송 및 영화 콘텐츠 회사다. 당초 CBS 산하의 'CBS 필름스'로 시작해 1971년 분할되어 나왔으나 이후 사세를 키워 1999년에는 모기업 CBS를 인수했다. 현재 바이어컴은 다양한 콘텐츠 포트폴리오를 갖춘 미국 최대의 영상 서비스 제공업체 중 하나가 되었다.

1. CBS 계열

2020년 기준 매출액의 42%를 담당하고 있는 섹터다. CBS 텔레비전, CBS 뉴스, CBS 올액세스, CBS 스포츠, CBS 텔레비전 스테이션, CBS 텔레비전 스튜디오 등을 운영하고 있다. 대부분의 수익은 광고와 콘텐츠 라이선싱을 통해 만들어진다. CBS 스포츠는 콘텐츠로 스포츠중계 및 미디어를 제공하고 있는데 특징은 대학 스포츠리그를 중심으로 편성한다는 점이다. 물론 NFL, NBA, PGA 챔피언십 등 주요 스포츠 이벤트에 대한 보도도 제공한다.

2. 케이블 네트워크

다수의 스트리밍 플랫폼을 운영하고 있는 섹터로 2020년 기준 매출액의 50%를 담당하고 있다. 2019년 인수한 플루토TV의 경우 영화, 뉴스, 만화 등 100개 이상의 채널을 보유한 스트리밍 서비스인데 무료로 제공되며 광고로만 수익을 낸다는 특징이 있다. 이외에는 흑인 콘텐츠를 주로 다루는 스트리밍 서비스 BET+가 있다.

3. 파라마운트 계열

파라마운트 픽쳐스, 파라마운트 애니메이션, 파라마운트 텔레비전, 파라마운트 스튜디오, 파라마운트+ 등을 보유한 섹터로 영화 유통과 콘텐츠 라이선싱, 방송을 통해 수익을 만든다. 2020년 기준 매출액의 약 10%를 담당하고 있다. 파라마운트+는 CBS와 파라마운트의 콘텐츠, 그리고 라이선싱을 한 타사 콘텐츠를 송출해주는 OTT(인터넷 스트리밍) 서비스다.

미래전망

1. TV 시장의 강자

바이어컴은 3,600개의 영화와 750개의 TV시리즈, 14만 개의 에피소드를 송출하며 미국 전역 TV 구독자의 22%를 보유한 기업이다. 또한 2020년 4분기 바이어컴의 전체 구독자는 1,920만 명을 달성하여 전년 대비 71%의 성장을 보였고 같은 기간 매출액은 69억 달러로 전년 대비 3% 성장했다.

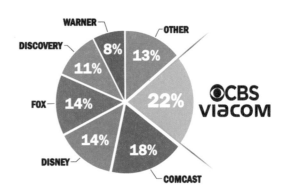

미국 케이블 TV 시장 점유율 비교 / 출처 : 바이어컴

2. 스트리밍 서비스

바이어컴의 스트리밍 서비스는 큰 성장 원동력이 될 수 있다. 물론 현재로선 넷플릭스를 넘어서는 플랫폼이 되기는 어려워 보인다. 하지만 적어도 시장에서 생각하는 기대치 이상의 퍼포먼스를 보여줄 수는 있다.

바이어컴이 보유한 플루토TV의 경우 광고기반 무료 서비스로 운영된다. 다음 표는 국가별 넷플릭스 구독자 숫자다. 국가별 인구 규모를 고려해본다면 넷플릭스는 주로 선진국을 대상으로 팔리고 있을 뿐 국민소득이 낮은 칠레, 폴란드, 노르웨이, 터키와 같은 국가에서는 선전하지 못하고 있다. 구독료를 받지 않고 퀄리티 높은 서비스를 제공하고자 하는 플루토TV는 구독료를 낼 수 없는 사람들에게는 매력적으로 다가올 수 있는 것이다.

국가	넷플릭스 구독자 숫자
프랑스	760만 명
미국	631만 명
브라질	164만 명
영국	148만 명
멕시코	74만 명
독일	73만 명
캐나다	68만 명
호주	60만 명
아르헨티나	49만 명
일본	37만 명
스페인	34만 명
한국	33만 명
네덜란드	32만 명
뉴질랜드	30만 명
스웨덴	24만 명
인도	24만 명
이탈리아	23만 명
터키	17만 명
노르웨이	11만 명
폴란드	9만 명
칠레	8만 명

국가별 넷플릭스 구독자 / 출처 : Business of Apps

파라마운트+도 경쟁력 있는 스트리밍 플랫폼으로 자리 잡기 위해 노력하고 있다. 아동 시청자층을 대상으로는 '퍼피구조대'와 '스폰지밥' 등의 자사 IP를 내세워 시장을 공략하고 있다. 스포츠 분야에서는 1,000개가 넘는 스포츠리그·이벤트의 라이선스를 따 중계하고 있는데 특히 축구에서 UEFA 클럽 경기에 대한 중계권은 독점 계약을 맺어 제공하고 있다.

3. 투기세력의 공격

바이어컴의 주가는 2021년 3월경부터 갑자기 크게 올랐다 대폭락했는데, 그 이유는 '아케고스 캐피털'을 비롯한 고위험 레버리지 세력이 바이어컴 주식을 대상으로 500%의 레버리징 작전을 펼쳤기 때문이다. 작전은 훌륭하게 실패로 돌아갔고 아케고스 캐피털은 큰 타격을 입었다. 오히려 바이어컴은 주가가 고점을 찍은 시기에 유상증자를 발행하여 두둑한 경영자금을 챙길 수 있었다.

4. 저평가된 주가

폭등 이전의 가격으로 돌아온 바이어컴의 주가는 어찌됐든 저평가를 받고 있다고 봐야할 것이다. 2021년 6월 기준 바이어컴의 '시가총액÷연매출액(P/S 멀티플)' 값은 0.95로 경쟁사인 '넷플릭스'가 9.44, 월트디즈니가 '4.93'인 것에 비하면 매우 낮은 수치를 기록하고 있음을 알 수 있다.

다음 그래프에서 주황색 선은 순이익 변화를 그리고 있고 파란색 선은 조정순이익(시장 기대 반영) 변화를 그리고 있다. 바이어컴의 주가는 두 선보다 아래에 위치하고 있다는 것을 볼 수 있을 것이다. 이

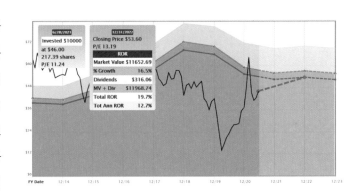

바이어컴의 주가(검정색), 순이익(주황색), 조정순이익(파란색) 변동 / 출처 : Fastgraphs

것은 바이어컴의 주가가 시장 실적 및 전망치 대비 저평가를 받고 있다는 의미이며 최소 16.5% 이상 상승할 수 있는 여유가 남아 있다고 평가된다.

1. 수익 현황(2021년 1분기)

1. 매출액 : 74억 1,000만 달러 (○)

2. 매출액 성장률 : 전년 대비 0.75% 하락, 0.82% 성장 예상 (△)

3. 매출총이익 : 30억 5,000만 달러(41%) (○)

4. 영업이익 : 15억 3,000만 달러 (○)

5. 순이익 : 9억 1,100만 달러(12.3%) (○)

수익의 형태로 보면 광고에서 40%, 구독료에서 31%, 콘텐츠 라이선싱을 통해 23%의 매출액을 벌어들이고 있다. 비록 미래 매출액 성장률은 0.82%로 저조한 편이지만 이미 성장을 마친 기업이라는 것을 생각한다면 그렇게 우려되는 부분은 아니다. 오히려 매출총이익률은 41%, 순이익은 12.3%로 수익성 높은 사업을 하고 있다는 점에 집중해야겠다. 평균 2%의 배당금까지 주고 있기에 배당주로 분류할 수도 있겠다.

2. 자산 현황(2021년 1분기)

자산 현황		부채 현황	
현금	55억 달러	장기부채	192억 달러
1년 내 매출채권	73억 달러	단기부채	1,900만 달러
		1년 내 매입채무	6억 달러
		세금 부채	8억 달러
총 자산	128억 달러	총 부채	207억 달러

경쟁 포지션 기업 : Netflix, Walt Disney, Amazon

047

드래프트킹스

비지니스 모델

스포츠베팅이란 스포츠 경기의 결과를 예측해 돈을 거는 도박행위로 유럽에서 흔하게 볼 수 있는 놀이다. 최근 미국에서도 스포츠베팅이 합법화가 되어가면서 유행처럼 번지고 있는데, 스포츠베팅 플랫폼을 제공하는 드래프트킹스의 비즈니스 포트폴리오에 대해 알아보자.

1. 스포츠북(Sports Book) : 농구, 야구, 하키, 골프, 테니스 등 중계되는 게임 및 시즌 결과에 대한 베팅 서비스다.

2. 데일리 판타지 스포츠(Daily Fantasy Sports) : 실제 스포츠리그에서 활동하고 있는 선수들을 뽑아 갬블 참가자마다 자신만의 가상의 팀을 꾸리고 일정 기간 동안 선수들이 게임 내에서 보인 퍼포먼스 점수를 합산해 가장 높은 이가 승리하는 베팅 서비스다. 2000년

대 초 미국 내 스포츠베팅이 불법이던 시기에 생긴 기형 도박이었으나 지금은 스포츠 북에 버금가는 인기를 지닌 베팅 종목이 되었다.

3. 온라인 갬블 : 블랙잭, 포커, 카지노를 온라인 게임 형태로 플레이할 수 있다.

미래전망

1. 미국 내 스포츠베팅 합법화

다음 그림에 초록색으로 표시된 주(州)에서는 온라인 스포츠베팅이 합법화되어있으며 이외에도 뉴욕, 노스캐롤라이나, 워싱턴과 같은 곳에서 온라인 스포츠베팅 합법화가 논의되고 있다. 2030년에는 미국 전역의 스포츠베팅 시장이 300억 달러에 육박할 것으로 예견되

미국 온라인 스포츠베팅 합법화 주(초록색) / 출처 : Line Ups

는 가운데 드래프트킹스는 시장의 25~55%(뉴저지 39%, 인디애나 56%, 웨스트버지니아 57%, 펜실베니아 25%)를 차지할 것으로 기대된다. 각지에서 합법화가 진행됨에 따라 드래프트킹스의 매출액 또한 상승할 것으로 예측되고 있다.

드래프트킹스의 2020년 4분기 실적은 3억 달러를 기록하면서, 전년 동기 대비 146%의 상승을 보여주었다. 2021~2022년 중 합법화될 것으로 관측되는 주는 14개이며 이로 인해 드래프트킹스의 매출액은 9억 달러에서 10억 달러까지 상승할 것으로 예측된다.

2. 뉴욕주에서의 합법화

뉴욕주 사람들은 일반적으로 카지노에 가서 베팅을 즐기나 지금은 코로나 팬데믹으로 인해 그마저도 녹록지 않다. 또한 뉴욕주 정부는 카지노, 관광산업, 소매사업의 셧다운으로 인해 세수가 부족한 상황이다. 이런 가운데 2020년 12월 뉴욕주 주지사가 줄어든 세금을 보충하기 위해 온라인 스포츠북 베팅을 허용할 가능성을 시사했다. 뉴욕주에서 데일리 판타지 스포츠는 이미 합법화된 상태이나 스포츠북의 경우 합법화가 된 상태가 아니다. 스포츠북 베팅까지 허용된다면 뉴욕주 2,000만 명의 인구가 드래프트킹스의 시장 범위에 들어오는 긍정적인 결과를 낳게 된다.

3. 재오픈을 준비하는 스포츠리그

2021년에는 중단되었던 많은 스포츠리그와 스포츠 이벤트들이 개최될 예정이다. 럭비의 슈퍼볼, 로즈볼, 테니스의 US오픈, PGA 챔피언십, 야구의 MLB 올스타전, 농구의 파이널 포 등이 있다. 뿐만 아니라 드래프트킹스는 ESPN, Turner Sports와 같은 스포츠 방송사 및 PGA와 같은 스포츠리그와 독자적인 계약을 맺어 베팅 서비스를 제공하게 되었다. 스포츠베팅 합법화라는 거대한 틀 아래에서 더 안정적이고 다양한 서비스를 제공할 수 있을 예정이다.

4. 애플리케이션 SNS 기능 추가

드래프트킹스는 자신들의 베팅 애플리케이션에 다양한 SNS 기능을 추가하고 있다. 경기 결과에 대한 코멘팅, 친구추가, 알림말, 베팅 결과 공유, 프로필 공유까지 추가되었는데, 이러한 소셜 기능의 추가는 서비스 경쟁력 강화에 도움이 될 것으로 보인다. 이러한 소셜 기능은 로블록스 및 씨 그룹의 가레나 서비스와 같은 게임 플랫폼에서도 도입되어 대성공을 거둔 사례가 있다.

1. 수익 현황(2021년 1분기)

1. 매출액 : 3억 1,228만 달러 (○)
2. 매출액 성장률 : 전년 대비 103.49% 성장, 64.36% 성장 예상 (○)
3. 매출총이익 : 1억 2,905만 달러(41.3%) (○)
4. 영업이익 : 3억 2,479만 달러 적자(△)
5. 순이익 : 3억 4,634만 달러 적자(-110.9%) (△)

2020년 2·3·4분기의 전년 대비 성장률은 각각 23.59%, 98.22%, 146.13%로 엄청난 매출액 성장률을 보여주고 있는 가운데, 매출총이익률도 41.3%라는 수치를 기록하고 있다. 영업이익과 순이익은 적자인데 이것은 미국 내 스포츠베팅 합법화로 새로운 시장이 쏟아지는 가운데 드래프트킹스가 시장점유율을 최대한 유지하기 위해 마케팅에 투자금을 쏟고 있기 때문이다.

2. 자산 현황(2021년 1분기)

자산 현황		부채 현황	
현금	31억 달러	장기부채	13억 달러
장기투자금	280만 달러	단기부채	1,300만 달러
1년 내 매출채권	7,200만 달러	1년 내 매입채무	3억 달러
		세금 부채	7,000만 달러
총 자산	31억 달러	총 부채	16억 달러

경쟁 포지션 기업 : Penn National Gaming, MGM, Caesars Entertainment, Golden Nugget, FuboTV

시장 뒤에 숨어있는 성장기업

TOP 48~70

048

ENPHASE.

가정용 태양광 발전의 필수품

엔페이즈

비지니스 모델

태양광 발전의 경우 일조량에 따라 전력공급이 일정하지 않기 때문에 전압을 관리하는 '인버터(Inverter)'의 역할이 중요하다. 엔페이즈는 가정용 태양광 인버터와 태양광 배터리를 제조하는 회사로, 직접 개발한 '마이크로 인버터'는 태양광 발전 효율을 극대화시킨 혁신 제품으로 꼽힌다.

이밖에도 엔페이즈는 가정용 태양광 발전·전력관리 시스템을 제공한다. 점차 많은 가구에서 태양광 발전 설비를 도입하고 있지만, 태양광은 발전 특성상 완벽한 독자 발전이 불가능한데 엔페이즈의 '인셈블 홈 관리 시스템'은 태양광 발전 여건과 기타 전력원을 연동시켜 가정에 안정적으로 전기를 공급할 수 있는 시스템을 구축한다.

1. 마이크로 인버터 vs 스트링 인버터

태양광 인버터는 기본적으로 전압관리, 직류/교류 전환의 역할을 하며 이외에도 태양광 설비 내의 에너지 손실 여부를 감시하거나 남는 에너지를 저장시키는 등의 역할을 수행한다. 엔페이즈가 태양광 분야에서 촉망받는 것은 바로 이 인버터 제품에서 혁신을 이뤘기 때문이다.

기존 태양광 발전용 인버터인 '스트링 인버터'의 경우 태양광 설비당 하나씩만 설치되어 있었다면, 엔페이즈의 마이크로 인버터는 태양광 패널마다 하나씩

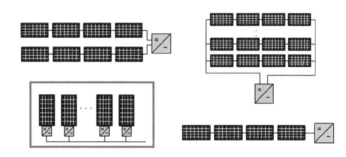

기타 유형의 인버터와 달리 패널마다 설치된 마이크로 인버터 / 출처 : Research Gate

설치되어 있는 게 특징이다. 이렇게 되면 패널에서 생산된 전기를 각자 교류로 전환시켜 운용할 수 있고 그만큼 부품 하나에 가해지는 전압도 덜 수 있어 고장 및 화재 위험이 감소한다. 인버터에 설치된 제어 기능을 통해 패널마다 각기 다른 발전 옵션 설정과 전력 활용을 할 수 있다는 장점을 갖는다.

또한 태양광 설비를 확장하려면 인버터까지 교체해야 하는 스트링 인버터와는 달리, 마이크로 인버터 방식은 확장이 필요하면 그저 패널과 인버터 쌍으로 이뤄진 추가 모듈을 잇기만 하면 된다. 고장이 발생하더라도 발생 모듈만 교체하면 되므로 수리가 용이하다. 이런 이유로 사람들은 마이크로 인버터 방식을 선호할 수밖에 없다.

2. 글로벌 시장 공략

엔페이즈의 미국 시장점유율은 약 40%로 솔라엣지와 과점하고 있다. 그러나 국제적으로는 중국 화웨이에 밀려 시장점유율 4%대를 유지하고 있는데, 이 때문에 엔페이즈는 2020년 4분기부터 글로벌 시장을 공략하고자 고군분투 중이다.

2020년 11월 엔페이즈는 유럽 태양광 기업 'DMEGC 솔라'와 함께 유럽 주거용 태양광 시장에서 사용될 AC모듈을 개발하기로 파트너십을 맺었다. 이를 바탕으로 프랑스와 네덜란드 시장에 진출할 예정이다.

2021년 3월에는 남아프리카의 신재생 에너지 기업 '루비콘 에너지'에 마이크로 인버터를 공급하기로 계약했다. 또한 2021년 4월에는 인도의 설계회사 'DIN 엔지니어링 서비스'의 태양광 디자인 서비스 사업을 인수해 인도로의 사업 확장을 도모하고 있다.

이 모든 것을 불과 몇 달 만에 이뤄냈다는 점은 엔페이즈가 글로벌 시장 공략에 진심이라는 것을 보여준다. 그리고 최근에 발표된 실적 리포트에서는 이러한 사업을 통해 엔페이즈의 수익이 올랐음을 확인할 수 있다.

3. EIN 설치 대행 파트너십

엔페이즈는 자사 제품을 가정에 설치해주는 대행업체들에게 라이선스를 부여하고 공급 및 마케팅 혜택을 주는 파트너십 시스템, EIN(Enphase Installer Network)을 운영하고 있다. 가입사들은 실적에 따라 플래티넘, 골드, 실버 등급으로 나뉘어 제품공급과 마케팅에 차등대우를 받는다.

엔페이즈는 글로벌 시장 공략에 있어서도 EIN을 적극 활용하고 있다. 엔페이즈는 2020년

12월 호주에서, 2021년 4월 네덜란드와 벨기에에서 EIN을 출시했다. 현지 설치 대행업자들을 통해 엔페이즈의 브랜드 침투력을 높일 수 있다는 평가가 나온다.

4. 정책적 수혜

미국인은 한 달에 약 10kWh의 전기를 사용하며 112~113달러를 전기요금으로 지불하는 것으로 집계되었다. kWh당 12.5달러를 지불하는 것인데 태양광 발전 비용은 kWh당 6센트로 많이 저렴해져 가정용 태양광 설비 도입이 경제적으로도 충분히 매력적인 시점에 이르렀다. 이런 가운데 태양광 발전은 미국 정부로부터 정책적인 수혜를 받을 수 있을 것으로 기대된다.

1. 태양광 관련 회사의 26% 세금 공제 혜택은 2023년 1월 만료를 앞둔 상태이다. 바이든 정부는 세금 공제 혜택을 연장시킬 것을 시사했으며, 이외에도 2026년부터 가동되는 모든 태양광 프로젝트가 10%의 투자 세금공제를 받는 법이 신설되었다.
2. 미국환경보호청은 환경오염 방지를 위해 발전소, 석유 및 가스 운영에 대한 배출 규정을 검토할 가능성이 있다.

펀더멘탈

1. 수익 현황(2021년 1분기)

1. 매출액 : 3억 175만 달러 (○)
2. 매출액 성장률 : 전년 대비 19.31% 성장, 41.25% 성장 예상 (○)
3. 매출총이익 : 1억 2,295만 달러(40.7%) (○)
4. 영업이익 : 6,139만 달러 (○)

5. 순이익 : 3,170만 달러(10.5%) (○)

2021년 1분기 매출액 3억 175만 달러로 역대 가장 높은 실적을 보여주었다. 매출총이익률은 40.7%로 제조업 회사임에도 높은 마진율을 자랑한다. 엔페이즈는 이미 영업이익과 순이익에서 흑자를 내는 기업으로 앞으로도 좋은 펀더멘탈을 보여줄 것으로 전망된다.

2. 자산 현황(2021년 1분기)

자산 현황		부채 현황	
현금	14억 달러	장기부채	9억 달러
1년 내 매출채권	2억 달러	단기부채	8,400만 달러
		1년 내 매입채무	8,100만 달러
총 자산	17억 달러	총 부채	11억 달러

경쟁 포지션 기업 : Solar Edge, Sun Power, Sunrun, First Solar, Jinko Solar, Canadian Solar

049

깨끗하고 조용한 수소연료전지

플러그파워

비지니스 모델

수소연료전지는 수소와 산소의 결합과정에서 전기가 생성되는 것을 이용한 발전장치다. 수소를 싣고 다니며 공기 중의 산소와 결합시키는 방식으로 운용되는데 연료의 무게와 부피 대비 발전효율이 높고 에너지 발생 과정이 매우 조용하며 공해물질을 만들어내지 않는다는 장점이 있다. 플러그파워는 수소연료전지 설비와 관련 인프라를 판매함으로써 수익을 만들어내는 기업이다. 플러그파워에서 만든 수소연료전지 설비는 다음과 같다.

1. 고정형 전력 설비 : 산업 환경 등에서 사용되는 수소연료전지 전력 설비다. 플러그파워의 고정형 전력 설비로는 프로젠(ProGen)이 있으며 최대 1만 8,000kg의 화물을 들어올릴 수 있는 전기를 만들어 낸다.
2. 이동형 전력 설비 : 자동차 엔진으로 탑재될 수 있는 수소연료전지 설비다. 수소연료의 보관 부피 및 무게가 적고 일반적으로 1회 수소연료 충전에 3~4분밖에 걸리지 않기

때문에 상당한 경쟁력을 지닌다. 경량, 중형 및 대형 전기차용 설비 프로젠(ProGen)과 지게차용 설비 젠드라이브(GenDrive)가 있다.

3. 백업전력 설비 : 별도의 유지보수를 필요로 하지 않으며 필요한 때 원하는 양을 바로 가용할 수 있다는 수소연료전지 설비 특성상, 다양한 전력 환경에 백업전력으로 준비될 수 있다. 플러그파워의 백업전력용 설비로는 젠슈어(GenSure)가 있으며 1억 시간 이상의 현장전력 보호기능을 입증했다.

4. 제조, 저장, 공급 설비 : 수소연료의 제조, 저장, 공급 과정에 사용되는 설비를 가리킨다. 플러그파워에서 개발한 설비 이름은 젠퓨엘(GenFuel)이다.

5. 수소연료전지 지원 시스템 : 수소연료전지 설비와 이를 제어하기 위한 IoT 장비 등에 들어가는 프로그램을 가리킨다. 플러그파워의 프로그램은 젠케어(GenCare)라 불린다.

미래전망

물류창고의 수요

플러그파워의 젠드라이브 엔진은 물류창고 지게차 엔진으로 사용되기 걸맞다. 몇 분만 수소를 충전해도 4시간가량 사용할 수 있기에 24시간 가동되어야 하는 물류창고 특성상 오랜 시간 충전해야 하는 전기배터리 지게차보다 경쟁력을 지닌 것이다. 실제로 젠드라이브는 아마존과 월마트의 물류창고에 납품되고 있는데 이대로 사업이 지속된다면 플러그파워는 2024년경 7억 5,000만 달러의 매출액을 기록할 것으로 전망된다.

리스크

1. 살을 받고 뼈를 내어준 납품 계약

플러그파워는 2017년 아마존 그리고 월마트에게 지게차를 납품하는 조건으로, 자사 주식 발행량의 50%에 가까운 신주를 1~2달러 정도의 가격에 추가 발행할 수 있는 권한을 넘겼다. 쉽게 말해 플러그파워는 아마존과 월마트에게 돈을 주고 자사의 제품을 판매한 것과 다름없다.

이것은 얼마나 플러그파워가 단기적 실적에 급급했으며, 자신들의 제품에 자신감이 결여되어 있었는지를 간접적으로 볼 수 있는 부분이다. 아직 아마존과 월마트가 신주 발행 권한을 전부 행사하지는 않았다. 만약 두 기업에 현금이 부족해 플러그파워의 주식을 발행해 전량 매도해버린다면 주가에 큰 리스크가 될 수 있다.

2. 수소연료 생산 에너지

수소연료전지는 그 자체로 효율적인 발전 설비지만 수소연료를 생산하는 과정에서 많은 에너지 손실을 동반한다. 수소연료전지는 발생 열을 활용하지 않을 경우 47%의 에너지효율을 보여주지만 천연가스 개질을 통해 수소를 생성하는 과정과 저장 및 운반하기 위해 압축하는 과정을 포함하면 에너지효율은 30% 이하로 떨어진다.

3. 재무제표 오기입

플러그파워의 주가는 2021년 1월 60달러를 찍고 20달러대로 내려와 있다. 2021년 3월 플러그파워의 재무제표가 잘못 작성되었다는 정황이 드러나는 일이 있었기 때문이다. 2018~2020년 기간 동안 플러그파워는 원가비용에 들어가야 했던 비용을 R&D에 집계함으로써 R&D 비용과 매출총이익률을 높였다. 이로 인해 재무제표를 기반으로 투자를 한 투자자들의 신뢰를 잃게 되었다.

같은 시기 나스닥 조정까지 겹쳐 플러그파워의 주가는 반토막 났다. 주가에 이미 반영된 악재이기는 하나 플러그파워의 재무제표는 당분간 좋은 평가를 받지 못할 수 있다.

1. 수익 현황(2021년 1분기)

1. 매출액 : 7,196만 달러 (△)

2. 매출액 성장률 : 전년 대비 3.17% 하락, 47.41% 성장 예상 (○)

3. 매출총이익 : 1,217만 달러 적자(-16.9%) (△)

4. 영업이익 : 4,749만 달러 적자 (△)

5. 순이익 : 6,075만 달러 적자(-84.4%) (△)

전반적으로 좋지 않은 펀더멘탈을 보여주고 있다. 매출총이익은 재무제표 오기입 건을 교정하자 크게 하락했으며 오히려 적자가 나고 있다. 영업이익, 순이익도 적자이며 적자 폭은 점점 높아지고 있다.

2. 자산 현황(2021년 1분기)

자산 현황		부채 현황	
현금	46억 달러	장기부채	6억 달러
단기투자금	4억 달러	단기부채	7,400만 달러
1년 내 매출채권	4,200만 달러	1년 내 매입채무	4,700만 달러
총 자산	51억 달러	총 부채	7억 달러

경쟁 포지션 기업 : Fuel Cell Energy, Bloom Energy

050

탄소 배출 없는 에너지발전

퓨엘셀

비즈니스 모델

퓨엘셀은 깨끗하며 경제적인 에너지 공급과 저장에 관련된 서비스를 제공하는 회사다. 수소연료전지 발전 기술을 기반으로 탄소저감 설비가 되지 않은 발전소 및 공장의 설비를 교체해주며 수익을 낸다. 현재는 약 50개의 공장을 유지보수해주고 있다.

발전소 및 공장에 대한 설비 교체를 통해 시설의 대기오염 지표가 개선되면 탄소배출권을 발급받을 수 있는데 설비 보수 비용 외에 이 또한 퓨엘셀의 수익원이 된다. 이밖에도 퓨엘셀은 수소연료전지 발전 기술을 통해 직접 에너지를 생산해 에너지를 판매하거나 연료전지 발전 모듈을 판매하여 수익을 낸다.

1. 미국 에너지부의 연구지원

퓨엘셀은 미국 에너지부(DOE ; Department of Energy)로부터 지원을 받아 연구개발을 하고 있다. 연구 주제는 '고체 산화물 연료전지의 전기 발전 및 저장'이다. 연구회사인 퓨엘셀이 경쟁력 있는 기술을 개발하고 이를 상업화시키는 결과를 보여준다면 에너지부는 해당 기술에 대한 라이선스 및 특허에 대한 독점적인 권리를 퓨엘셀에 제공하게 된다. 이를 바탕으로 퓨엘셀은 매출액을 개선시킬 수 있겠다.

2. 엑손모빌의 연구지원

퓨엘셀은 석유화학 1위 기업 엑손모빌로부터도 지원을 받고 있는데, 엑손모빌의 연구 지원 주제는 '천연가스 발전 과정에서 발생하는 탄소를 포집하는 기술'이다. 엑손모빌은 연구를 지원하는 대신 퓨엘셀의 연구프로그램에 대한 통제권과 권리를 갖고 있다.

이는 퓨엘셀에 현금이 절실하던 2019년에 체결된 계약 때문인데 지원이라기보단 하청에 가깝다. 그러나 여전히 퓨엘셀은 탄소포집 기술 분야에서 많은 특허를 보유하고 있다. 향후 탄소포집 기술이 빛을 발하게 된다면 퓨엘셀의 펀더멘탈은 조금 더 개선될 것이다.

리스크

1. 저조한 실적

특정한 기업에 투자하기에 앞서 체크해야 하는 부분은 해당 기업의 실적이다. 실적이 개선되는 모습을 보여주지 않고 있으며 미래 성장성 또한 불투명하다면 많은 리스크가 있는 투자라 볼 수 있다. 퓨엘셀의 5년간 매출액 연평균 성장률은 -14.81%다.

2. LIPA 프로젝트 취소 은폐

2019년 3분기부터 퓨엘셀은 초전도케이블을 통한 전력 공급 프로그램 LIPA에 참가하여 롱아일랜드와 전력구매계약을 체결했다. 계약 직후 롱아일랜드 측으로부터 LIPA 프로젝트가 경제성이 없다고 판단되어 전력구매계약을 연장하지 않겠다는 의사를 전달받았으나 이러한 사항을 공개하지 않은 채 2020년 3분기까지 LIPA 프로젝트가 잘 진행되도록 꾸준히 노력 중이라는 말을 되풀이 한 것으로 알려졌다. 퓨엘셀은 LIPA 프로젝트가 취소되었다는 것을 알면서도 주주들에게 공개하지 않았고, 공개하지 않은 15개월이라는 기간에 유상증자를 하여 1억 380만 주에 대한 현금을 확보했다.

날짜	발행량	가격(달러)	규모
2019.8.9.	750만 주	0.31	232만 달러
2019.10.31.	1,010만 주	0.3	303만 달러
2020.1.31.	790만 주	0.46	363만 달러
2020.7.31.	2,510만 주	2.56	6,425만 달러
2020.8.6.	320만 주	2.51	803만 달러
2020.9.29.	5,000만 주	2.1	1억 500만 달러
총합	1억 380만 주	1.79(평균)	1억 8,627만 달러

2019 8월~2020년 10월 퓨엘셀 주식 발행 이력 / 출처 : 퓨엘셀

3. 포스코와의 손해배상 문제

한국의 주요 에너지 기업 중 하나인 포스코에너지가 퓨엘셀에게 8억 달러에 달하는 피해보상금을 요구하고 있는 것으로 알려졌다. 퓨엘셀은 포스코와 에너지 합작 법인을 설립한 후 많은 발전소 부품을 한국에 납품하지 못했으며 프로젝트를 완전히 포기하기로 했다고 알려져 있다. 비록 지금은 조사 중이나, 만약 퓨엘셀에게서 귀책사유가 있다고 밝혀진다면 아시아에서 입지를 확장하기 힘들 것으로 판단된다.

4. 고평가된 주가

이러한 리스크 가운데 퓨엘셀의 주가 적정성을 동종업계 기업인 블룸에너지와 비교해보겠다. 다음 그래프와 같이 2021년 5월 기준 두 기업의 '시가총액을 연매출액으로 나눈 수치(P/S 멀티플)'를 비교해보면 퓨엘셀은 시가총액이 연매출액의 29배인 반면 블룸에너지의 시가총액은 연매출액의 4배 수준이라는 것을 알 수 있다. 퓨엘셀이 블룸에너지와 같은 수준의 주가가 되려면 매출액이 현재보다 최소 600% 올라야 한다.

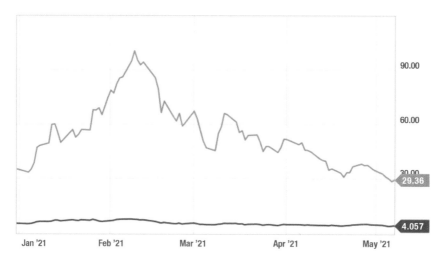

퓨엘셀(주황색), 블룸에너지(보라색) 시가총액÷매출액 비교 / 출처 : Y-Chart

펀더멘탈

1. 수익 현황(2021년 1분기)

　1. 매출액 : 1,395만 달러 (△)

　2. 매출액 성장률 : 전년 대비 6.3% 하락, 24.87% 성장 예상 (○)

3. 매출총이익 : 476만 달러 적자(-34%) (△)

4. 영업이익 : 1,739만 달러 적자 (△)

5. 순이익 : 1,892만 달러 적자(-135.6%) (△)

전년 대비 6.3% 하락한 매출액을 보여주고 있는데 2020년 3분기 −9.23%, 2020년 4분기 −12.48% 등 실적이 꾸준히 악화된 모습을 보여왔다. 매출액은 줄어드는 와중에 원가 비용은 천천히 상승해 매출총이익은 2020년 2분기부터 꾸준히 적자를 보고 있다. 영업비용은 1,263만 달러로 꽤 많이 지출하고 있으나, 이 와중에 R&D 비용은 296만 달러뿐이다. 매출액이 감소하며 순이익도 나지 않는 가운데, R&D 비용에 투자가 많이 되지 않는다는 것은 장기적으로 큰 우려를 낳는다.

2. 자산 현황(2021년 1분기)

자산 현황		부채 현황	
현금	1억 달러	장기부채	8,300만 달러
장기투자금	1,400만 달러	단기부채	900만 달러
1년 내 매출채권	1,900만 달러	1년 내 매입채무	1,500만 달러
총 자산	1억 달러	총 부채	1억 달러

퓨엘셀은 지속해서 유상증자를 하여 힘겹게 사업을 이어나가고 있다. 2021년 1분기에 1억 5,640만 달러 어치의 유상증자를 발행했는데 투자를 위한 발행이 아닌 눈앞에 있는 부채를 줄이기 위해 발행한 것으로 보인다.

경쟁 포지션 기업 : Plug Power, Bloom Energy

bill.com

빌닷컴

비즈니스 모델

회사가 물건을 살 때 재무담당자는 어떤 절차에 따라 업무를 처리할까? 우선 재무담당자는 회계장부에 물건 값을 '매입채무'로 기록한다. 이후 청구서가 오면 상위 부서의 허가를 받은 뒤 돈을 입금하고 영수증을 받는다. 그리고 이를 다시 회계장부 상에 기록한다. 만약 하루에도 거래 건이 수백 개씩 들어온다면 어떨까? 거기다 각자 대금과 지불시기가 다르다면 처리가 매우 복잡해질 것이다. 빌닷컴(Bill.com)은 이런 과정을 간단하게 처리할 수 있도록 돕는 전자 플랫폼을 제공한다.

미래전망

1. 전자회계 도입 트렌드

서류 회계장부에서 전자회계시스템으로 바뀌어가는 사회흐름은 빌닷컴에게 좋은 성장기회가 되고 있다. 미국 대형회계법인의 4분의 3은 서류를 통한 회계작업 방식을 폐기하고 전자청구서 시스템을 도입했거나 도입하는 것을 고려하고 있다.

이미 빌닷컴은 미국 대형회계법인 Top 100 기업 중 80%와 파트너십을 맺고 있다. 회계법인의 고객 숫자만 10만에 달하는데 여기서도 많은 고객이 빌닷컴 플랫폼으로 유입되고 있다. 실제로 2019년 약 5억 7,000만 달러였던 빌닷컴 플랫폼 내의 거래금액은 2020년 23억 달러로 400% 넘게 상승했다.

2. 높아지는 해외송금량

비즈니스 분석매체 CB인사이트에 의하면 전 세계 해외송금액은 매년 90%씩 성장하고 있으며 2025년경에는 21조 달러대에 다다를 것이라 전망된다. 빌닷컴은 해외송금 거래 분야에서도 경제적이고 편리한 플랫폼을 제공한다. 일반적으로 수만 달러 수준의 해외송금을 할 때 은행은 평균 38달러를 수수료로 청구한다. 그러나 빌닷컴은 9.99달러의 수수료밖에 받지 않는다.

빌닷컴은 현재 130개국 250만 개 은행과 거래를 맺어 송금서비스를 제공하고 있고 결제 방식에 있어서도 가상계좌, 자동결제, 수표, 국제선 송금 등 다양한 옵션을 제공한다.

3. 은행과의 파트너십

빌닷컴은 미국 상위 10개 은행 중 6개 은행과 파트너십을 맺고 있다. JP모건&체이스, 웰스 파고, 뱅크오브아메리카 등이 있는데 이들 은행은 자신들이 거래하고 있는 고객들에게 빌닷컴 플랫폼을 소개해준다. 실제로 웰스 파고 은행과 파트너십을 맺으면서, 빌닷컴의 고객 숫자는 80% 상승했다. 빌닷컴은 반대로 금융서비스가 필요한 플랫폼 이용자들과 은행을 연결해주어 은행에 도움을 준다.

1. 고평가된 주가

빌닷컴의 2022년 예상 매출액은 2억 9,390만 달러이고 2021년 6월 기준 시가총액은 150억 달러 선에 있다. 시가총액이 연매출액의 50배를 넘는 것이다. 빌닷컴의 동종 기업과 비교해보면 굉장히 고평가를 받고 있다는 결과가 나온다.

같은 분야 기업인 '도큐사인'이라는 회사의 경우 시가총액이 연매출액의 27배 수준이다. 도큐사인의 2022년 예상 매출액 성장률은 39%로 빌닷컴의 매출액 성장률에 뒤처지지 않는다. 그런데도 빌닷컴의 주가가 매출액에 비해 매우 높게 나타나는 것은 기업에 대한 많은 기대감이 주가에 선반영되어 있다는 것을 의미한다.

2. 비싼 Divvy 인수금액

빌닷컴은 2021년 5월 경쟁기업 디비(Divvy)에 대한 25억 달러 규모의 인수 계획을 발표했다. 디비는 빌닷컴과 마찬가지로 기업의 대금 업무를 관리해주는 서비스를 제공하나 고객 수가 7,500명밖에 되지 않으며 분기별 매출은 5,000만 달러 수준이다.

너무 비싼 가격으로 인수액을 책정했다는 의견이 나온다. 인수금 25억 달러 중 약 6억 달러는 현금으로 지불하며 나머지는 합병 기업의 신주로 지급된다. 이는 기존 주주들의 지분이 희석된다는 것을 의미하는데 이로 인해 신주 발행 전 던져지는 물량이 나올 우려가 있다.

1. 수익 현황(2021년 1분기)

1. 매출액 : 5,974만 달러 (○)

2. 매출액 성장률 : 전년 대비 37.32% 성장, 39.19% 성장 예상 (○)

3. 매출총이익 : 4,430만 달러(74.2%) (○)

4. 영업이익 : 1,530만 달러 적자 (△)

5. 순이익 : 2,673만 달러 적자(-44.7%) (△)

매출액 성장률은 30% 후반 선을 유지하며 꾸준히 우상향하고 있고 매출총이익률은 74.2%로 원가비용을 잘 관리하고 있다. 비록 순이익률이 -44.7%로 적자이며, 점차 적자 폭도 늘어나고 있으나 이것은 빌닷컴이 더 많은 금융기관과 융합하기 위해 R&D 비용에 공격적으로 투자하고 있기 때문이다.

2. 자산 현황(2021년 1분기)

자산 현황		부채 현황	
현금	12억 달러	장기부채	9억 달러
단기투자금	5억 달러	단기부채	630만 달러
1년 내 매출채권	1,700만 달러	1년 내 매입채무	430만 달러
		세금 부채	180만 달러
총 자산	17억 달러	총 부채	9억 달러

경쟁 포지션 기업 : Docu Sign, One Connect

052

꿈의 배터리, 실현시킬 수 있을까?

퀀텀스케이프

비지니스 모델

전고체 리튬금속 배터리(All-solid-state Lithium Metal Battery)는 '꿈의 배터리'라 불리는 차세대 전력 저장장치로 전기차 산업이 발전하고 있는 가운데 가장 촉망받는 기술개발 분야로 꼽힌다. 퀀텀스케이프는 전 세계에서 가장 먼저 전고체 리튬금속 배터리를 상용화할 것으로 예견되는 기업이다. 전고체 리튬금속 배터리가 갖는 이점은 다음과 같다.

1. 높은 전압 내구성

기존의 리튬이온 배터리는 음극(Anode)과 양극(Cathode)의 구성물질이 달라 폴리머 분리막 (Polymer Separator)을 설치해 둘을 구분했다. 그러나 폴리머 분리막은 배터리를 사용할수록 닳아 합선이 발생하는 단점이 존재했다. 이에 비해 전고체 리튬금속 배터리는 단일 소재로 구성되어 분리막이 닳을 일이 없으며 높은 전압으로 충전해도 견딜 수 있다는 장점이 있다. 퀀텀스케이프에 따르면 높은 전압으로 15분 만에 80%를 충전시킬 수 있다고 한다.

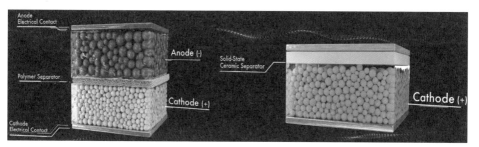

리튬이온 배터리(좌), 전고체 리튬금속 배터리(우) 구조도 / 출처 : 퀀텀스케이프

2. 강한 온도 내구성

기존의 리튬이온 배터리는 10~55도 사이 환경에서 작동했고 고온에 취약해 배터리 용량의 30%를 냉각물질로 채워야 했다. 그에 반해 전고체 리튬금속 배터리는 -25~60도까지 넓은 온도 내구성을 갖으며 그만큼 냉각물질이 필요 없어 배터리 공간효율을 늘릴 수 있게 되었다.

3. 경제성

위와 같은 이유로 인해 전고체 리튬금속 배터리는 구조가 간단해져 생산비용 또한 17%가 줄어들 것으로 예상된다. 또한 수명 면에 있어서 기존의 전기차용 리튬이온 배터리는 약 9만 6,000km를 주행하면 수명을 다했다. 그러나 전고체 리튬금속 배터리는 주행거리 38만km까지 사용할 수 있다.

리스크

1. 너무 긴 개발 기간

기술의 개요만 살펴봐도 개발만 된다면 산업의 판도를 바꿀 수 있는 제품이라 확신할 수 있을 것이다. 그러나 퀀텀스케이프의 전고체 리튬금속 배터리가 상용화되려면 적어도

2025년까지 기다려야 한다. 전혀 매출액이 없는 상태에서 4년을 더 기다려야 한다는 것은 투자자 입장에서 엄청난 리스크다.

2. 경쟁자 테슬라

리튬이온 배터리는 일반적으로 1kg당 250Wh의 에너지를 저장한다. 퀀텀스케이프의 발표에 따르면 그들이 개발하는 전고체 리튬금속 배터리는 1kg당 330~470Wh까지 에너지를 저장할 수 있다고 한다. 그러나 2020년 8월 테슬라 CEO 일론 머스크는 트위터를 통해 "3, 4년 안에 1kg당 400Wh의 에너지를 저장할 수 있는 최적화된 리튬이온 배터리를 직접 개발하겠다"고 말한 바 있다. 퀀텀스케이프가 2025년에 배터리를 상용화시킨다고 해도 테슬라가 비슷한 성능의 배터리를 만든다면 퀀텀스케이프는 큰 고객을 잃는 동시에 강력한 경쟁자를 만나는 셈이 된다.

펀더멘탈

1. 수익 현황(2021년 1분기)

1. 영업이익 : 4,467만 달러 적자 (△)
2. 순이익 : 7,508만 달러 적자 (△)

퀀텀스케이프의 배터리는 아직 개발단계에 있어 매출액이 없으며 주가는 기대감에 의해 조성되어 있다. 이렇게 매출액이 없는 기술주인 기업이 어디에 투자하고 있는지에 주목해야 한다. 퀀텀스케이프의 영업비용은 2021년 1분기 4,467만 달러로 그중에서 2,946만 달러가 R&D에 들어간다. 이것은 퀀텀스케이프가 충실하게 개발에 임하고 있다는 것을 뜻한다.

이 기업의 리스크를 인지했음에도 퀀텀스케이프의 비전을 믿는다면 비중을 조절해 투자 해볼만하다. 지금 이 대목에서 중요한 것은 퀀텀스케이프가 2025년까지 개발과정을 이끌 어갈 수 있는 현금이 얼마나 남아있는지를 확인해보는 것이다.

2. 자산 현황(2021년 1분기)

자산 현황		부채 현황	
현금	7억 달러	장기부채	1,100만 달러
단기투자금	7억 달러	단기부채	140만 달러
		1년 내 매입채무	980만 달러
총 자산	15억 달러	총 부채	2,220만 달러

부채를 전부 갚아도 충분한 현금이 있는 만큼 퀀텀스케이프의 재무상태는 매우 건전하다. 일반적으로 주가는 미래전망에 따라 성장원동력을 얻게 된다. 앞으로 얼마나 괜찮은 성능 의 배터리를 만들어가느냐에 따라 퀀텀스케이프 주가는 오르고 내릴 것이다.

경쟁 포지션 기업 : CATL, Desktop Metal, Fisker, Canoo

053

대체할 수 없는 대체육류 기술

비욘드미트

비지니스 모델

한국 사회에도 점차 비종교적 이유에 의한 채식주의자들이 늘고 있다. 환경보호나 동물보호, 식단조절, 건강 등 채식을 고집하는 이유는 다양하지만 개중에는 고기의 맛을 느끼고 싶은 이들도 있다. 이번에 살펴볼 비욘드미트는 식물성 식재료로 고기의 맛을 내는 '대체육류' 식품가공 분야의 선구자다.

비욘드미트는 녹두, 비트, 완두콩, 쌀, 감자녹말 그리고 코코넛 등을 이용해서 고기와 매우 흡사한 맛, 색깔 그리고 육즙을 내는 식물성 고기를 만들어낸다. 비욘드미트가 제공하는 제품은 식물성 대체육류 가공육으로 다짐육, 패티, 미트볼, 소시지 등이 있다. 생산한 제품은 월마트, 크로거, 코스트코와 같은 대형마켓에 소매판매로 납품하거나, 맥도날드, KFC와 같은 레스토랑에 채식주의자 메뉴용 식재료로 납품한다. 미국 외에도 80개 국가를 대상으로 제품을 판매하여 수익을 내고 있다. 물론 현재 기술력으로 완벽한 고기의 맛을 구현하는 것은 불가능하며 아직 판매 단가는 100g당 50달러 정도로 꽤 비싼 편이다.

1. 소매 판매 상승

2021년 1분기 실적을 보면 매출액은 전년 대비 11% 성장해 스타트업으로서는 다소 만족스럽지 못한 수치를 기록했다. 매출액 리포트를 보면 레스토랑을 대상으로 한 식재료 납품 분야 중 미국 시장에서 26% 하락, 글로벌 시장에서 44% 하락이 있었다. 코로나 팬데믹으로 인해 푸드 서비스 매출이 타격을 입으면서 납품량 또한 줄어든 것으로 판단된다. 코로나가 개선됨에 따라 푸드 서비스 사업의 실적 또한 다시 회복되리라 예상된다.

반면 소매 판매 분야에서는 매출액 대약진이 있었다. 미국 시장에서 전년 대비 27.8% 상승했고 글로벌 시장에서는 무려 189% 상승했다. 비욘드미트 제품의 소매 판매는 매우 빠르게 성장하고 있다.

2. 유럽과 중국 시장으로의 확장

비욘드미트 CEO 이던 브라운은 2020년 실적발표에서 "2024년까지 비욘드미트 제품의 가격을 일반 육류 가격보다 비슷하거나 더 저렴하게 만들겠다"고 밝혔다. 이를 위해 비욘드미트는 자사가 겨냥하는 시장 지역을 확대해 규모의 경제를 얻으려고 있다. 2021년 4월 비욘드미트는 유럽 내 자사 제품 판매점포의 숫자를 늘리겠다고 발표했다. 영국에서 445개, 독일에서 1,000개, 오스트리아에서 1,500개, 네덜란드에서 1,000개 등 구체적인 국가별 실행 계획도 포함되었다.

다음 그림은 대륙별 식물성 고기 시장의 비율 및 변화를 보여주는 지표로, 식물성 고기

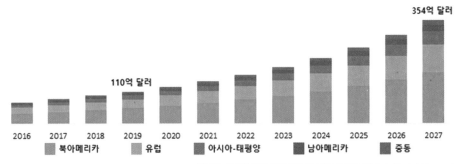

354억 달러

110억 달러

2016 2017 2018 2019 2020 2021 2022 2023 2024 2025 2026 2027

■ 북아메리카 　■ 유럽 　■ 아시아-태평양 　■ 남아메리카 　■ 중동

대륙별 식물성 육류시장 비율 및 변화 / 출처 : Polaris Market Research

시장은 2027년까지 15.8%의 속도로 성장하며 354억 달러의 규모를 갖추게 되리라 전망되고 있다. 북아메리카를 제외하곤 유럽이 가장 가파르게 성장하고 있는 만큼 비욘드미트의 공격적인 유럽 진출은 좋은 판단이라 할 수 있다.

비욘드미트는 중국 시장에도 노크를 두드리고 있다. 2021년 4월 중국 내 생산공장 설립을 완료했는데 현지 공급망을 활용하여 제품을 싼 가격에 유통시키겠다는 전략이다. 이로인해 거대한 중국 육류시장에 진출할 기회를 얻은 셈이라고 할 수 있다.

3. 거대 프랜차이즈와의 파트너십

비욘드미트는 2021년 2월 '맥도날드'와 전략적 파트너십을 체결했다. 맥도날드는 2020년 기준 전 세계 3만 9,000개의 매장을 갖추고 있는 거대 프랜차이즈다. 비욘드미트의 제품은 맥도널드의 채식주의자용 메뉴 맥플랜트에 사용될 예정이다.

'얌! 브랜즈(Yum! Brands)'와의 파트너십 또한 빠질 수 없다. 얌! 브랜즈는 KFC, 피자헛, 타코벨 등의 프랜차이즈를 보유한 거대 외식업체다. 비욘드미트는 파트너십을 통해 향후 5~6년 동안 KFC, 피자헛, 타코벨과 같은 매장에 제품을 공급하게 되었다. 파트너십을 통해 매출도 늘어나지만 비욘드미트의 브랜드 인지도도 한층 더 높아지게 될 것으로 기대된다.

리스크

강력한 경쟁자들

비욘드미트가 선구자적 위치를 갖고 있긴 하지만 대체육류 시장은 경쟁이 심화된 시장이라고 할 수 있다. 비욘드미트에 가장 근접한 경쟁사는 '임파서블 푸드'인데 이 기업의 행보를 주시해야 할 필요가 있다.

임파서블 푸드는 식물기반 패티로 만들어지는 임파서블 버거를 판매하는 기업이다. 햄버거 프랜차이즈 버거킹을 통해 판매하며 임파서블 푸드는 햄버거에 들어가는 패티를 제공한다. 시장의 평가에 따르면 임파서블 버거의 식물성 육류는 콩의 뿌리혹 부분의 헴(유기철분)을 가공하여 만드는 데 식감 면에서 실제 육류와 가장 비슷한 구현을 해내고 있다고 한다.

임파서블 푸드 외에도 타투드세프, 캘로그, 스윗어스 등 많은 경쟁사가 나타나고 있다. 비록 비욘드미트가 선두주자로 시장에 진출했으나 시장의 일부를 경쟁사들과 함께 나눠 가져야 할 수밖에 없을 것으로 보인다. 비욘드미트의 시장점유율과 기술 경쟁력을 주시하면서 투자해야 할 것이다.

1. 수익 현황(2021년 1분기)

1. 매출액 : 1억 816만 달러 (○)

2. 매출액 성장률 : 전년 대비 17.79% 성장, 42.2% 성장 예상 (○)

3. 매출총이익 : 3,271만 달러(30.2%) (○)

4. 영업이익 : 2,464만 달러 적자 (△)

5. 순이익 : 2,727만 달러 적자(-25.2%) (△)

많은 경쟁사들과 시장점유율을 놓고 경쟁하는 만큼 영업비용에 많은 돈을 투자하고 있어 영업이익과 순이익은 적자를 면치 못하고 있다.

2. 자산 현황(2021년 1분기)

자산 현황		부채 현황	
현금	11억 달러	장기부채	11억 달러
1년 내 매출채권	3,600만 달러	단기부채	300만 달러
		1년 내 매입채무	5,500만 달러
총 자산	11억 달러	총 부채	11억 달러

현금과 부채의 비율이 1:1로 나쁘지 않고 장기부채 비율이 높기 때문에 큰 걱정은 없으나 분기별 실적을 꾸준히 체크할 필요가 있다.

경쟁 포지션 기업 : Kellogg, Nestle, Tyson Food, Tattooed Chef, Sweet Earth, Impossible Food

skillz

누구나 참여하는 e스포츠

스킬즈

비지니스 모델

게임 개발자와 유저는 상품 공급자와 소비자로서 금전적으로 상충하는 이해관계를 갖고 있다. 개발자들은 게임 유저들이 최대한 많은 돈을 쓰게 하려하지만 노골적인 과금 유도가 이어진다면 유저들은 쉽사리 게임을 떠나게 된다. 그래서 나온 것이 게임 내 광고시청과 같은 수익방식이었다. 하지만 최근에는 이마저도 싫증을 내는 유저들이 많아졌다.

스킬즈는 개발자와 유저의 이해관계를 한꺼번에 만족시키는 수익구조를 만들어냈다. 유저들이 서로 판돈을 걸고 게임 실력과 캐릭터로 대결할 수 있는 e스포츠 공간을 제공해주는 대신 게임 개발자와 스킬즈는 소량의 수수료를 챙겨가는 것이다. 유저 둘이 0.6센트의 돈을 내고 경기에 참가하면 스킬즈는 1.2센트의 판돈에서 14.6%인 0.18달러를 가져간다. 나머지 금액이 e스포츠 상금과 개발자 수익 등으로 쓰인다. 유저들은 이를 통해 게임 플레이에 더 큰 재미를 느낄 수 있고 상금도 챙겨갈 수 있다.

스킬즈는 e스포츠 개최 기능을 게임 내에 적용할 수 있는 툴킷을 게임 개발자에게 제공한다. 개발자가 해당 툴킷을 게임 내에 적용하면 iOS와 안드로이드 등 해당 게임을 하는 모든 유저들이 스킬즈 플랫폼에 모여 스킬즈 게임머니 시스템을 이용해 대결을 펼친다.

미래전망

1. 해외시장 진출

5G의 확산과 함께 모바일게임 시장은 계속해서 성장하고 있다. 2020년 기준 연 680억 달러 규모에 달하는데 그중 미국을 제외한 글로벌 시장의 규모는 미국 시장의 4배다. 스킬즈의 포트폴리오에서 해외시장이 차지하는 비중은 점점 커져가고 있다.

최근 실적발표회에서 스킬즈는 미국 다음으로 인도 시장에 진출할 것이라는 계획을 밝혔다. 인도는 세계에서 다섯 번째로 큰 모바일게임 시장을 갖고 있는 나라로 2022년 인도의 게임 유저 수는 3억 6,700만 명에 이를 것으로 예상된다. 또한 최근 인도 정부가 자국 내 중국의 게임 서비스를 차단시켜 인도 시장은 스킬즈가 진출할 경우 더 큰 기회를 제공할 것으로 기대된다.

2. 공매도 리포트로 인한 과매도

투자정보업체 울프팩리서치는 2021년 3월 스킬즈에 대한 기업분석 리포트를 내놓았다. 스킬즈의 실적 악화가 예상되므로 주가 하락에 대비해 공매도를 하라는 것이 주된 내용이었다. 울프팩리서치의 리포트 내용은 다음과 같다.

1. 스킬즈 e스포츠 개최 플랫폼은 여러 게임에 도입되어 있지만 전체 매출의 88%는 상위 게임 3개에서 만들어지기에 수익구조가 불안정하다.

2. 스킬즈는 최근 구글플레이에서도 퇴출되었을 정도로 게임 유저 사이에서 인지도가 낮다.

3. 스킬즈는 NFL(미국 풋볼리그)과 파트너십을 맺어, NFL을 테마로 한 풋볼게임의 '게임 개발자 선발대회'를 개최하겠다고 발표했다. 그러나 이는 거짓으로 NFL은 이에 대한 언급이 전혀 없다.

이러한 내용이 리포트를 통해 발표되어 스킬즈의 주가는 55%의 하락했다. 당시 나스닥 하락세로 인해 이미 주가가 43달러 최고점을 찍고 30달러대로 빠진 상태였는데 또다시 폭락이 이루어진 것이다. 그러다

스킬즈와 NFL의 개발자 선발대회 포스터 / 출처 : 스킬즈

차츰 회복되어 2020년 7월 스킬즈의 주가는 15달러대에 머물러 있다.

그러나 리포트 내용 중 1번을 제외한 2, 3번은 전혀 사실이 아니었기에 현재의 주가는 과매도된 상태라고 볼 수 있다. 2번의 경우 명백한 거짓으로 스킬즈는 구글플레이에서 언제든 설치할 수 있었다. 3번의 경우도 결국 실제 게임 개발자 선발대회가 개최되었기에 리포트의 내용이 억측이었던 것으로 정리되었다.

선발대회는 참가자 지원을 받았고 2021년 12월 말까지 진행된다. 선발대회를 통해 만들어진 게임은 2022년 NFL 경기 시즌과 함께 양사의 플랫폼에서 크게 홍보될 예정이다. 이로 인해 게임이 큰 흥행을 한다면 스킬즈의 과금월간유저(Paying Montly Active User) 지표가 개선되어 스킬즈의 수익성이 향상되고 NFL과 같은 많은 스포츠 브랜드들이 추가로 스킬즈와 파트너십을 맺기를 희망하게 될 것이다.

3. 알키 인수

스킬즈는 2021년 3월까지 알키 인수를 마무리하겠다고 밝혔다. 알키(Aarki)는 모바일 광고 플랫폼으로, AI·머신러닝 기술을 이용해 데이터를 수집하고 분석하여 광고주가 다양하게 활용할 수 있는 광고 서비스를 제공한다.

스킬즈는 지금까지 게임 상에서 돈을 쓰지 않는 유저(전체 유저의 83%)들로부터는 어떤 수익도 낼 수 없었다. 스킬즈는 이런 유저들에게 비디오, 배너, 플레이어블 등 다양한 형태의 광고를 제공함으로써 수익을 낼 계획이다. 알키의 기술력은 유저 개개인에게 맞춤형 광고를 제공하여 광고 수익률도 극대화시킬 것으로 기대된다.

펀더멘탈

1. 수익 현황(2021년 1분기)

1. 매출액 : 8,368만 달러 (△)
2. 매출액 성장률 : 전년 대비 98.04% 성장, 66.53% 성장 예상 (○)
3. 매출총이익 : 7,942만 달러(94.9%) (○)
4. 영업이익 : 5,147만 달러 적자 (△)
5. 순이익 : 5,359만 달러 적자(-64%) (△)

스킬즈는 2020년 3분기에 상장하여 꾸준히 매출액 성장을 이루고 있다. 거시적인 측면에서 밝은 전망을 갖고 있으나, 아직 상장한 지 얼마 안 된만큼 매출액과 매출총이익의 흐름이 안정적이지 않기에 매분기 실적을 지켜봐야 할 필요가 있다. 기존에 없던 비즈니스 모델을 제시한 기업이라 시장에 자신들을 알리기 위해 마케팅에 많은 돈을 투자하고 있어 영업이익과 순이익 상황은 좋지 않다. 다만 부채 대비 현금을 충분히 보유한 점에서 성장 기간을 잘 버텨줄 것으로 기대된다.

2. 자산 현황(2021년 1분기)

자산 현황		부채 현황	
현금	6억 달러	장기부채	950만 달러
총 자산	6억 달러	총 부채	950만 달러

경쟁 포지션 기업 : E-sports Entertainment, Nerd On Site

055

사람을 살리는 유전자 기술

크리스퍼

Disrupt

Delete

Correct or Insert

유전자가위의 작동 원리 / 출처 : 크리스퍼

유전자가위란 생물의 DNA를 교정하기 위해 위와 같이 DNA 염기서열의 일부를 자르고 편집하는 기술을 가리킨다. '유전자가위'라 불리지만 이를 이용한 질병 치료는 복약과 주사를 통한 약물주입 형식으로 이뤄지기에 실제 가위와는 관련이 없다! 크리스퍼(CRISPR)는 유전자가위 기술을 활용하여 면역세포 치료제를 만드는 회사인데, 다음과 같은 사업을 진행 중이다.

1. 유전성 빈혈 치료제 개발 : 지중해빈혈과, 겸상적혈구질환 등 비정상적 혈색소 및 혈색

소 합성의 부족으로 인해 생기는 유전성 빈혈 질환에 대한 치료제를 개발 중이다. 현재 임상시험단계에서 안전성과 효율성을 검증받고 있는 상태다. 미국 FDA 또는 유럽으로부터 사용승인을 받게 되면 크리스퍼는 공동개발을 하고 있는 버텍스 제약으로부터 선불로 9억 달러를 받고, 보너스로 2억 달러를 더 받게 된다.

2. 면역 항암제 개발 : 차세대 항암 치료제로 유전자 기술을 통해 암세포만 골라 파괴한다는 특징이 있다. 임상시험 단계에서 안전성과 효율성을 검증받고 있는 상태이다.

3. 재생의학 면역조절 기술 : 줄기세포를 통한 신체재생 및 이식 과정에서 생기는 면역 거부반응 문제를 해결하기 위한 기술이다. 재생의학 전문기업 바이어사이트는 제1형 당뇨병 환자에게 제공할 췌장 재생 및 이식 기술을 개발했는데 이식 과정에서 면역에 의한 거부반응 문제가 발생하자 크리스퍼의 유전자 편집 기술을 통해 거부반응 문제를 해결했다. 현재 임상시험계획 승인 단계에 있다.

미래전망

유전성 빈혈 치료제 개발

진행 중인 사업 중 가장 큰 수익을 낼 수 있는 크리스퍼의 프로젝트는 지중해빈혈과 겸상적혈구질환 치료제다. 해당 질병은 유전적 요인에 의한 질환 중 가장 흔한 것들로 지중해빈혈은 매년 6만 명 그리고 겸상적혈구질환은 매년 30만 명이 진단을 받는다. 특히 지중해빈혈은 5년 안에 수혈을 받지 않으면 사망에 이르며 수혈을 받는다고 해도 50~65%는 35세 이상은 살지 못하는 환자가 대부분인 치명적 질환이다.

크리스퍼가 개발한 'CTX001' 치료법을 사용하면 환자에게서 질환을 유발하는 DNA를 고치면 몸의 체질이 바뀌어 빈혈 질환이 줄어든다. 만약 임상에 성공하면 크리스퍼는 2026년경부터 매년 최대 126억 달러 매출액을 얻을 수 있을 것으로 예측된다.

임상시험의 리스크

크리스퍼의 치료제 사업 대부분은 아직 임상단계에 있다. 제약회사에 있어 임상시험이란 돈은 많이 들어가나 결과는 불확실한 큰 리스크로 존재하는 것이 사실이다. 더군다나 최근에는 크리스퍼가 Cas9 기술 외에도 최근 Cas12라는 차세대 유전자가위 기술을 개발했다는 보고가 이어지고 있다.

물론 새로운 기술이 개발되는 것은 좋은 일이나 크리스퍼가 Cas12에 대한 임상시험도 진행하게 된다면 매출액이 없는 상태에서 감당해야 하는 비용은 더 커질 수밖에 없다.

펀더멘탈

1. 수익 현황(2021년 1분기)

1. 영업이익 : 1억 1,454만 달러 적자 (△)
2. 순이익 : 1억 1,316만 달러 적자 (△)

노벨화학상을 받은 Cas9 유전자가위 기술이다. 시장으로부터 신뢰를 얻고 있기에 현재의 주가가 형성되어 있으나, 크리스퍼는 수익 현황을 알아보는 데 가장 기본이 되는 '매출액'이 없다. 이렇게 매출액이 없는 기술주의 경우 기업이 보유하고 있는 현금이 어디에 사용되고 있는지 주목해야 한다.

크리스퍼의 영업비용은 2021년 1분기 기준 1억 1,508만 달러로 그중 9,056만 달러(78%)

가 R&D에 투자되고 있어 충실히 기술개발에 매진하고 있음을 알 수 있다.

2. 자산 현황(2021년 1분기)

자산 현황		부채 현황	
현금	11억 달러	장기부채	4,900만 달러
단기투자금	6억 달러	단기부채	1,200만 달러
1년 내 매출채권	15만 달러	1년 내 매입채무	1,300만 달러
		세금 부채	300만 달러
총 자산	32억 달러	총 부채	7,700만 달러

크리스퍼가 가진 자산은 32억 달러 이상, 부채의 41배 정도로 크리스퍼의 자산 현황은 매우 건전하다. 순이익 적자 현황과 자산 현황을 봤을 때 향후 수년간은 수익이 없어도 버틸 수 있을 것으로 보여진다.

경쟁 포지션 기업 : Vertex Pharmaceuticals, Beam Therapeutics, Mirati Therapeutics, Editas Medicine

056

전기차 충전소 1위
차지포인트

비즈니스 모델

전기차 충전소와 주유소 사업 중 하나를 시작해야 한다면 무엇을 선택하겠는가? 수익성 측면에서 고려해봐야겠지만 전기차 충전소는 주유소에 비해 정말 간단하게 지을 수 있다. 부지를 마련한 뒤 전기충전포트만 설치하면 끝이다. 주유소처럼 기름탱크 매립할 필요도 없고 기름 공급책에 대해서 신경 쓸 필요도 없다.

그렇다면 전기차 충전소 프랜차이즈 기업의 경쟁력은 어디서 나오는 것일까? 전기차 충전소 업계 1위인 차지포인트의 강점은 전기차 충전소 시장의 73%를 차지하고 있다는 시장 선점 자체에 있다. 특히 차지포인트는 운전자용 앱을 운영해 충전시설의 사용가능 여부를 미리 확인하고 예약할 수 있게 했고 앱 사용과 충전 서비스에 대한 결제에는 월 구독시스템을 도입해 고객들이 자사의 서비스만 계속 사용하도록 유도하고 있다.

빠르게 커지는 전 세계 전기차 비율

다음 그래프에 따르면 2030년까지 전 세계 전기차 비율은 급속도로 높아진다. 이에 따라 전기차 충전소 수요도 상승할 전망이다. 앞서 말했듯 2020년 9월 기준 차지포인트는 미국 및 유럽 범용 전기차 충전소 시장의 73%를 차지하고 있다.

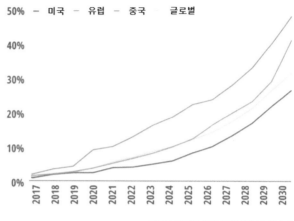

지역별 전기차 비율 변화 / 출처 : Deloitte

이렇게 높은 시장점유율을 가진만큼 차지포인트는 증가하는 시장의 수요를 많이 담아갈 수 있을 것이다. 전기차 충전소는 도로 중간 편의점이나 주차장, 가정집 등 전기만 공급되면 장소를 불문하고 설치할 수 있다. 빠르게 증가하는 수요에 맞춰 충전소 증대 또한 원활하게 지속될 것이라고 생각된다.

리스크

고평가된 주가

차지포인트는 2021년 6월 말 기준 101억 달러의 시가총액을 갖고 있다. 그리고 차지포인트는 2021년 자신들이 1억 9,800만 달러의 매출액을 낼 것이라 예측했다. 물론 기업들은 비교적 낙관적인 예측을 하려는 경향이 있다는 걸 알아둬야 한다. 그럼에도 불구하고 시가총액이 연매출액의 51배를 넘는다.

테슬라의 경우에도 2020년 기준 연매출액 대비 시가총액은 20배 수준이다. 차지포인트의 주가가 매우 고점에 위치하고 있다는 것을 알 수 있다. 물론 차지포인트는 현재 자기 분야에서 압도적 시장점유율을 보이고 있는 기업으로 테슬라보다 매출액 대비 고평가를 받지 말아야 할 이유는 없다. 다만 현재보다 실적 예상이 더 낮아진다면 시장은 빠르게 철퇴를 들 것이다. 이런 리스크가 존재함을 체크하고 매수하도록 하자.

펀더멘탈

1. 수익 현황(2021년 1분기)

1. 매출액 : 4,051만 달러 (○)
2. 매출액 성장률 : 전년 대비 5.47% 성장, 35.9% 성장 예상 (○)
3. 매출총이익 : 922만 달러(22.8%) (○)
4. 영업이익 : 4,660만 달러 적자 (△)
5. 순이익 : 8,229만 달러(203%) (○)

차지포인트는 전년 대비 5.47%의 매출액 성장률을 보여주었고, 2022년 35.9% 성장할 것으로 전망되고 있다. 차지포인트의 경우 아직 영업이익에서 흑자를 내는 기업은 아닌데 영업비용의 45%가 R&D에 투자되고 있기에 성장주로써 좋은 방향이라고 생각된다.

신기한 점은 갑자기 순이익률이 203%를 찍었다는 것인데, 이것은 자산의 시세변동 등으로 재무제표 상에서만 순이익이 크게 오른 것처럼 보이는 것이다. 실제 영업과는 관련 없는 부분이다. 직접 기업분석을 하다 이런 지표가 보인다면 무시해도 좋다. 어디까지나 매출액이 중요하며 차지포인트의 경우 매출액 성장률이 시장을 만족시켜주지 못한다면 크게 조정을 받을 수 있기에 실적을 꾸준히 관찰해야 할 것이다.

2. 자산 현황(2021년 1분기)

자산 현황		부채 현황	
현금	6억 달러	장기부채	2,200만 달러
1년 내 매출채권	3,400만 달러	세금 부채	1,800만 달러
총 자산	6억 달러	총 부채	4,000만 달러

경쟁 포지션 기업 : Blink Charging, Evgo, Tuscan

057

막힐 일 없는 공중 택시

블레이드

비즈니스 모델

블레이드는 헬리콥터로 승객들을 수송해주는 '헬기택시' 서비스를 제공하는 기업이다. 택시라고는 하나 승객들이 원하는 아무 곳이나 데려다줄 수 있는 건 아니고, 정해진 승강장과 목적지가 있다. 승객들은 애플리케이션으로 헬리콥터 좌석을 예매하여 이용하며 요금은 단거리 기준 약 10만원대다. 블레이드가 제공하는 헬기택시 서비스는 다음과 같다.

1. 단거리 노선 : 도심 내에서 승객들을 수송해주는 서비스로, 뉴욕 서비스의 경우 맨하탄에서 롱아일랜드 간 노선이 있다.
2. 공항 노선 : 공항과 도심 사이에서 승객들을 수송해주는 서비스로, 뉴욕 서비스의 경우 맨하탄에서 뉴욕 라과디아 공항, 뉴욕 존 F. 케네디 국제공항, 뉴어크 리버티 국제공항 간에 운송하는 노선이 있다.
3. 의료 노선 : 환자수송, 이식장기 운반 등 의료 목적을 위해 병원과 병원 사이를 오간다.

필요할 때마다 제공되는 노선이다.

4. 라운지 서비스 : 헬기택시 서비스 외에 고객들이 대기하는 동안 이용할 편의시설 등을 제공한다.

1. 뉴욕 맨해튼 노선 활성화

블레이드는 뉴욕에서 맨하탄과 롱아일랜드를 오가는 사람들의 수가 매해 2,700만 명에 이른다는 점을 봤을 때 공략 가능한 시장의 크기가 매우 크다고 보았다. 그래서 블레이드는 2014년 뉴욕 맨해튼에서 단거리 노선을 처음 개설했고 이후 가능한 많은 승객을 점유하는 것을 목표로 달려왔다.

단거리 노선이 인기를 얻자 블레이드는 2019년 2분기 맨해튼과 가까운 인근 공항을 연결하는 공항 노선을 내놓았고 현재 연간 운행률 2만 건을 자랑하고 있다. 2019년 4분기에는 의료 노선을 시작해 현재는 미국 동부에서 가장 큰 장기수송 업체가 되었다.

2. 서비스 지역 추가

블레이드는 2024년까지 미국 내와 해외의 다양한 지역에 헬기택시 노선을 추가할 계획이다. 미국 내에서는 LA, 샌프란시스코, 시카고 지역에 새로운 노선을 추가했다. 그리고 해외에서는 캐나다, 인도네시아, 일본까지 서비스를 확대할 계획을 하고 있으며 인도에는 이미 진출해 서비스를 운영하고 있다.

3. 유인드론 도입

블레이드는 2024년까지 eVTOL(Electric Vertical Take-Off and Landing Aircraft) 운행서비스를 출

시할 계획이다. eVTOL이란 '수직 이착륙이 가능한 전기 항공기'란 뜻으로 쉽게 유인드론이라고 이해하면 된다. 유인드론의 장점은 소음이 적으며, 더 안전하고 저렴한 운행이 가능하다는 것이다.

벨 사에서 개발 중인 블레이드가 투자한 유인드론 / 출처 : 블레이드

보잉, 릴리움, 조비 에비에이션, 볼로콥터, 벨, 에어버스와 같은 항공기 제조사들이 유인드론의 개발에 뛰어든 바 있으며 블레이드는 이중 벨, 에어버스 사와 각각 파트너십을 맺어 유인드론의 개발을 지원하고 있다.

그동안 블레이드가 제한된 노선 내에서만 헬기택시 서비스를 제공한 이유로는 착륙장 문제도 있었지만 지방정부의 소음 제한 문제도 컸다. 그러나 유인드론이 개발된다면 이러한 문제를 한 번에 해결할 것으로 기대된다. 2024년부터 유인드론을 이용한 자유로운 헬기택시 서비스를 제공하게 된다면 블레이드는 연평균 성장률 80%의 속도로 성장하여 2026년까지 8억 7,500만 달러의 매출액을 경신할 것이라 예측된다.

리스크

1. 가격경쟁력으로 인한 한계

헬리콥터로 정기적인 운송 서비스를 제공하는 회사는 블레이드밖에 없었던 만큼 단기적으로 빠른 성장을 할 수 있었다. 그러나 블레이드가 지금보다 사세를 키우기 위해선 가격

경쟁력을 확보해야 한다. 블레이드는 지금의 제한된 헬기택시 서비스만으로는 규모의 경제를 이루기가 어렵다는 것을 느꼈을 것이다.

또한 유인드론을 개발한 회사들이 블레이드와 같이 헬기택시 사업에 뛰어들 가능성을 생각해봐야 한다. 경쟁사들이 우후죽순으로 생기고 블레이드의 서비스 노하우를 쉽게 카피해버린다면 오히려 블레이드는 유인드론을 직접 제조한 회사와의 가격경쟁에서 밀릴 수밖에 없다.

2. 유인드론 도입 과정에서의 문제
유인드론 개발은 이뤄지고 있지만 개발된다고 무조건 도입할 수 있는 게 아니다. 항공 당국으로부터 허가를 받는 문제가 남아있다. 미국 연방항공국으로부터 제품이 운항하는 데 차질이 있다는 판단을 받거나 허가 절차가 늦어진다면 기업경영 리스크로 다가올 것이다.

펀더멘탈

1. 수익 현황(2021년 1분기)

1. 매출액 : 927만 달러 (○)

2. 매출액 성장률 : 전년 대비 43.7% 성장 (○)

3. 매출총이익 : 160만 달러(17.3%) (○)

4. 영업이익 : 422만 달러 적자 (△)

5. 순이익 : 422만 달러 적자(-45.5%) (△)

전년 대비 43.7% 성장이라는 좋은 매출액을 기록하고 있다. 그러나 블레이드는 상장한 지 얼마 안 된 종목이고 비즈니스 모델이 생소해 애널리스트에 의해 매출액 성장률이 제시되어 있지 않다. 매출총이익률은 17.3%로 준수한 실적을 기록해주고 있다. 성장주 특성상 영업이익과 순이익은 적자에 머물러 있으나 영업비용 중 R&D 비용이 2.6%밖에 차지하지 않는다는 것은 조금 우려스러운 부분이라고 생각된다. 블레이드의 영업비용은 대부분 세일즈, 마케팅, 인건비에 들어간다.

2. 자산 현황(2021년 1분기)

자산 현황		부채 현황	
현금	793만 달러	장기부채	12만 달러
장기투자금	20만 달러	단기부채	156만 달러
1년 내 매출채권	107만 달러	1년 내 매입채무	401만 달러
총 자산	920만 달러	총 부채	569만 달러

경쟁 포지션 기업 : Uber, Lyft, Airbus

058

개인우주관광 시대

버진갤럭틱

비지니스 모델

버진갤럭틱은 억만장자 리차드 브랜슨이 세운 영국 대기업 '버진(Virgin)'의 계열사 중 하나로, 민간 우주관광을 주요 비즈니스 삼고 있다. 승객들은 100km 상공의 우주를 관광하고 무중력을 경험하게 되는데 그 금액은 무려 최소 24만 달러에 이른다. 매우 비싼 가격에 누가 이용은 할까 싶지만 현재까지 예약되어 있는 승객만 700명 이상이다.

버진갤럭틱의 우주선 '유니티'와 모선 '이브' / 출처 : 로이터

버진갤럭틱은 일반적인 로켓 발사와는 다른 방식으로 우주선을 대기권 밖으로 쏘아올린다. 우

주선을 모선 항공기에 매달아 해발 15km 상공까지 올라간 뒤 거기서 우주선이 분리되어 해발 100km 상공까지 올라가는데, 도달 이후 착륙 과정에 이르기까지 승객들은 5분 동안 무중력 상태를 경험하게 된다.

시장 규모 확대

2021년 6월 미국항공국으로부터 '상업용 우주비행 면허'를 받은 버진갤럭틱은 미국에서 관광 형식의 우주여행 영업을 막 시작했다. 버진갤럭틱 CEO인 마이클 콜글래지어에 따르면 현재 버진갤럭틱은 2대의 우주선으로 1년에 400회까지 우주여행을 진행할 수 있다고 한다.

그렇다면 미국 내 우주여행 서비스의 수요는 얼마나 될까? 경제동향조사 기업 MGM리서치에 의하면 2018년 기준 미국 내 3,000만 달러 이상의 현금을 지닌 사람은 약 20만 명이었다.

또한 3,000만 달러 이상의 자산 보유자는 매우 빠른 속도로 늘고 있다고 하는데 2023년에는 24만 명이 될 것으로 전망된다. 예상보다 버진갤럭틱의 예상 고객층이 꽤 많다는 걸 알 수 있다.

2001년 민간인 억만장자 데니스 티토가 처음으로 민간인 우주여행을 했을 당시 티켓의 가격은 2,000만 달러였다. 그랬던 것이 재사용가능 로켓, 여행 간략화 등으로 현재의 24만 달러로 줄어든 것이다. 여기서 더 낮아지지 말라는 법은 없고 우주여행에 대한 신뢰도 쌓여갈 것이다. 그렇다면 우주여행의 수요 또한 점차 늘어날 것으로 기대된다.

경쟁 우주기업의 진출

잘 알려진 민간 우주기업들도 관광형 우주여행 서비스에 속속 도전하고 있다. 일론 머스크가 세운 '스페이스X'는 민간 우주기업 중 가장 뛰어난 업적과 기술을 선보이는 곳으로, 자가 기술력을 이용해 400km 상공에 위치한 국제우주정거장까지 사람을 보낼 수 있게 되었다. 물론 현재는 국제우주정거장까지 여행하는 데 인당 6,000만 달러를 받고 있다.

하지만 스페이스X의 거대로켓은 한 번에 100명의 가까운 사람들을 태울 수 있다. 100명 운행을 실현하면 한 번 발사하는 데 드는 비용은 약 200만 달러까지 떨어질 것으로 예상되며 그럴 경우 티켓 1장 당 2만 달러까지 가격이 떨어질 수 있다고 한다.

거기에 쾌적함을 조금 희생하여 발사 당 여행객을 3배로 늘린다면 우주여행 티켓은 1만 달러대로 떨어질 수도 있다고 한다. 늦어도 2025년까지는 민간 달 여행을 제공할 것이라고 하니 버진갤럭틱 입장에서는 강적이 나타난 셈이다.

아마존의 창업자 제프 베이조스가 세운 '블루오리진'은 버진갤럭틱과 비슷한 프로그램을 테스트하고 있다는 점에서 더 큰 리스크로 와닿는다. 더군다나 블루오리진은 인당 25만 달러 가격에 지구로부터 110km 떨어진 상공까지 올라가 약 11분간의 무중력 경험을 제공한 뒤 다시 지구로 돌아오는 계획을 갖고 있다.

1. 수익 현황(2021년 1분기)

1. 영업이익 : 8,128만 달러 적자 (△)
2. 순이익 : 1억 2,969만 달러 적자 (△)

버진갤럭틱은 영업비용에 막대한 돈을 쏟아왔다. 2019년에는 2억 911만 달러를 2020년에는 2억 3,315만 달러를 각각 사용했고 이것도 부족하여 2021년 5월에는 10억 달러의 유가증권을 발행하여 현금을 조달하겠다고 밝혔다. 유가증권 발행은 쉽게 말해 주주들이 갖고 있는 주식 가치가 희석된다는 것을 의미하는데 주가에는 악영향이 갈 것으로 보인다.

그러나 버진갤럭틱은 민간 우주여행 라이선스 취득부터 수백 명대의 예약 승객까지 돈을 벌 모든 준비가 갖춰진 상태다. 현재 영업을 시작한 가운데 이런 악재를 모두 덮을 정도의 실적을 보여줄 수 있다면 버진갤럭틱의 주가는 당분간 고공행진을 지속할 것이다.

2. 자산 현황(2021년 1분기)

자산 현황		부채 현황	
현금	6억 달러	세금 부채	374만 달러
총 자산	6억 달러	총 부채	374만 달러

경쟁 포지션 기업 : Space X, Blue Origin

fiverr.

프리랜서 모두 모여라

파이버

비지니스 모델

파이버는 2010년 이스라엘에서 설립된 온라인 플랫폼 기업이다. 현재는 주로 미국 내에서 다양한 서비스가 필요한 고객과 그 서비스를 제공해줄 수 있는 프리랜서를 연결해준다. 웹 개발, 디자인, 카피 작성, 연기, 그림 등 다양한 재능을 갖춘 프리랜서들이 자신의 재능을 소개하는 글과 포트폴리오, 서비스 가격표를 플랫폼에 등록해놓았다.

파이버를 사용하는 고객들은 온라인 쇼핑몰에서 상품을 찾듯이 원하는 서비스를 검색할 수 있다. 파이버는 의사소통, 결과물의 배송, 피드백 등 서비스 제공 중에 이뤄지는 모든 과정이 플랫폼 내에서 이뤄지도록 시스템을 갖춰놓았다.

고객이 주문을 접수하고 돈을 지불하면 프리랜서는 그에 맞춰 서비스를 제공하거나 결과 물을 만들어 전달한다. 피드백 과정을 거쳐 서비스가 완료되면 그로부터 14일이 지난 뒤에 프리랜서의 계좌에 금액이 입금된다. 파이버는 고객이 지불한 금액의 25%를 수수료로 가져간다.

이러한 플랫폼을 통해 프리랜서는 과거와 달리 오프라인 환경에서 스스로를 광고할 필요성이 많이 줄어 편안하게 사업을 할 수 있게 되었다.

미래전망

1. 목표시장의 규모

기업의 미래전망을 살펴보기 위해서는 시장의 크기를 가늠해보는 것이 중요하다. 미국 비고용자 통계에 따르면 전체 프리랜서의 수익은 연 8,150억 달러에 육박한다. 파이버의 수수료는 25%이므로 파이버가 노릴 수 있는 목표시장의 크기는 연 2,038억 달러가 된다고 할 수 있다.

2020년 기준 파이버는 연 1억 9,000만 달러의 매출액을 기록했다. 현재 점유하고 있는 시장규모는 목표시장의 0.1%도 되지 못하는 것이다. 이러한 이유로 파이버는 앞으로도 꾸준히 성장해나갈 수 있을 것이라고 예상된다.

이밖에도 파이버는 다음과 같은 확장 전략을 통해 매출액을 높여가고 있다.

1. 해외시장으로의 확장 : 파키스탄과 같은 비영어 국가에서도 서비스를 제공할 예정이다.
2. 업무 카탈로그 확장 : 현재 500개 이상의 카테고리가 있으며 분기마다 약 30개가 추가되고 있다.

2. 소비자의 증가

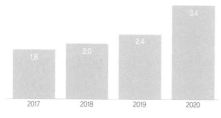

파이버 소비자 숫자 변화(백만) / 출처: 파이버

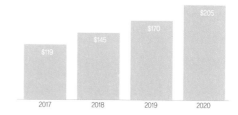

파이버 고객 1인당 지출금액 변화 / 출처: 파이버

파이버의 소비자 숫자 변화에 대한 그래프다. 꾸준히 상승하고 있는 것을 알 수 있다. 2020년 기준 340만 명으로 2019년 대비 41.6%나 상승했다.

한 명의 소비자가 지출하는 금액 또한 매년 상승하고 있다. 2020년은 205달러로 2019년 대비 21% 상승했다.

3. 파이버 비즈니스 런칭

2021년에는 '파이버 비즈니스' 서비스를 런칭할 계획을 갖고 있다. 파이버 비즈니스는 별도의 혹은 동일한 능력을 가진 다수의 프리랜서를 고용하여 하나의 프로젝트에서 일하게 하는 팀고용 방식의 서비스다. 프리랜서들은 비교적 장기간에 걸쳐 고용되기에 조직화된 능력을 발휘할 수 있을 것으로 기대된다. 프로젝트의 완수를 위해 큰 비용을 기꺼이 지불할 수 있는 대형 고객들을 대상으로 한 서비스로, 성공적으로 정착할 경우 파이버의 포텐셜은 한층 성장할 것으로 기대된다.

4. 긱 이코노미의 정착

긱 이코노미(Gig Economy)는 고용자가 필요할 때만 돈을 주고 고용인을 사용하는 방식의 고용 형태를 가리킨다. 코로나 팬데믹으로 인해 우리 사회가 더더욱 긱 이코노미화 된 것이 사실이다. 경영악화, 대면최소화 등의 이유로 기업들은 정규직을 해고하고 그때그때 필요한 프리랜서를 사서 쓰기 시작했다.

그렇다면 코로나가 해소된 뒤엔 이 같은 고용환경의 변화도 원래대로 돌아오게 될까? 파이버의 성장을 두고 코로나 팬데믹으로 인한 반짝 매출이라는 평이 나온다. 팬데믹이 끝나고 프리랜서들이 전통적인 직업으로 돌아가게 된다면 파이버의 매출도 원래대로 돌아올 것이라는 예측이다.

그러나 독일의 경영컨설팅사 롤랜드버거에 따르면 사무직부터 제조업 종사자까지 기업의 긱 이코노미에 대한 수요는 향후 더 높아질 전망이다. 코로나 팬데믹은 긱 이코노미를 만들어낸 것이 아닌 그저 긱 이코노미를 앞당겼을 뿐이

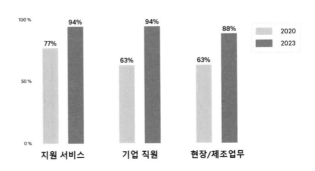

분야별 기업의 긱 노동자 수요 변화 / 출처 : Roland Berger

라고 봐야 한다. 단기적 관점에서는 성장이 앞당겨진 만큼 매출액 성장률은 둔해질 수 있겠지만 거시적 관점에서는 계속 성장가능성이 높은 기업으로 분류되어야 할 것이다.

5. 업워크와의 경쟁

파이버의 중개 수수료는 25%다. 파이버의 경쟁 플랫폼 '업워크'의 수수료가 14.8%라는 점을 봤을 때 파이버는 비교적 높은 수수료를 매기고 있다는 것을 알 수 있다. 매출액 또한 파이버가 1억 8,951만 달러, 업워크가 3억 7,363만 달러로 밀리고 있다. 그렇다면 파이버의 경쟁우위는 무엇일까?

둘은 경쟁 기업이지만 운영 방식이 정확히 반대다. 파이버의 경우 프리랜서가 서비스를 등록하고 고객들이 원하는 서비스를 찾는 방식이라면, 업워크의 경우 고객들이 자신의 필요를 등록하고 프리랜서가 이에 지원하는 방식이다. 어떤 방식이 서비스 제공에 있어서 더 합리적일까? 정답은 없지만 현 시점에서 파이버가 더 늦게 출발했으며 높은 수수료를 책정하고 있음에도 업워크의 시장점유율을 계속 추격하고 있다는 것은 파이버의 체제에 손을 들어줄만한 이유가 된다.

펀더멘탈

1. 수익 현황(2021년 1분기)

1. 매출액 : 6,832만 달러 (○)
2. 매출액 성장률 : 전년 대비 90.43% 성장, 57.8% 성장 예상 (○)
3. 매출총이익 : 5,677만 달러(83%) (○)
4. 영업이익 : 1,382만 달러 적자 (△)
5. 순이익 : 1,784만 달러 적자(-26%) (△)

매출액과 매출총이익은 분기별 신기록을 갱신하며 우상향하는 모습을 보인다. 게다가 매출총이익률은 83%로 굉장히 수익성 높은 비즈니스 모델을 갖고 있다. 성장주이니만큼 영업비용으로 많은 자본이 들어가고 있어 영업이익에서 적자를 보고 있다. 순이익율은 -26%로 2020년에 비해 적자폭이 더욱 커졌는데, 이것은 이번 분기에 직원들을 대상으로 1,040만 달러에 달하는 주식 보상을 해주었기 때문이다.

2. 자산 현황(2021년 1분기)

자산 현황		부채 현황	
현금	2억 달러	장기부채	3억 달러
장기투자금	2억 달러	단기부채	380만 달러
단기투자금	2억 달러	1년 내 매입채무	4,400만 달러
1년 내 매출채권	540만 달러		
총 자산	7억 달러	총 부채	4억 달러

경쟁 포지션 기업 : Upwork, Freelancer Limited

060

애플리케이션을 광고하다

디지털터빈

비즈니스 모델

광고대행사의 경쟁력은 광고를 얼마나 많은 루트로 전달할 수 있는지에 달려 있다. 최근 모바일 광고 생태계에 혜성처럼 나타난 앱광고 전문 기업 디지털터빈은 무엇보다 다양한 '광고채널'의 확보에 힘쓰고 있는 기업이라 할 수 있다.

디지털터빈은 스마트폰 사용자에게 광고주의 앱을 홍보하기 위해 광범위한 광고채널을 구축했다. 앱 개발자들과 파트너십을 맺어 앱을 통해 앱 광고를 제공하는 한편, 스마트폰 출고 단계에서 광고용 앱을 설치할 수 있게끔 글로벌통신사, 스마트폰 제조사 등과 파트너십을 맺었다. 디지털터빈이 제공하는 애플리케이션 광고채널은 다음과 같다.

1. 프리로드 애플리케이션 : 출고할 스마트폰에 미리 깔아놓는 애플리케이션을 말한다. 디지털터빈은 삼성전자, LG, 샤오미와 같은 스마트폰 제조업체, 그리고 버라이즌, AT&T

와 같은 글로벌통신사와 파트너십을 맺어 광고주의 앱을 설치해놓는다. 지금도 한 해 2,000만 대의 출고 스마트폰에 디지털터빈이 의뢰한 앱이 설치된다고 한다.

2. 애플리케이션 광고 : 파트너십을 맺은 앱에서 배너, 팝업, 알림 등의 기능으로 광고를 띄운다. 트위터, 페이스북, 유튜브, 비자, 아마존, 스타벅스, EA 등 이름만 들어도 알만한 대기업들의 앱들이 디지털터빈의 파트너이다.

'앱을 통해 앱을 광고한다'는 사업구조는 꽤 많은 잠재력을 내포하고 있다. 광고주는 또 다른 앱의 광고채널이 되며 광고채널은 다른 앱에 광고를 요청하는 광고주가 된다. 자신들이 출고할 스마트폰에 앱을 설치하도록 디지털터빈에 협조한 통신사와 스마트폰 제조사 중에는 자신들이 개발한 앱을 광고하기 위해 디지털터빈과 파트너십을 결정한 곳도 있다.

미래전망

1. 높은 성장가능성

현재 전 세계 약 5억 대의 안드로이드 스마트폰에는 디지털터빈의 파트너 애플리케이션이 설치되어 있다. 2020년 3분기까지만 해도 6,000만 대 수준이던 것에 비교해 보면 매우 빠른 속도로 성장했다는 걸 알 수 있다.

2020년 모바일광고 시장은 규모는 2,400억 달러 수준이다. 이중 1,900억 달러를 구글과 페이스북이 차지하고 있는데, 디지털터빈은 자신들의 목표시장이 바로 나머지 500억 달러에 있다고 한다. 2020년 디지털터빈의 매출액은 약 3억 1,300만

모바일광고 시장 점유율 / 출처 : 디지털터빈

달러로 아직 목표시장을 1%도 점유하지 못하고 있다.

현재의 낮은 시장점유율과 성장속도를 봤을 때 디지털터빈은 향후 크게 성장할 가능성이 있는 기업이다. 특히 모바일광고 시장은 2025년까지 5,400억 달러 규모로 성장할 것이라 점쳐진다는 점, 2021년에는 5G기기 도입을 위해서 신규 출고 스마트폰이 많을 것이라는 점 등은 디지털터빈에게 더 큰 성장기회가 주어질 것이라는 걸 암시한다.

2. 티모바일과의 제휴 가능성

미국 4대 이동통신사인 티모바일은 그동안 디지털터빈이 파트너십을 맺지 못한 통신사 중 하나였다. 그러나 디지털터빈은 2020년 중순 모바일 콘텐츠 제공사 '모바일포즈(Mobile Posse)'를 인수했는데, 모바일포즈는 티모바일에 뉴스, 날씨, 스포츠, 광고 등의 콘텐츠를 제공하는 계약을 맺은 상태였다.

디지털터빈은 모바일포즈가 티모바일에 제공하는 서비스에 자신들의 광고를 넣으려한다. 이로 인해 간접적으로 티모바일이 디지털터빈의 생태계로 들어온 모양새가 되었다. 티모바일이 새로운 광고채널로 편입된다면 디지털터빈의 매출액 규모는 최대 5,000만 달러 이상 상승할 것으로 기대된다. 또한 인수한 기업 모바일포즈는 디지털터빈의 파트너 AT&T와 버라이즌을 상대로 콘텐츠를 연동시킬 계획인데 여기서는 1억 달러 이상의 매출액 상승 기회가 있다고 보여진다.

리스크

안드로이드 생태계 한정

디지털터빈의 광고 네트워크는 안드로이드 스마트폰을 대상으로만 작동한다. 만약 애플에 밀려 안드로이드 생태계가 줄어든다면 그것은 디지털터빈의 시장점유율에도 직격타가 온다는 것을 의미한다.

1. 수익 현황(2021년 1분기)

1. 매출액 : 9,508만 달러 (○)

2. 매출액 성장률 : 전년 대비 126% 성장, 118% 성장 예상 (○)

3. 매출총이익 : 3,902만 달러(41%) (○)

4. 영업이익 : 1,595만 달러 (○)

5. 순이익 : 3,006만 달러(31.6%) (○)

2021년 1분기 9,508만 달러로 역대 가장 높은 분기별 실적을 기록했다. 2022년에도 118% 성장할 것으로 기대된다. 매출총이익률은 41%로 높은 마진율을 자랑한다.

2. 자산 현황(2021년 1분기)

자산 현황		부채 현황	
현금	3,112만 달러	단기부채	1,400만 달러
1년 내 매출채권	6,198만 달러	1년 내 매입채무	3,400만 달러
총 자산	9,310만 달러	총 부채	4,800만 달러

경쟁 포지션 기업 : Taboola, The Trade Desk

061

Lemonade

AI가 운영하는 보험 서비스

레모네이드

비즈니스 모델

사고가 일어났을 때 무턱대고 보험금을 깎는 모습을 보며 화가 난 경험이 다들 있을 것이다. 보험회사들은 보험료를 많이 받되 보험금은 최대한 주지 않으려고 노력한다. 레모네이드는 이런 보험업계에 고객 우선적인 새로운 비전을 제시하는 기업이다.

1. 인슈어테크

레모네이드는 보험 비즈니스에 AI(인공지능)를 도입해 혁신을 이룩한 '인슈어테크(Insurance + Technology)' 회사다. 레모네이드는 AI를 통해 경영 효율성을 증대시키고 빠른 진단 및 지불 서비스를 제공한다.

레모네이드의 AI는 보험 가입에 필요한 상담과 심사, 보험금 지급에 필요한 보험금 산정과 서류확인을 스스로 처리한다. 보험상품 설계에 있어서도 보험료와 보장범위, 고객 등 복잡한 요소를 고려하여 최고의 모델을 뽑아낸다. 무엇보다 레모네이드는 이러한 업무에 필요했던 인건비를 아낄 수 있는데 약 15~30%의 비용절감 효과가 생길 것으로 기대된다.

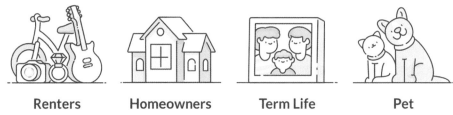

레모네이드의 보험 가입 대상 / 출처 : 레모네이드

레모네이드는 자산, 주택, 라이프, 애완동물 등에 대한 보험서비스를 제공한다. 그런데 이런 보험 서비스 과정에서 레모네이드는 눈앞의 수익보다 고객만족 향상을 최우선 목표로 둔다. 고객의 만족을 증대시켜 다수의 고객을 확보하면 자사의 AI를 학습시킬 수 있는 더 많은 데이터를 얻게 된다. 이렇게 레모네이드는 더 똑똑해진 AI를 확보하게 되고 이는 더 효율적인 보험상품 개발과 더 만족스러운 보험서비스 운용으로 이어진다. AI를 통해 고객만족과 수익 증대를 동시에 추구하는 것이다.

2. 기부로 인한 고객 신뢰 확보

레모네이드는 다른 보험사와는 달리 고객으로부터 받은 수수료의 25%만 수익으로 가져간다. 나머지 75%는 재보험(보험사가 가입한 보험)을 드는 등 가입자가 사고가 일어났을 때를 대비해 비축해놓는다. 그리고 일정 기간 동안 사고가 일어나지 않는다면 레모네이드는 그 이상의 수익을 남기지 않고 남는 비용을 전부 기부한다. 이렇게 될 경우 레모네이드는 보험금을 지급하든 안 하든 수익은 동일하기에 고객의 보험료를 깎을 이유가 없어진다. 고객에게 신뢰를 주기 위해서 수익의 큰 부분을 포기하는 것이다. 추가적으로 고객 또한 자신의 보험금이 좋은 곳에 기부되었다는 만족감을 얻어갈 수 있다.

그렇다면 레모네이드가 보험금의 25%만 가져감으로써 생기는 경영손실이 얼마나 큰지를 살펴볼 필요가 있다. 보험사에는 '보험금 손실률'이라는 게 있어 전체 보험기금 중 얼마가 고객에게 보험금으로 지급되었는지를 나타내는 비율이 있다. 일반적인 보험회사의 보험금 손실률은 65~70%다. 이에 따라 보험사들은 이에 따라 보통 보험기금의 30~35%를 운영 비용 및 이익으로 가져가는 셈이다.

그렇다면 수익률을 25%로 고정해놓은 레모네이드는 다른 보험사보다 5~10%를 덜 가져 가는 게 된다. 위해서 말했듯 AI기술을 통해 운영비용을 절감했기에 이 정도의 손실은 감 내할 수 있을 것으로 사료된다.

미래전망

성장 전망

보험 시장은 6조 달러 규모의 초거대 시장으로 지금도 빠르게 성장하고 있다. 뮌헨 경제연 구소에 따르면 2030년에 전 세계 보험 시장 규모는 8조 달러가 될 것이라고 한다. 이러한 흐름에 맞춰 레모네이드는 정기 생명보험을 가입 상품으로 추가했다. 향후 자동차보험 상 품도 출시할 계획이다.

2019년 1분기 레모네이드의 보험금 손실률은 87%였다. 고객만족에 중심을 둔만큼 초기 에는 수익성이 좋지 않았는데, 차츰 완화되어 2020년 4분기 처음으로 보험금 손실률이 75% 아래로 떨어졌고 이후 70% 초반대를 유지하고 있다. 시간이 지나 인공지능의 정확 성 및 효율성이 개선되고 다양한 보험상품이 출시된다면 레모네이드는 큰 규모의 성장을 이룰 수 있을 것이다.

1. 수익 현황(2021년 1분기)

1. 매출액 : 2,350만 달러 (○)

2. 매출액 성장률 : 전년 대비 11.15% 성장, 41.4% 성장 예상 (○)

3. 매출총이익 : 220만 달러(9.4%) (△)

4. 영업이익 : 4,810만 달러 적자 (△)

5. 순이익 : 4,900만 달러 적자(-208.5%) (○)

레모네이드의 매출액은 우상향하고 있으나 지난 겨울 텍사스에서 일어난 겨울폭풍으로 많은 보험금이 청구됐고 이로 인해 원가비용이 커져 평균 30%를 유지했던 매출총이익률은 9.4%까지 하락했다. 물론 이러한 악재가 없었다고 해서 영업이익과 순이익은 적자를 면할 수 있었던 것은 아니지만 순이익률이 -208.5%까지 떨어지자 주가도 함께 떨어지는 모양새를 보였다. 현재는 다 반영이 되었기에 레모네이드가 좋은 실적을 보여준다면 주가 또한 좋은 흐름을 보여줄 것으로 생각된다.

2. 자산 현황(2021년 1분기)

자산 현황		부채 현황	
현금	11억 달러	1년 내 매입채무	1,630만 달러
1년 내 매출채권	1억 달러		
총 자산	12억 달러	총 부채	1,630만 달러

경쟁 포지션 기업 : Root, Hanover Insurance

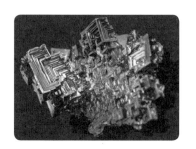

062

미국 유일의 희토류 기업

MP머티리얼스

비즈니스 모델

MP머티리얼스는 미국을 포함한 아메리카 대륙 전체에서 유일한 희토류 기업으로, 캘리포니아에 있는 마운틴패스 광산에서 희토류금속(REM : Rare Earth Metal)을 채굴한다. 희토류는 세륨(Ce), 이트륨(Y), 란타넘(La), 네오디뮴(Nd) 등이 속한 희귀광물을 통칭하는 말로 전기차, 배터리, 스마트폰, 화학제품, 신재생에너지 등의 사업에 필수적으로 사용된다. 희토류 산업은 크게 다음과 같이 구분된다.

1. 채굴 : 광산에서 희토류를 채굴하는 단계다. 채굴한 뒤 각종 불순물과 산화물을 희토류로부터 분리한다.
2. 정제 : 희토류를 공장에서 녹인 뒤 화학적으로 정제한다. 이후 틀에 넣고 산업에 활용할 수 있게 주조한다.
3. 제조 : 공급된 희토류로 자석과 전선 등 다른 사업에 활용되는 기초재료를 만든다.

MP머티리얼스는 '채굴' 단계만 담당하는 기업으로 '정제' 및 '제조' 단계의 희토류 사업은 90% 이상을 중국이 차지하고 있다. 최근에는 전기차 엔진의 영구자석을 만들기 위해 필요한 네오디뮴의 품귀현상이 일어났는데 자원을 빌미로 한 중국의 권한이 막강해지자 희토류가 전략적 자산으로 떠오르기도 했다.

미래전망

1. 미국 정부의 지원

미국은 현재 희토류 원료 공급의 약 78%를 중국에 의존하고 있다. 만약 중국이 미국에 희토류 원료에 대한 표적 수출제한을 건다면 미국 제조업이 타격을 입을 뿐 아니라, 전투기, 미사일과 같은 첨단무기 제조에도 제한이 걸려 국방력이 악화될 수 있다. 미국은 현재 희토류 공급 국산화를 매우 중요한 과제로 놓고 진행하고 있다.

MP머티리얼스는 정치적 상황에 의해 미국정부의 든든한 서포트를 받고 있다. 실제로 미국정부는 2020년 대중국 희토류 의존도를 줄이기 위한 행정명령 13,817호를 발령했고, 이로 인해 미국 유일의 희토류 기업 MP머티리얼스는 960만 달러 투자를 받게 되었다. MP머티리얼스가 보유한 마운틴패스 광산은 한 해 소비되는 희토류의 15%를 채굴할 수 있을 정도로 큰 광산이다. 미국정부는 앞으로도 마운틴패스 광산의 공급이 더 증가할 수 있도록 지원을 아끼지 않을 것으로 판단된다.

2. 네오디뮴 생산 체계 구축

네오디뮴 자석은 전기차 시장이 점차 커지면서 더더욱 중요한 재료가 될 것으로 보인다. 익히 알려진 전기차 기업들 테슬라, 토요타, 폭스바겐, 포드, GM 모두 전기차 모터를 생산하는 데 네오디뮴 자석을 필요로 하고 있다. 2030년쯤에는 전 세계 전기모터용 네오디뮴의 수요가 현재의 5배가 될 전망인데 이는 네오디뮴 자석 한 해 생산량의 절반에 달하는 양이다. 2035년에는 기타 제품의 네오디뮴 수요까지 합쳐 생산된 모든 네오디뮴 자석이 소비될 것으로 전망된다.

MP머티리얼스는 미국방부의 지원을 받아 '네오디뮴 자석'을 완벽히 자체생산하는 것을 목표로 비즈니스를 다양화 하고 있다. 앞서 말한 희토류 산업의 정제, 제조 공정을 구축하는 것이다. 만약 MP머티리얼스가 이른 시일 내에 네오디뮴 자급 체계 구축에 성공한다면 매우 큰 기업으로 성장하게 될 것이다.

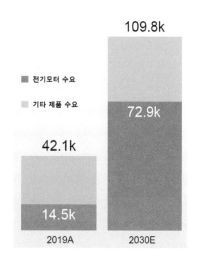

네오디뮴의 수요 변화(톤) / 출처 : 도이치뱅크

펀더멘탈

1. 수익 현황(2021년 1분기)

1. 매출액 : 5,997만 달러 (△)

2. 매출액 성장률 : 전년 대비 113.2% 성장, 71.03% 성장 예상 (○)

3. 매출총이익 : 4,203만 달러(70%) (○)

4. 영업이익 : 2,171만 달러 적자 (△)

5. 순이익 : 1,612만 달러(26.9%) (△)

전년 대비 113.2%라는 매출액 성장률을 보여주었고 내년 동기 71.03% 성장 예상이라는 좋은 기대를 받고 있다. 게다가 매출총이익률은 70%로 IT서비스 기업이 아님에도 굉장히 높은 수치를 기록하고 있다. 영업이익과 순이익에서도 흑자가 나오고 있는 것은 좋으나 영업비용에 2,033만 달러만 투입하는 것은 아쉬운 부분이다. 시장경쟁자가 없는 기업이기에 마케팅에서 밀릴 걱정은 없지만 글로벌 차원에서 새로운 사업을 진행할 기술경쟁력은 확보할 필요가 있다. 향후 MP머티리얼스의 매출액과 매출총이익률이 떨어지는 것은 아닌지 관찰할 필요가 있다.

2. 자산 현황(2021년 1분기)

자산 현황		부채 현황	
현금	11억 달러	장기부채	6억 달러
장기투자금	912만 달러	단기부채	4,100만 달러
1년 내 매출채권	1,390만 달러	1년 내 매입채무	2,700만 달러
		세금 부채	9,100만 달러
총 자산	11억 달러	총 부채	8억 달러

경쟁 포지션 기업 : Lithium Americas, Turquoise Hill Resources, Ivanhoe Mines

063

케이블TV에서 베팅을 한다?
푸보TV

비즈니스 모델

푸보TV는 미국의 OTT(인터넷 스트리밍) 서비스다. 푸보TV의 슬로건은 'Come for the sports, stay for the entertainment'다. 이를 통해 푸보TV의 사업 전략을 엿볼 수 있는데, 스포츠 이벤트 중계로 시청자를 끌어들인 뒤, 다양한 엔터테인먼트를 제공해 고객의 서비스 참여도를 높여 시청자를 유지한다는 것이다. 그렇다면 푸보TV는 시청자에게 어떤 엔터테인먼트를 제공할까?

1. 채널 추천 : 푸보TV는 시청자의 시청기록 등을 바탕으로 머신러닝 기술을 활용하여 해당 고객이 관심 있을 만한 채널과 프로그램을 추천해준다.
2. 스포츠 중계 : 푸보TV는 전 세계 거의 모든 메이저 스포츠 리그와 판권을 계약해 구독자에게 중개해준다. 또한 경기 중계 외에도 스포츠 뉴스 기타 스포츠 엔터테인먼트를 제공한다.

3. 라이브 베팅 : 푸보TV는 스포츠 중계와 함께 라이브 베팅 서비스를 제공한다. 시청자
   는 푸보TV 프로그램을 통해서 라이브 베팅에 참여할 수 있는데, 이는 시청자들의 스
   트리밍 경험을 한층 짜릿하게 만든다.

이렇게 형성된 푸보TV의 코어 시청자 층은 광고수익 면에서도 좋은 실적을 만들어낸다.
광고주의 입장에서 고객들의 참여도가 높은 플랫폼은 더 가치 있는 광고채널로 받아들여
지기 때문이다.

미래전망

1. 높아지는 마진율

2020년 말 기준 푸보TV의 구독자 숫자는 51만 3,894명으로, 2020년 동안 약 39~41%
가 늘었다. 2021년 말에는 76~77만 명의 구독자를 확보할 것으로 예측하고 있다. 좋
아지고 있는 것은 구독자 숫자뿐만이 아니다. 한 명의 구독자를 유치하기 위해 들어가
는 비용을 ACPU(Average Cost Per User)라고 하며, 한 명의 구독자가 벌어다주는 매출액
을 ARPU(Average Revenue Per User)라고 부르는데, 현 시점에서 ACPU는 인당 61.1달러고,
ARPU는 69.1달러로 유저 한 명당 8.8%가 마진으로 남는다.

과거 2018년에는 -4%의 마진율 그리고 2019년에는 0.7%의 마진율을 보여주었다는 것
을 봤을 때 구독자가 빠르게 증가함에 따라 구독자 한 명을 유치하기 위해 들어가는 비용
이 상대적으로 줄어가고 있는 것이다.

스트리밍 서비스 분야는 향후 7년 간 연평균 21%의 성장률로 성장할 것이라 기대를 받
는 시장이다. 푸보TV 또한 수혜를 입을 것이라고 생각된다.

2. 역량 강화

푸보TV는 스트리밍 시장에 서있는 동시에 스포츠 베팅 시장에 서있기도 하다. 2030년 미국 전역의 스포츠 베팅 시장은 300억 달러에 달할 전망이다. 이중에서도 라이브 베팅이 차지하는 비율은 70%에 달하는 만큼 푸보TV의 약진이 기대된다. 푸보TV는 라이브 베팅 서비스 강화를 위해 아래와 같이 많은 준비를 했다.

1. 2020년 12월 '발토스포츠'와 2021년 1월 '빅토리'를 인수하여 스포츠북(사전 베팅 서비스)으로서의 역량을 강화했다.
2. MLB, NBA 등 초거대 리그와 계약하여 합법적으로 스포츠 게임중계를 할 수 있는 자격을 갖췄다.
3. 아이오와주, 뉴저지주, 인디애나주 등에서 스포츠북 플랫폼을 행사할 수 있는 자격을 얻었다.

리스크

도박 기능으로 인한 가입 제한

푸보TV는 도박 기능을 제공하는 OTT 서비스이기에 경쟁 기업에 비해 복잡한 가입 절차와 규제를 받을 가능성이 있다. 관련 법규상 가입자에 대한 추가적인 세부정보가 제출되어야 하며 가입에 일정 시일이 걸릴 수도 있을 것으로 보인다.

스포츠 베팅 기능이 일반 스트리밍 서비스로서 성장하기엔 발목을 잡는 부분이 많은 것이 사실이다. 이러한 상황에서 베팅 기능에 흥미가 없는 고객은 오히려 푸보TV에 대한 가입을 꺼릴지도 모른다. 가입 단계에서 차질이 발생하는지에 따라 푸보TV의 주가는 큰 변동을 보일 가능성이 있다.

1. 수익 현황(2021년 1분기)

1. 매출액 : 1억 1,972만 달러 (○)

2. 매출액 성장률 : 전년 대비 2754.67% 성장, 486.16% 성장 예상 (○)

3. 매출총이익 : 414만 달러 적자(-3.45%) (△)

4. 영업이익 : 6,508만 달러 적자 (△)

5. 순이익 : 7,011만 달러 적자(-58.6%) (△)

푸보TV의 사업은 도입기에 있는 만큼 펀더멘탈도 불안한 것이 사실이다. 더 많은 구독자를 유치하기 위해 영업비용은 앞으로도 더더욱 깨질 것으로 예측된다. 또한 콘텐츠 제공자들은 푸보TV의 덩치가 작다고 해서 계약금을 깎아주지도 않는다. 그러나 2022년 486.16%라는 엄청난 매출액 성장률이 전망되는 만큼 커다란 악재가 없다면 영업이익과 순이익도 조금씩 개선될 것으로 보인다.

2. 자산 현황(2021년 1분기)

자산 현황		부채 현황	
현금	4억 달러	장기부채	3억 달러
1년 내 매출채권	1,700만 달러	단기부채	2,300만 달러
		1년 내 매입채무	2,200만 달러
		세금 부채	400만 달러
총 자산	4억 달러	총 부채	3억 달러

경쟁 포지션 기업 : Skillz, Draftkings, Viacom

064

PC 주변기기는 바로 여기!

커세어

비즈니스 모델

커세어 게이밍은 미국 캘리포니아주 프리몬트에 본사를 둔 컴퓨터 주변기기 및 하드웨어 제조회사다. 마우스와 키보드 등 다른 어떤 장치보다 사용자에 밀착되는 컴퓨터 제품을 만드는 기업으로 고품질의 모델을 지속적으로 출시해 고급 브랜드 이미지를 구축했다. 지금까지 약 2억 개의 제품을 판매해온 커세어는 다음과 같은 2개의 비즈니스 섹터를 갖추고 있다.

1. 게이머&스트리머 주변기기

고성능 게임 키보드, 마우스, 헤드셋, 컨트롤러 및 스트리밍 장비를 제조해 판매한다. 2020년 1억 9,000만 달러의 매출총이익(Gross Profit)을 기록해 2019년 대비 133% 성장률을 보여주었다.

스트리밍 전문 장비로는 비디오 캡쳐카드, 스트리밍 덱, USB 마이크, 스튜디오 엑세서리 및 에폭캠 등을 판매한다. 또한 커세어는 제품을 팔며 전용 소프트웨어를 제공하는 것은 물론 사용법 코칭 및 교육, 콘텐츠 디자인 보조까지 다양한 부가 서비스를 제공한다. 브랜드 이미지 제고를 위해 제조업 이상의 서비스를 제공하는 것이다.

2. 게임용 PC 구성품

고성능 전원 공급장치와 파워서플라이, 쿨링머신, 컴퓨터 케이스, DRAM 모듈 등의 PC 부속 제품을 판매한다. 고급형 PC조립 서비스도 제공하는데 사전 제작 및 맞춤형 게임 PC 등이 있다. 2020년 2억 7,600만 달러의 매출총이익(Gross Profit)을 기록하며, 2019년 대비 93%의 성장률을 보여주었다.

미래전망

1. 게임 시장의 성장

게임 트렌드는 어떻게 변화하고 있을까? 미국 통신사 PR뉴스와이어에 따르면 2020년 기준 미국에서 '비디오 게임을 하는 사람'은 2억 1,400만 명에 이른다고 한다. 이런 가운데 포브스에서 나온 '비디오 게임을 하는 시간'에 대한 조사를 보면 2020년 기준 게이머들은 매주 약 7시

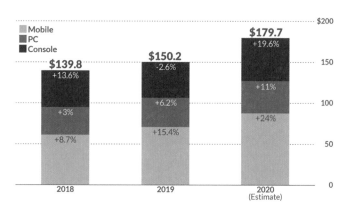

모바일·PC·콘솔 분야별 게임시장 규모 변화(10억 달러) / 출처 : IDC

간 7분을 플레이한다고 한다. 이는 2018년에 비해 약 20% 증가한 수치이다.

게임 시장의 규모 자체도 커지고 있다. 2020년 전체 게임 시장은 2019년 대비 20% 성장하며 1,800억 달러 규모로 성장했다. 이는 2019년 전 세계 영화산업과 미국 프로 스포츠의 매출액을 합친 것보다 많은 규모다. 또한 차세대 플레이스테이션과 XBOX가 출시되면서 2026년에는 2,870억 달러의 매출액을 갱신할 것으로 전망되고 있다.

게임 스트리밍 분야 또한 계속 커지고 있다. 스트리밍 플랫폼 트위치에서 사람들이 보낸 시간은 계속해서 사상 최고기록을 보여주고 있다. 미국 전역에서 통행제한 정책이 해제된 지 제법 됐음에도 사람들은 계속 스트리밍 서비스를 떠나지 못하는 것이다. 코로나 팬데믹이 끝나도 게임 그리고 스트리밍 문화에 대한 인기는 계속 이어지리라는 것을 의미한다.

2. 과매도 현상

위처럼 훌륭한 실적을 보여줬음에도 불구하고, 2021년 5월 초 실적발표 당일부터 커세어의 주가는 10%가량이 빠졌다. 하락한 이유를 굳이 꼽자면 첫 번째는 커세어가 고평가 상태였다고 시장이 판단했다는 점, 두 번째는 상장한 지 얼마 안 된 성장주들에 대한 전반적으로 좋지 못한 분위기가 있었다는 점이다.

과연 커세어의 밸류에이션은 고평가일까? 커세어의 시가총액은 29억 2,000만 달러로, 2020년 실적 기준 시가총액÷연매출액(P/S 멀티플) 값은 1.71 그리고 시가총액÷순이익(P/E 멀티플) 값은 28.28이다. 결코 높지 않다. 거기에 70%가 넘는 매출액 성장률까지 보여준 기업 치고는 너무 저평가되어있다고 생각된다. 그러므로 실적발표 후 있었던 커세어의 주가 하락은, 양적완화로 과열된 시장에 대한 공포감에 의한 하락이었다고 봐야 할 것이다.

3. 인수 활동

커세어는 다음과 같은 인수를 통해서 꾸준히 성장하는 스트리밍 및 e스포츠 시장의 비즈니스를 다양화하려 하고 있다. 이러한 인수를 통해 커세어는 스트리밍 제품과 PC 제품을 전부 취급하는 원스톱 상점을 구축해 게임 산업의 중심에 서고자 한다.

1. Elegato : 웹캠, 오디오 장비와 같은 스트리밍 주변 장치를 판매하는 유통업체다.
2. Scuf Gaming : 반응성이 뛰어나고 더욱 편안한 그립감을 선사하는 게임 전용 컨트롤러 제조업체다.
3. Gamer Sensei : e스포츠 코치와 게이머를 연결하는 네트워크 서비스 업체다.

4. 커세어 VS 로지텍

커세어는 최근 '영혼의 라이벌' 로지텍에 비해서 더 좋은 퍼포먼스를 보여주고 있다. 로지텍 경영진에 따르면 매출액 성장률 예상치가 당분간 변함없거나 또는 5% 낮출 수 있다는 의견을 냈다. 로지텍의 사세가 커세어보다 큰 것은 사실이나 머지않아 커세어 또한 로지텍의 매출총이익률에 도달하게 되리라 생각된다.

펀더멘탈

1. 수익 현황(2021년 1분기)

1. 매출액 : 5억 2,941만 달러 (○)
2. 매출액 성장률 : 전년 대비 65.43% 성장, 12.8% 성장 예상 (△)
3. 매출총이익 : 1억 6,033만 달러(30.3%) (○)
4. 영업이익 : 6,729만 달러 (○)

5. 순이익 : 4,672만 달러(8.8%) (○)

2021년 1분기 5억 2,941만 달러의 매출액을 달성했는데 2020년 3분기 이후 꾸준히 좋은 흐름을 보여주고 있다. 다만 애널리스트들은 2022년 성장률은 12.8%로 성장세가 한풀 꺾이리라 예측했다. 영업이익은 6,729만 달러로 전년 대비 404.5%의 성장률을 보여주었다. 가장 놀랄 만한 것은 커세어의 순이익으로 2020년 1분기 대비 3700%의 성장률을 보여주었다. 단 1년 사이에 커세어가 얼마나 많이 성장을 했는지 보여주는 실적이라고 할 수 있겠다.

이러한 흐름으로 인해 커세어는 자신들의 2021년 매출액 예측치를 20억 7,000만 달러로 설정하는 자신감을 보여주었다. 2020년 대비 약 23.53% 정도의 상승률이다. 이러한 실적과 예측치는 커세어 제품에 대한 수요가 꺾이지 않으리라는 것을 어느 정도 보장한다.

2. 자산 현황(2021년 1분기)

자산 현황		부채 현황	
현금	1억 달러	장기부채	3억 달러
1년 내 매출채권	3억 달러	1년 내 매입채무	2억 달러
		세금 부채	3,000만 달러
총 자산	4억 달러	총 부채	5억 달러

경쟁 포지션 기업 : Logitech, Turtle Beach, Plantronics

065

원격의료 혁명

텔레닥

비지니스 모델

텔레닥은 가상 및 원격의료 서비스를 제공하는 회사다. 2002년에 설립되어 지금까지 약 130개국 5,000만 명 이상의 사람들에게 의료 서비스를 제공했다. 텔레닥이 제공하는 의료 서비스의 종류는 다음과 같다.

1. 원격의료 : 텔레닥에 의해 고용된 의사들이 텔레닥이 제공하는 원격 의료 플랫폼을 통해 환자에게 진료 서비스를 제공한다.
2. 건강관리 코칭 : 환자 스스로가 자신의 건강을 관리할 수 있는 능력을 키워주기 위해 의료인력이 원격 소통장치로 일상 속의 환자를 케어·지도한다.
3. 만성질환 케어 : 만성질환 환자의 병세 악화를 예방하고 위기상황 시 조기에 대처하기 위해 바이탈 정보와 생활을 모니터링하는 서비스다.

텔레닥은 의사협회 '텔레닥 P.A(Physician Association)'와의 계약 형태로 의료 노동력을 공급받고 있다. 텔레닥을 통해 원격 의료 사업을 하고 싶은 의사들은 우선 텔레닥 P.A에 가입해야 한다. 의사들 상당수는 오프라인 진료를 별도로 보고 있기도 하다.

또한 텔레닥은 환자 개개인과 계약하는 것이 아닌 보험회사와 계약해 보험 가입자에게 의료 서비스를 제공하는 방식으로 운영되고 있다. 이른바 'B2B2C'라 불리는 비즈니스 형태로 대량고객 확보에 용이하다는 이점이 있다. 대신 텔레닥 가입자들도 의료 서비스 이용 시에는 정기 보험료 외에 개인부담금을 지불해야 한다.

미래전망

1. 리봉고 인수

텔레닥은 2020년 중순 원격의료 사업자 '리봉고'를 인수했다. 리봉고는 디지털 기술을 활용한 환자 모니터링, 환자 휴먼코칭 분야의 강자였으며, 만성질환 환자에 대한 생체측정 및 행동 데이터 7억 5,000만 개를 보유하고 있었는데 이를 통해 텔레닥은 자신들의 만성질환 케어 사업 분야를 보강할 수 있었다.

원격의료 시장은 향후 5년 동안 연평균 성장률 38%로 커질 전망을 보이고 있다. 이렇게 높은 성장률을 가진 시장에서 텔레닥만이 유일하게 집중진료, 사회보장, 응급진료, 후유증 케어, 환자 감시 등 전 방위에 걸친 원격의료 서비스를 제공해줄 수 있는 기업이 되었다. 모두 리봉고와의 합병으로 인해 가능했던 것으로 텔레닥은 세계 최대 규모의 원격의료 기업으로서 이제 높은 시장 점유율을 통해 돈을 쓸어담을 기회를 엿보고 있다.

2. 의료 취약지역으로 확장

텔레닥은 원격의료를 통해 전 세계 모든 사람에게 전인적 치료*를 제공하는 것을 목표로 한다. 실제로 텔레닥은 의료 서비스가 취약한 인도에서 진가를 발휘한 바 있다. 인도 남부의 미낙쉬 병원에서 텔레닥은 16개의 모바일 진료장비를 사용하여 외래환자와 의료진에 대한 진단 및 모니터링, 임상검사를 성공적으로 수행했다.

이외에도 텔레닥은 인공지능과 사물인터넷 기술을 원격의료 서비스에 접목하여 다양한 제품을 내놓아 의료 취약지대에 대한 서비스를 강화할 예정이다.

3. 텔레닥의 주가 대비 실적

텔레닥의 주가는 2021년 1월 290달러 고점을 찍은 뒤 하락한 상태다. 하지만 텔레닥의 2021년 1분기 매출액은 4억 5,368만 달러로 전년 대비 125.72%라는 높은 성장률을 보여주었다. 그중 미국에서 벌어들인 수익만 4억 1,600만 달러로 가입자는 전년 동기 대비 20% 늘어난 5,150만 명이 됐다.

외국에서의 매출액은 전체 매출액의 8.7%밖에 되지 않으나 175개국에서 서비스를 넓혀가고 있는 만큼 앞으로 큰 성장이 기대된다.

또한 텔레닥의 매출액이 앞으로도 계속 오를 수 있는 이유는 가입자 1인당 월평균 진료비 변화 그래프에서 찾아볼 수 있다. 2021년 1분기 1인당 2.24달러를

텔레닥 가입자 월평균 진료비 / 출처 : 텔레닥

---

* 　병든 육체뿐만이 아니라 환자의 삶 전반을 모두 돌보는 치료

기록해 전 분기 대비 27% 상승을 이뤘다. 이는 텔레닥 가입자들이 점차 다양한 서비스를 사용하기 시작했다고 해석할 수 있다.

1. 수익 현황(2021년 1분기)

1. 매출액 : 4억 5,368만 달러 (○)
2. 매출액 성장률 : 전년 대비 125.72% 성장, 67.22% 성장 예상 (○)
3. 매출총이익 : 3억 772만 달러(67.8%) (○)
4. 영업이익 : 8,468만 달러 적자 (△)
5. 순이익 : 1억 9,965만 달러 적자(-44%) (△)

매출액 및 매출총이익은 역대 가장 높은 실적이다. 2022년 동기 매출액 성장률도 67.22%로 꾸준히 성장할 것으로 전망되고 있다. 텔레닥의 매출총이익률은 67.8%로 원가비용을 효과적으로 관리하여 마진율 높은 사업을 이어나가고 있음을 증명한다.

다만 영업이익과 순이익에서 큰 폭의 적자를 보고 있는데 영업이익은 시장점유율을 높이기 위해서라지만 순이익은 왜 이리 많이 빠졌냐고 생각할 수 있다. 그러나 이것은 리봉고를 인수하면서 지불해야 하는 세금으로 인해 발생한 것이다.

2. 자산 현황(2021년 1분기)

자산 현황		부채 현황	
현금	7억 달러	장기부채	14억 달러
단기투자금	253만 달러	단기부채	1,300만 달러
1년 내 매출채권	1억 달러	1년 내 매입채무	3,400만 달러
.		세금 부채	8,400만 달러
총 자산	8억 달러	총 부채	15억 달러

경쟁 포지션 기업 : Livongo Health, Amwell, Amazon

066

3D프린터로 이루는 산업혁신

나노디멘션

비즈니스 모델

나노디멘션은 2014년부터 3D프린팅 기술을 개발하기 시작한 이스라엘 회사로 지금은 3D프린터를 제조해 판매하고 있다. '드래곤플라이LDM'은 공업용 3D프린터로 2019년에 출시되었는데 한 대에 25~35만 달러에 판매되고 있다. 고객들은 이 3D프린터를 이용해 고성능 안테나, 센서, IoT기기, PCB 등의 산업제품을 프린팅 할 수 있다.

중소형 기업들은 PCB를 비롯한 시제품 제조를 위해 외주를 맡기는 경우가 많다. 나노디멘션은 드래곤플라이LDM을 도입함으로 인해 몇 주에 걸리는 시제품 제작 프로세스를 짧게는 몇 시간 안으로 줄일 수 있다고 제안한다. 이에 응한 고객들로는 L3해리스, 헨솔트, 이탈리아기술연구원 등이 있다.

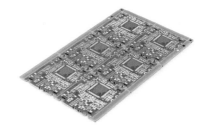

PCB(Printed Circuit Board : 인쇄회로기판)

나노디멘션은 3D프린터의 판매를 위해 '레이저 블레이드'라는 소모품 위주의 비즈니스 모델을 내놓았다. 3D프린터의 가격은 낮추어 구매 기회를 높이고 3D프린팅 원료와 소프트웨어를 반복적으로 판매해 수익을 거두는 것이다. 더 많은 3D프린터가 팔릴수록, 더 많은 소비재가 판매되어 선순환의 구조가 완성될 수 있다.

미래전망

1. 3D프린터의 시장규모

3D프린터의 사이즈가 작아지고 가격이 내려가면서 3D프린팅 기술은 점차 많은 관심을 받기 시작했다. 특히 복잡하게 구성되어 있는 PCB를 프린팅하듯 제작해낼 수 있다는 아이디어는 충분히 매력적이다.

IT 전문매체 데이터인텔리전스에 의하면 3D프린터 시장은 2020년부터 2027년까지 39.5%의 연평균 성장률을 보일 것으로 예상된다. 그리고 2029년이면 최소 23억 달러 규모의 시장을 얻을 수 있으리라 생각된다. 나노디멘션은 자신들의 3D프린터 매출액이 2029년까지 24%의 연평균 성장률을 기록할 것이라고 제시했다.

2. 딥큐브와 나노페브리카 인수

나노디멘션은 최근 기업 딥큐브와 나노페브리카를 인수했다. 이로 인해 나노디멘션은 3D프린터가 스스로 오류를 검토하게 만들기 위한 딥큐브의 'AI·딥러닝 기술'과, 나노페브리카의 'DLP 3D프린팅 기술'을 손에 넣게 되었다. DLP(Digital Light Processing)는 자외선을 이용해 액상 레진을 굳히는 3D프린팅 방법으로 나노디멘션의 한 층씩 얇게 쌓아 프린팅하는 FDM(Fused Deposition Modeling) 방식과 다른 형태의 3D프린팅 기술이다.

나노패브리카의 창립자 존 도너에 의하면 나노패브리카와 나노디멘션의 3D프린팅 기술이 통합하게 되면 3D프린팅 스피드를 5배, 수율을 20배나 높일 수 있을 것이라고 한다. 3D 프린터에 대한 수요 증가와 함께 3D프린터의 퍼포먼스도 향상시킬 수 있다면 나노디멘션의 매출액은 빠른 속도로 증가할 수 있다.

리스크

1. 아직 너무 작은 매출 규모

드래곤플라이LDM의 가격은 35만 달러이나 2020년에는 60개, 2019년에는 50개를 팔았다. 결코 큰 규모의 매출이 아니다. 이렇게 적은 양이 수주되는 이유는 3D프린터의 용도가 여전히 '기업의 프로토타입 생산'에만 머물러 있기 때문이다. 3D프린터의 용도 다양화와 그로 인한 대량생산이 이뤄질 때가 나노디멘션의 터닝포인트가 되리라 생각한다.

나노디멘션의 공업용 3D프린터 드래곤플라이LDM

2. 높은 밸류에이션

5년간 연평균 1,000만 달러 이상의 영업비용 사용과 400만 달러가 안 되는 매출액, 2021년 6월 기준 190억 달러 규모의 시가총액, 10회의 유상증자 발행을 통해 충원한 15억 4,000만 달러의 경영자금 등은 기업의 퍼포먼스에 있어 큰 물음표를 자아내게 만든다. 이에 반해 발행된 주식의 숫자는 상장한 이후 30배나 늘어났다.

3. 경쟁사 대비 작은 매출 규모

기업	시가총액	연매출액	매출총이익률
매터리얼라이즈	31억 달러	2억 7,600만 달러	55%
프로토랩스	46억 달러	6억 2,100만 달러	50%
3D시스템스	14억 달러	2억 1,800만 달러	40%
스트라타시스	11억 2,000만 달러	3억 8,600만 달러	44%
데스크톱메탈	51억 달러	1,800만 달러	−91%
나노디멘션	25억 4,000만 달러	461만 달러	54%

3D프린터 기업 실적 비교(2021년 2월) / 출처 : 블룸버그 & Seeking Alpha

3D프린터를 제조하는 기타 경쟁사들과 나노디멘션을 비교해보면 매출 실적에 비해 나노디멘션의 시가총액이 과하게 높다는 것을 알 수 있다. 매출총이익률이 높다는 것이 그나마 다행이다.

펀더멘탈

1. 수익 현황(2021년 1분기)

1. 매출액 : 81만 달러 (△)

2. 매출액 성장률 : 전년 대비 42.33% 하락 (△)

3. 매출총이익 : 26만 달러(32%) (△)

4. 영업이익 : 961만 달러 적자 (△)

5. 순이익 : 931만 달러 적자(−1147%) (△)

나노디멘션의 매출액은 81만 달러로 수주 규모가 큰 물건을 파는 만큼 실적이 크게 오르락내리락 하는 모습을 보인다. 매출총이익률은 나쁘지 않으나 여전히 순이익률은 −1147%로 흑자로 전환하려면 오랜 시간이 걸리리라는 것을 보여준다.

2. 자산 현황(2020년 4분기)

자산 현황		부채 현황	
현금	5억 달러	장기부채	200만 달러
단기투자금	8,500만 달러	1년 내 매입채무	600만 달러
1년 내 매출채권	184만 달러		
총 자산	6억 달러	총 부채	800만 달러

경쟁 포지션 기업 : 3D Systems, The ExOne

067

스마트 안경의 시작
뷰직스

비즈니스 모델

뷰직스는 '스마트 안경'이라 불리는 웨어러블 장치를 설계, 제조, 판매하는 회사다. 사용자는 기기를 이용해 컴퓨팅 작업을 하거나 현실 정보와 연동되는 다양한 AR 콘텐츠를 즐길 수 있다. 뷰직스가 구성하고 있는 스마트 안경 제품은 다음과 같다.

뷰직스의 스마트 안경은 점차 일반 안경의 형태와 유사해지도록 발전하고 있다. 'M400, M4000'과 같은 초기 모델은 안경이라기보단 안경에 보조장치처럼 장착해 사용하며 조작은 주로 스마트폰을 통해서 이뤄진다. 실제로도 산업 근로자의 보조장

뷰직스 스마트 안경 제품군 / 출처 : 뷰직스

치로 활용되며 카메라, 터치패드, 버튼 및 음성인식 기능이 내장되어 있고 안드로이드 운영

체제를 기반으로 작동한다. 다만 가격은 4,000달러 수준으로 상당히 비싼 편이다.

2020년 하반기에 양산에 들어간 신형 모델 '블레이드'로 가게 되면 가격은 1만 2,000달러대로 오른다. 비싼만큼 디스플레이는 자동차의 HUD(Head Up Display)처럼 실제 안경에 시각적으로 투사되는 방식이다. '블레이드 오퍼레이팅 시스템'을 사용하면 간단한 손짓 및 탭을 통해 스마트폰을 조작할 수 있다. 굳이 휴대폰을 꺼내지 않고, 손짓으로만 많은 기능을 사용할 수 있는 것이다.

1. 늘어나는 수주량

뷰직스의 주가는 앞으로 얼마나 많은 고객이 스마트 안경을 구매하느냐에 달렸다. 뷰직스는 2021년 3월 '리오틴토'라는 금광회사와 파트너십을 체결했다. 리오틴토는 전 세계에서 가장 많은 구리와 금을 매장하고 있다고 알려진 몽골의 오유톨고이 광산을 보유한 기업으로 광산 업무의 안전성 및 업무 효율성을 증대시키기 위해 스마트 안경을 도입한다.

같은 달에 뷰직스는 미국의 주요 보험회사 한 곳으로부터 M400모델 40만 달러 어치에 대한 수주를 받았다고 밝히기도 했다. 이뿐만이 아니다. 뷰직스는 마이크로소프트 화상회화 서비스인 '팀즈'와 파트너십을 체결해 M400과 M4000 안경을 공급하기로 했다고 밝혔다.

2. 급속도로 성장하는 AR시장

투자사 아크인베스트먼트에 따르면 AR시장은 오늘날 10억 달러 규모에서 2030년 1,300억 달러 규모로 확대될 전망이다. 또한 시장조사업체 마켓앤마켓에 따르면 산업용 AR 솔루션은 헬스케어, 리테일, 이커머스 등에서 770억 달러 규모의 시장을 갖게 될 것으로 예측했다.

뷰직스의 스마트 안경은 의료수술 분야에도 사용되고 있다. 한 예로 대만의 치메이 병원에서는 뷰직스 제품을 착용한 의사가 환자에 대한 정보를 체크하며 심혈관 수술을 진행했다. 또한 미국의 루이빌 의과대학에서는 의사 수련 과정에 뷰직스 제품을 활용하여 320명 이상의 의대생을 교육하고 있다.

리스크

1. 높은 밸류에이션

지금 뷰직스의 '시가총액÷연매출액'(P/S 멀티플) 값은 53.79로 굉장히 고평가된 상태이다. 지금의 주가가 정당화되려면 매출액이 현재의 두 배 이상 올라야 한다. 2021년 예상 매출액이 2,204만 달러로 예정되는 가운데 2022년의 매출액이 4,200만 달러 수준을 보여주지 못한다면 주가는 조정을 맞이할 것으로 보인다.

2. 늘어나는 경쟁사들

2021년 3월 마이크로소프트는 자사의 AR 디바이스 홀로렌즈2를 활용한 AR서비스 플랫폼 '메시(Mesh)'를 공개했다. 메시는 서로 다른 장소에 있는 인원이 홀로그래픽 기술로 현장 접촉을 할 수 있는 경험을 제공한다. 현재는 만들어진 아바타를 홀로그래픽 기술로 투사하는 정도이지만 시간이 지남에 따라 스스로의 이미지를 홀로그램화시켜 의사소통을 할 수 있게 될 전망이다.

이밖에도 퀄컴, 페이스북과 같은 대기업이 AR시장에 뛰어들어 경쟁이 심화되고 있다. 그러나 이들의 사업모델은 B2C로 산업현장에 필요한 스마트 안경을 설계하는 뷰직스의 비즈니스 모델과는 조금 차이가 있겠다.

1. 수익 현황(2021년 1분기)

1. 매출액 : 392만 달러 (○)

2. 매출액 성장률 : 전년 대비 104.5% 성장, 84.89% 성장 예상 (○)

3. 매출총이익 : 108만 달러(27.6%) (○)

4. 영업이익 : 658만 달러 적자 (△)

5. 순이익 : 664만 달러 적자(-169.6%) (△)

뷰직스의 매출액은 전년 대비 104.5% 성장했고 2022년에도 84.89% 성장할 것으로 전망된다. 매출총이익률 또한 27.6%로 나쁘지 않다. 비록 영업이익과 순이익은 적자이고 영업비용이 매출액의 2배에 달하지만 영업비용의 52.8%는 R&D로 나가고 있다. 뷰직스는 성장주기에 시장점유율을 높이기 위해 공격적으로 영업비용을 늘리는 것은 바람직한 움직임이다. 부채 대비 보유 현금도 많은 만큼 펀더멘탈은 건전한 편이라고 볼 수 있겠다.

2. 자산 현황(2021년 1분기)

자산 현황		부채 현황	
현금	1억 달러	장기부채	94만 달러
1년 내 매출채권	134만 달러	단기부채	55만 달러
		1년 내 매입채무	133만 달러
		세금 부채	4만 달러
총 자산	1억 달러	총 부채	286만 달러

경쟁 포지션 기업 : eMagin, Kopin, Microvision, Microsoft

068

Senseonics™

환자의 삶을 지키는 의료기기
센서닉스

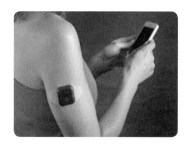

비즈니스 모델

센서닉스는 이식형 혈당감시 장치인 CGM(Continuous Glucose Monitoring)을 제조하는 의료기기 전문회사다. CGM을 혈당감시가 필요한 당뇨병 환자들의 신체에 이식하여 일상생활에서 환자의 혈중 포도당 수준을 측정하고 결과를 아이폰 또는 안드로이드 스마트폰의 앱으로 보낸다. 그리고 측정 결과 환자의 건강에 이상이 있다면 이를 사용자와 의사에게 알린다.

센서닉스의 제품으로는 90일 동안 당뇨병 환자의 포도당 수치를 측정하는 '에버센스'와 180일 동안 측정하는 '에버센스XL'이 있다. 에버센스는 2018년에 FDA승인을 받았으며, 에버센스 XL은 유럽에서 승인된 상태고 FDA승인은 2021년 3분기에 예정되어있다.

에버센스의 경우 사용 시 하루에 두 번씩 충전이나 키트를 갈아주는 등 환자가 자가정비를 해줄 필요가 있었다. 그러나 센서닉스는 점차 이러한 정비 텀을 늘려나갈 계획이다. 에버센스XL은 하루에 한 번의 정비만 필요하며, 2023년 출시될 에버센스365는 1주일에 한 번의 정비만 필요하다고 한다.

미래전망

1. 기술 격차로 인한 시장점유율 상승

2020년 미국에서 당뇨병 진단을 받은 사람의 수는 3,400만 명이다. 매우 빠르게 늘어나고 있는데 이에 맞춰 CGM 시장은 2025년까지 연평균 16%의 성장률로 커져나가 43억 달러 규모가 될 것으로 예측되고 있다.

현재 CGM 시장은 덱스컴, 애벗랩스, 메드트로닉이 삼분하고 있으나 이들의 CGM기기는 일반적으로 3일에서 길어봤자 14일만 사용할 수 있다. 그에 반해 에버센스XL은 180일까지 사용 가능하니 센서닉스의 기술에는 CGM 시장을 뒤엎을 수 있는 엄청난 잠재력이 있는 것이다. 이러한 기술 격차를 통해 센서닉스는 장기적으로 두 자리 수의 성장률을 보이게 될 것으로 판단된다.

2. 아센시아와의 파트너십

2020년 8월 센서닉스는 125개국 약 1,000만 명의 고객 환자를 보유한 당뇨병 전담회사 '아센시아'와 파트너십을 체결했다. 아센시아는 70년 동안 당뇨병 사업에서 신뢰를 쌓아온 회사로 혈당 모니터링 기기 BGM(Blood Glucose Monitoring) 시장의 리더이다. CGM 기기를 사용할 땐 주기적으로 내부 툴킷인 BGM을 갈아줘야 하는데 아센시아와 센서닉스가 독점 규격을 맺기로 협약한 것이다.

BGM은 당뇨병 환자들이 흔히 갖고 다니는 혈당측정기다. 그리고 BGM 제품을 검색해본다면 가격경쟁을 벌이고 있는 수십 개의 공급업체가 있다는 것을 알 수 있을 것이다. 아센시아는 레드오션이 된 BGM 시장의 상황을 타개하기 위해 매출액 규모가 자신보다 250배나 작은 센서닉스에 투자한 것으로 보인다.

아센시아는 센서닉스에게 전환사채(주식으로 전환할 수 있는 부채)로 3,500만 달러를 제공하고 향후 5년 동안 2억 5,000만 달러의 돈을 투자하여 두 제품의 마케팅을 진행한다. 센서닉스의 입장에서는 자신보다 250배나 연매출액이 큰 기업의 마케팅망을 사용할 수 있게 된 것이다.

3. 에버센스365 출시

2021년 3분기 말 에버센스XL에 대한 FDA 승인과 함께 센서닉스는 시장점유율을 늘려나갈 것으로 기대되지만, 실제 게임체인저는 '에버센스365'가 될 것으로 보인다. 에버센스365는 기존에 시장에 없던 '제2형 당뇨병' 환자용 CGM 역할까지 가능하다. 앞서 말한 경쟁사 덱스컴, 애벗랩스, 메드트로닉 모두 제1형 당뇨병 환자용 CGM만 판매해왔다.

제1형 당뇨병의 경우 인슐린이 분비되지 않아 생기는 당뇨병이라면 제2형 당뇨병은 인슐린이 분비되더라도 제대로 기능이 작동하지 않아 생기는 당뇨병이다. 같은 당뇨병이지만 체크해야 할 혈액 내 성분 종류가 다르다. 현재 제2형 당뇨형 환자는 BGM 장치에만 의존하고 있기에 매번 손가락을 찔러 혈액을 채취해야 하는 어려움을 감수하고 있다.

에버센스365 장치는 365일 동안 작동하며 설치하는 데도 5분밖에 걸리지 않는다. 만약 에버센스365가 상용화된다면 제2형 당뇨병 환자는 모두 센서닉스의 기기를 사용하게 될 것이다. 그렇게 된다면 센서닉스의 매출액은 2025년 2억 달러에 이를 것으로 예상된다.

1. 수익 현황(2021년 1분기)

1. 매출액 : 285만 달러 (△)

2. 매출액 성장률 : 전년 대비 56.69% 하락, 15.7% 성장 예상 (○)

3. 매출총이익 : 52만 달러(18.5%) (○)

4. 영업이익 : 1,132만 달러 적자 (△)

5. 순이익 : 2억 4,951만 달러 적자(−8797.2%) (△)

2021년 1분기 매출액은 285만 달러로 과거에 비해 둔화된 모습이나 점차 회복해갈 것으로 보인다. 순이익률이 자그마치 −8767.2%인데 이것은 공정가치 조절에 의한 것이다. 기업은 일반적으로 옵션과 선물 기능을 사용하여 보유자산의 가격변동과 거래량 변화에 대한 위험을 완화시키곤 한다. 이러한 위험회피 효과를 재무제표에 반영하는 과정에서 1억 8,000만 달러라는 비용이 추가로 발생한 것이니 크게 신경쓰지 않아도 된다고 볼 수 있다. 매출총이익이 천천히 개선되는 모습을 보여주고 있기에 펀더멘탈은 차츰 좋아질 것으로 예상된다.

2. 자산 현황(2021년 1분기)

자산 현황		부채 현황	
현금	1억 달러	장기부채	5,295만 달러
1년 내 매출채권	169만 달러	단기부채	512만 달러
		1년 내 매입채무	93만 달러
총 자산	1억 달러	총 부채	5,900만 달러

경쟁 포지션 기업 : DexCom, Abbott Labs, Medtronic

069

농장 위를 나르는 산업용 드론

에이지이글

비즈니스 모델

에이지이글은 산업용 드론을 판매하는 회사로 이들의 제품은 주로 농업현장에서 논밭의 이미지 데이터를 수집하는 용도로 사용된다. 에이지이글은 단순히 드론 기기만 만드는 것이 아닌 이미지정보 수집 센서와 농업에 도움을 줄 수 있는 데이터 분석 솔루션을 함께 제공한다. 주력 모델인 'RX-60', 'RX-48'의 경우 현재 50개국 200만 에이커 면적의 농사에 사용된다고 집계되고 있으며 농업 생산성을 향상시키고 작물 수확량과 이익을 증가시키는 데 도움을 주었다고 한다.

1. 드론 제작

'RX-60', 'RX-48'은 에이지이글이 5년에 걸쳐 개발한 산업용 드론이다. 까다로운 비행 조건에서도 비행할 수 있는 구조, 근적외선 필터가 장착되어 있는 카메라, 각종 자재를 뿌릴 수 있는 발사기, 자동비행용 소프트웨어 등이 내장되어 있다.

2. 에이지 솔루션

대마 및 기타 상업용 작물에 대한 데이터 분석 기능을 제공하여 농업 생산성을 높여주는 시스템이다. 드론은 자동으로 농장의 사진을 찍고 클라우드에 사진을 업로드한다. 분석 소프트웨어는 데이터를 분석하여 사용자의 컴퓨터 및 테블릿 장치로 농장의 상태를 알려주며 어떤 조치를 취해야 하는지 제안해준다. 농장 이미지를 분석할 능력이 없는 농부를 위해 설계된 솔루션이다.

3. 맞춤형 드론 제작

오염 제거, 물류, 운송, 인프라검사, 보안 및 공공안전, 보험, 통신과 같은 다양한 산업 수요에 맞는 드론 솔루션을 개발해주는 서비스다. 에이지이글은 엔지니어링 능력과 숙련된 인력을 통해 산업 수요를 맞춰나가려고 하고 있다.

미래전망

농업용 드론 시장의 성장

미국은 전 세계 농업용 드론 시장의 29.6%를 차지하는 나라다. 더군다나 미국은 세계에서 가장 많은 양의 농산물을 수출하는 국가로, 향후 세계 식량수요 증가에 대비해 농업용 드론 도입을 더욱 확대할 것으로 보인다. 시장조사업체 마켓앤마켓에 따르면 2020년 미국의 농업용 드론 시장규모는 3억 5,000만 달러이며 2025년까지 연평균 31.7% 성장률로 고속 성장해 1,250억 달러 규모가 될 것이라 한다.

또한 바이든 행정부 기조로 인해 미국 내 대마초 합법화가 이뤄진다면 대마 재배에 특화되어 있는 에이지이글의 농업솔루션은 더욱 각광을 받을 것으로 예상된다.

1. 부족한 기술력

에이지이글은 드론 제조 기술력 면에서 경쟁사에 밀리는 모습을 보인다. 특히 RX-60, RX-48은 경쟁사 모델에 비해 내구력과 주행거리 면에서 아직 부족한 것이 사실이다. 또한 에이지이글의 소프트웨어 시스템은 자체개발이 아닌 기업인수를 통해 확보된 것으로, 데이터를 실현 가능한 정보로 변환하는 데 많은 어려움을 겪고 있다.

2. 편향된 거래처 의존도

고객	2020	2019
거래처A	94.4%	55.8%
거래처B	–	12.2%

에이지이글 공시자료 고객별 매출 현황 / 출처 : SEC 공시자료

에이지이글은 매출이 거의 없는 상황이지만 매출의 분포도도 점차 나빠지고 있다. SEC 공시자료에 에이지이글의 고객별 매출을 보면 2019년에는 거래처A에서 55.8%가 거래처B에서 12.2%가 판매되었다. 이러던 것이 2020년에는 거래처A에서 94.4%가 팔리는 것으로 바뀌었다. 이렇게 거래처 면에서 편향된 모습을 보이는 것은 좋은 시그널이 아니다.

1. 수익 현황(2021년 1분기)

　1. 매출액 : 170만 달러 (○)

2. 매출액 성장률 : 전년 대비 304.34% 성장 (○)

3. 매출총이익 : 108만 달러(63.5%) (○)

4. 영업이익 : 296만 달러 적자 (△)

5. 순이익 : 293만 달러 적자(-172.2%) (△)

2021년 1분기 매출액 170만 달러를 기록하며 전년 대비 304.34% 성장했다. 그러나 에이지이글은 급격한 매출액 변동을 보이는 기업이기에 언제 다시 하락할지 모른다. 또한 영업비용에서 매출액 대비 많은 돈이 깨지고 있음에도 매출액 대비 R&D 비용은 25%에서 13%로 줄었다. 신생기업으로서 현재는 무엇보다 기술력 향상에 집중해야 하는데 R&D 투자액을 늘릴 수 없다는 점은 장기적인 악재로 남을 것으로 예상된다. 겉모습만 봤을 때는 여타 성장주와 비슷한 모습을 하고 있으나 매출액을 안정적으로 수급해오지 못한다면 누가 봐도 괜찮은 투자처로 평가받긴 어려울 것이다.

2. 자산 현황(2021년 1분기)

자산 현황		부채 현황	
현금	2,419만 달러	장기부채	89만 달러
단기투자금	50만 달러	단기부채	34만 달러
1년 내 매출채권	38만 달러	1년 내 매입채무	49만 달러
총 자산	2,507만 달러	총 부채	173만 달러

경쟁 포지션 기업 : Ehang, Aero Vironment, Trimble

070

유전자변형 연어가 소비자를 기다린다

아쿠아바운티

비즈니스 모델

아쿠아바운티는 '유전자 조작된 연어 AAS(Aqu—Advantage Salmon)'를 길러 제품화하는 기업이다. 아쿠아바운티는 연어 난자에 성장촉진제를 주입해 태어난 지 18개월 만에 마리당 4kg이 나가도록 키운다. 이 방법을 사용하면 일반 연어를 같은 무게로 키우는 것보다 사료 양을 25% 아낄 수 있다.

FDA는 2015년 아쿠아바운티의 유전자변형 연어에 대한 양식 및 판매를 허가해주었다. 대신 아쿠아바운티는 자연적으로 사육된 연어와 유전자편집 기술로 사육된 연어가 섞이지 않도록 철저히 구분하고 있다.

재순환양식 시스템
자연 연어와 유전자편집 연어가 섞이지 않도록 아쿠아바운티는 별도의 실내 환경을 조성하여 연어를 기른다. 자연생태계와 완벽히 격리해 양식하는 것인데 이를 재순환양식 시스템이라 한다.

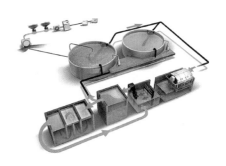

아쿠아바운티 재순환양식 시스템
출처 : Fish Farming Revoluiton

재순환양식 시스템의 핵심은 자가 수처리 시설에 있다. 이로 인해 최소한의 용수 보충만으로도 고밀도로 연어를 사육할 수 있게 된다. 그런데 이러한 완전격리 방식의 양식은 몇 가지 이점을 더 가져온다.

연어 양식에 가장 지장을 주는 요소는 질병이다. 전통적인 자연시설을 활용한 양식 과정에서 연어들의 18~20% 정도는 질병으로 폐사한다. 하지만 재순환양식 시스템 속에서 연어들은 질병감염 위험이 거의 없다고 볼 수 있다. 아쿠아바운티는 설비구축에 들어간 비용을 이러한 이점으로 상쇄시켜나가고 있다.

미래전망

1. 시장의 성장 및 성숙화

세계 최대 연어 생산업체인 노르웨이의 '모위'가 작성한 보고서에 따르면 아시아를 제외한 유럽, 아메리카에서는 연어식품 시장의 규모가 매년 성장하고 있다. 게다가 연어 회사들간의 합병 또한 활동적으로 일어나고 있는데 2000년도에 110개에 달했던 연

대륙별 연어 시장 변화 / 출처 : 모위

어 회사들은 인수합병되어 45개로 줄었다. 점점 산업이 성숙화되어가고 있는 것을 보여준다.

2. 미국 내 유일한 연어 생산기업

한편 미국에서 연어를 양식하는 회사는 유일하게 아쿠아바운티밖에 없다. 비록 유럽 기업들의 유통망이 이미 미국에도 잘 갖춰져 있긴 하지만 유일한 토착기업으로서의 이점이 아예 없다고는 볼 수 없을 것이다. 현지 기업의 장점을 살려 시장점유율을 높여갈 수 있다.

3. 유전자변형 상품 추가 개발

아쿠아바운티는 연어에서의 경험을 살려 기타 유전자변형 무지개송어와 같은 새로운 물고기에 대한 비즈니스도 검토하고 있다. 2019년 기준 무지개송어 유통 시장은 95만 톤으로 연어 시장의 40% 수준이지만 수익 파이프라인만 잘 구축된다면 10~20%의 매출액을 상승시킬 동력이 된다.

4. 브라질 당국 승인

브라질 생물안전 기술위원회는 아쿠아바운티의 제품이 환경과 인체 건강에 안전한 것으로 평가했다. 이것은 아쿠아바운티가 미국과 캐나다를 넘어 해외로 시장점유율을 확대할 수 있는 좋은 소식이다. 브라질을 시작으로, 아르헨티나, 중국, 이스라엘과 같은 시장까지 진출할 수 있는 계기가 될 것이다.

5. 중국 내 양식장 설립

아쿠아바운티는 아시아에서 시장점유율을 높일 수 있을 것으로 보인다. 중국의 연어 시장에 대해서 다룬 리포트에 의하면, 중국 내에서 소비되는 연어의 60%가 수입산에 의존하고 있다고 한다. 연어 양식에 큰 비용이 들어가며 품질 또한 외국에 비해 떨어진다는 것이 수입의 이유인데, 세계 어디서나 양식장만 지으면 같은 품질의 연어를 기를 수 있는 아쿠아바운티의 기술을 이용한다면 이러한 문제도 해결할 수 있을 것으로 보인다. 중국에 추가 양식장을 설립한다면 아시아 시장에서의 시장점유율 또한 높일 수 있을 것으로 기대된다.

리스크

1. 시장성 검증 필요

유전자편집 연어 양식 기술은 연구·개발된 지 30년이 됐지만, 상용화된 지는 얼마 되지 않은 기술이다. 안전성 검증은 받았으나 시장에서 건강과 맛 등에 대해 다시 한 번 검증받을 필요가 있다.

2. 경쟁사의 재순환양식 시스템 도전

'웨스트코스트살몬, 홀오션 그리고 노르딕아쿠아팜스' 등 전통적인 수산업 업체들이 재순환양식 시스템으로 연어를 사육할 계획을 하고 있다. 이로 인해 아쿠아바운티가 가진 장점이 상쇄될 수 있다.

펀더멘탈

1. 수익 현황(2021년 1분기)

1. 매출액 : 7만 4,000달러 (○)

2. 매출액 성장률 : 전년 대비 104.26% 성장, 258.44% 성장 예상 (○)

3. 매출총이익 : 148만 달러 적자(-1990%) (△)

4. 영업이익 : 408만 달러 적자 (△)

5. 순이익 : 416만 달러 적자(-5592%) (△)

아쿠아바운티는 4억 3,700만 달러의 시가총액을 가진 매우 조그마한 규모의 기업이다. 비록 매출액도 7만 4,000달러로 적은 편이나 전년 대비 104.26%의 성장을 보여주었고 2022년 276.92%의 매출액 성장률을 보일 전망을 갖고 있다. 다만 업종 특성상 규모의 경제를 달성할 때까지는 계속 매출총이익률에서 손실을 볼 것으로 예상된다. 매출총이익률이 -1990% 달한다는 것은 아직 아쿠아바운티의 펀더멘탈이 매우 빈약하다는 것을 보여준다.

-5592%라는 순이익률도 아쿠아바운티가 빠른 속도로 돈을 잃어가고 있음을 보여준다. 아쿠아바운티의 자산현황을 봤을 때 향후 몇 년 간 버틸 체력은 있다고 보이는 바 매출액 성장률을 유심히 살펴보면서 투자할 필요가 있다.

2. 자산 현황(2021년 1분기)

자산 현황		부채 현황	
현금	211만 달러	장기부채	890만 달러
		단기부채	37만 달러
		1년 내 매입채무	155만 달러
총 자산	211만 달러	총 부채	1,083만 달러

경쟁 포지션 기업 : Evogen, Mowi ASA

부록
———
미국주식 기업분석 시크릿

미국주식 기업분석 시크릿

앞부분에서는 기업정보를 알려주는 데 치중했다면 여기서는 조금 더 실무적인 이야기를 해야겠다. 필자가 기업을 분석할 때 정보를 찾고 수집하는 요령을 설명해보려 한다. 사실상 여기서 필자가 공개하는 '시크릿'을 따라하기만 하면 당신도 어떤 기업이든 간단하게 분석할 수 있다.

본문에서 필자가 기업에 대해 분석할 때 다루는 정보는 '비즈니스 모델', '미래전망', '리스크', '펀더멘탈', '밸류에이션(주가 현황)'이 있었다. 여기서도 이러한 구분에 따라 각 파트별 정보수집 방법을 알아보겠다.

어디서 어떤 버튼을 눌러 어떤 정보를 봐야 하는지까지 자세하게 구성했다. 만약 영어에 약하다 해도 걱정하지 말자. 관련기사 등 해석해야 할 글이 나올 땐 웹브라우저의 번역 기능을 사용하면 된다.

그리고 여기서도 기업 하나를 예시로 들어 설명해보려 한다. 얼마 전 서학개미들을 광풍으로 몰아넣었던 종목 'AMC'다. AMC는 미국 인터넷 커뮤니티 '레딧'의 주도로 개인투자자들에 의해 가격이 폭등한 종목이다.

개인투자자들은 AMC에 거액의 공매도를 건 기관투자자들을 골탕 먹이고자 이러한 작전을 벌인 것인데, 결과적으로 AMC의 주가는 끝없이 올라갔고 작전은 대성공이었다.

가격이 폭등하면서 얼떨결에 한 번 더 회생의 기회를 얻은 AMC지만 경영 상황을 분석해보면 이 책에 수록된 어떤 기업보다 문제가 많은 기업이다. 필자가 AMC를 예시 기업으로 삼은 이유 또한 여기에 있다. 분석 과정을 통해 '오래 들고 있지 말아야 할 기업'의 요건엔 어떤 것들이 있는지 살펴보자.

비즈니스 모델

기업을 분석하기 위해서는 가장 먼저 기업의 비즈니스 모델을 파악해야 한다. 미국 기업의 비즈니스 모델을 파악하는 데 가장 정확한 내용을 제공하는 곳은 바로 미국 증권거래위원회 SEC(Securities and Exchange Commission)다. 미국의 모든 상장기업들은 SEC에 주기적으로 자신들의 사업과 경영 현황을 보고해야 한다. 우리는 이 사업 리포트를 통해 기업에 대한 정보를 파악할 수 있다.

SEC 사업 리포트 검색

1. 'SEC.gov'에 접속한다.

2. 오른쪽 상단의 검색창에 찾고 싶은 기업을 입력한다.

3. 자동검색 결과상에 해당하는 기업을 누른다.

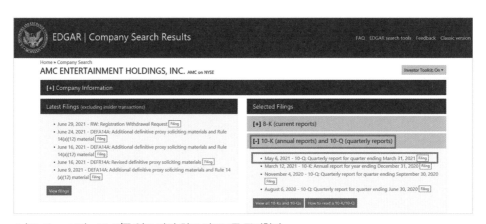

4. '10-K and 또는 10-Q'를 열고 가장 최근 리포트를 클릭한다.

5. 기업의 분기별 사업 리포트를 볼 수 있다.

필요한 정보만 빠르게 확인하면 되니 영문 리포트에 겁먹지 말길 바란다. 브라우저의 텍스트 찾기 기능을 이용해 'Overview(개요)'를 검색하면 기업이 어떤 사업을 하는지 알 수 있다.

개요

AMC는 세계 최대의 연극 전시 회사이자 혁신 및 운영 우수성 분야의 업계 리더입니다. 미국, 유럽, 사우디 아라비아 등 13 개국에서 극장을 운영하고 있습니다.

우리의 연극 전시회 수익은 주로 매표소 입장 및 극장 식음료 판매에서 발생합니다. 수익의 잔액은 온 스크린 광고, AMC Stubs® 고객 충성도 프로그램에서 얻은 수수료, 극장 강당 대여, 기프트 카드 수입 및 교환 티켓 판매, 온라인 발권 수수료 등의 보조 출처에서 생성됩니다. 2021 년 3 월 31 일 현재 우리는 945 개의 극장과 10,518 개의 스크린을 소유, 운영 또는 이해하고 있습니다.

박스 오피스 입장권 및 영화 콘텐츠

매표소 입장은 우리의 가장 큰 수익원입니다. 우리는 주로 주요 영화 제작 회사가 소유 한 배급사 및 독립 배급사로부터 영화 및 극장 단위로 "최초 상영" 영화에 대한 라이선스를 부여합니다. 영화 전시 비용은 해당되는 입장료 수익 및 당사의 영화 라이선스에 따른 최종정산 추정치를 기준으로 발생합니다. 이러한 라이선스에는 일반적으로 임대료가 사진을 열기 전에 설정된 총 조건을 기반으로한다고 명시되어 있습니다. 특정 상황에서 그리고 드물게, 우리의 임대료는 사진의 결론에 따라 상호 합의 된 합의를 기반으로합니다. 일부 유럽 지역에서는 다음주의 비율 예측을 위해 매주 임대료가 설정됩니다. 일부 유럽 라이선스는 1 인당 계약을 대신 사용합니다. 영화 상영 전에 장기 계약을 통해 합의된 티켓 당 고정 금액을 지불합니다. 집계 조건 공식에 따라, 우리는 일반적으로 배포자에게 박스 오피스 총액의 지정된 비율을 지불하거나 다른 박스 오피스 총액에 연결된 백분율을 척도에 따라 지불하거나 유럽에서는 출시 이후 주 수를 기준으로 지불합니다. 합의 과정은 영화가 실제로 어떻게 수행되는지에 따라 협상을 허용합니다.

웹브라우저 번역 기능을 사용하자!

위 내용을 요약하자면 AMC는 세계최대의 영화 유통사로 미국, 유럽, 사우디아라비아 등

13개국에서 영화관을 운영하고 있다. 2021년 1분기 기준 945개 극장, 1만 518개의 스크린을 소유하고 있으며 주요 수익은 영화 관람권과 극장 및 식음료 판매에서 발생한다.

AMC ENTERTAINMENT HOLDINGS, INC.

CONDENSED CONSOLIDATED STATEMENTS OF OPERATIONS

	Three Months Ended	
(In millions, except share and per share amounts)	March 31, 2021	March 31, 2020
	(unaudited)	
Revenues		
Admissions	$ 69.5	$ 568.0
Food and beverage	50.1	288.1
Other theatre	28.7	85.4
Total revenues	148.3	941.5

AMC의 2021년 1분기, 2020년 1분기 매출액(단위는 100만이다)

다음으로 텍스트 찾기 기능을 통해 'Revenue(매출액)' 및 'Business Segment(사업 영역)'를 검색하면 기업이 어떤 사업영역에서 얼마의 실적을 내고 있는지를 알 수 있다. 위 화면과 같이 AMC는 Admissions(영화 입장권), Food and beverage(식품 및 음료), Other theatre(기타 극장수익) 등으로 수익을 낸다. 2021년 1분기 기준 영화 입장권 매출액은 6,950만 달러로 전체 매출액의 46% 수준이다. 그리고 전년도 동기 매출액과 비교해보면 2021년 1분기 매출액은 매우 저조한 상태임을 알 수 있다.

미래전망과 리스크

기업의 미래전망과 리스크를 확인할 때 이용할 사이트는 Finviz, Seeking Alpha 두 가지가 있다.

1. Finviz
기업과 관련된 뉴스를 한꺼번에 몰아볼 수 있다. 이밖에도 기관투자자들이 해당 기업 주가에 대해 낸 매수/매도의견을 모아볼 수 있는 대단한 기능을 제공한다.

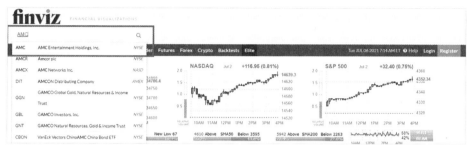

1. 'elite.finviz.com'에 접속한다.

2. 왼쪽 상단의 검색창에 찾고 싶은 기업을 입력한다.

3. 자동검색 결과창에 해당하는 기업을 누른다.

May-26-21	Downgrade	B. Riley Securities	Buy → Neutral	$16
Apr-05-21	Upgrade	B. Riley Securities	Neutral → Buy	$7 → $13
Feb-01-21	Downgrade	MKM Partners	Neutral → Sell	$1
Nov-03-20	Reiterated	B. Riley Securities	Neutral	$4.50 → $3.50
Oct-12-20	Reiterated	B. Riley Securities	Neutral	$5.50 → $4.50
Sep-14-20	Reiterated	B. Riley FBR	Neutral	$4 → $5.50
Aug-31-20	Reiterated	Wedbush	Neutral	$4 → $7
Jun-29-20	Downgrade	Credit Suisse	Neutral → Underperform	$4 → $2
May-27-20	Upgrade	MKM Partners	Sell → Neutral	$5
Apr-23-20	Downgrade	Macquarie	Outperform → Neutral	$5
Apr-20-20	Upgrade	B. Riley FBR	Sell → Neutral	$0.25 → $4
Apr-15-20	Downgrade	Imperial Capital	Outperform → In-line	$7 → $2
Apr-13-20	Downgrade	B. Riley FBR	Neutral → Sell	$3.50 → $0.25
Apr-09-20	Downgrade	MKM Partners	Neutral → Sell	$7.50 → $1
Apr-08-20	Downgrade	Loop Capital	Hold → Sell	$1
Mar-24-20	Downgrade	Credit Suisse	Outperform → Neutral	$12 → $4
Mar-20-20	Downgrade	Wedbush	Outperform → Neutral	$12 → $3
Mar-19-20	Reiterated	Imperial Capital	Outperform	$20 → $7
Mar-18-20	Downgrade	Citigroup	Buy → Sell	$12 → $1
Mar-18-20	Downgrade	Barrington Research	Outperform → Mkt Perform	

4. 결과 페이지에서 스크롤을 아래로 내리면 '기관투자자 매수/매도 의견 모음'을 볼 수 있다.

날짜별로 매수의견(Upgrade), 매도의견(Downgrade), 유지의견(Reiterated)을 어떤 기관이 냈는지, 얼마까지 주가가 상향/하향할 것이라 보았는지를 알려준다.

Jul-06-21	06:18AM	Here's My Least Favorite Meme Stock to Buy Motley Fool
Jul-05-21	01:02PM	10 Biggest Hedge Fund Casualties of Reddit WallStreetBets Short Squeezes Insider Monkey
	10:05AM	AMC's New Trick Is Brilliant, Too Motley Fool
	06:26AM	Should You Buy AMC Stock Now? Motley Fool
	06:06AM	5 Ultra-Popular Stocks to Avoid Like the Plague in July Motley Fool
	05:52AM	3 Stocks to Buy That Are Critically Important to AMC's Future Motley Fool
Jul-04-21	06:31AM	Which Meme Stocks Have the Most 10X Potential? Motley Fool
Jul-02-21	07:46PM	Is AMC Stock A Buy Or Sell Now? Here's What Fundamentals, Stock Chart Act... Investor's Business Daily
	03:07PM	Dow Jones Rallies As Apple, Microsoft Lead; AMC Stock Dives; Tesla Delivery ... Investor's Business Daily
	03:00PM	AMC Entertainment Pump Exceeded Average Life, Says Research Firm FX Empire
	12:34PM	Why AMC Entertainment Shares Are Down Nearly 10% Today Motley Fool
	12:18PM	Robinhoods biggest business risks as it prepares for IPO Yahoo Finance
	11:29AM	AMC Stock: The Short Call Sending AMC Entertainment Shares Lower Today InvestorPlace
	10:39AM	AMC shares fall after Iceberg Research discloses short position Reuters
	09:42AM	Owning stocks is a privilege of the few: Betterment CEO Yahoo Finance Video
	09:00AM	INVESTOR ALERT: Labaton Sucharow Pursuing Arbitration for Robinhood Trading Restric... ACCESSWIRE
	08:13AM	Forget AMC Stock: This Entertainment Stock Offers Investors Much More Motley Fool
Jul-01-21	04:04PM	Robinhood IPO To Tap Meme Stocks Crowd As Filing Reveals Soaring Growth Investor's Business Daily
	01:24PM	Robinhood files S-1 to go public in IPO Yahoo Finance
	12:18PM	Why Meme Stocks Like AMC Entertainment Are Moving Today Motley Fool
	10:50AM	Digital stock trading likely to see 'more regulation': Betterment CEO Yahoo Finance
	09:46AM	Morning Brief: Values year, but growth's quarter Yahoo Finance Video
	07:13AM	Will Movie Theaters Survive or Even Thrive in 2022 and Beyond? Motley Fool

5. 스크롤을 아래로 더 내리면 '기업 관련기사 모음'을 볼 수 있다.

날짜별로 기업에 대해 나온 다양한 매체의 기사를 모아볼 수 있다. 기업의 주가가 상승하거나 하락할 때 그 이유를 다루는 뉴스, 주주로서 알아둬야 할 소식과 리스크 정보 등이 다뤄지니 투자하고 있는 기업이 있다면 참고해야 한다.

2. Seeking Alpha [유료]

필자가 가장 많이 사용하는 웹사이트다. 기업에 대한 관련기사는 물론 애널리스트들의 분석 리포트를 보고 다양한 관점을 익힐 수 있는 곳이다.

1. 'seekingalpha.com'에 접속한다.

2. 왼쪽 상단의 검색창에 찾고 싶은 기업을 입력한다.

3. 자동검색 결과창에 해당하는 기업을 누른다.

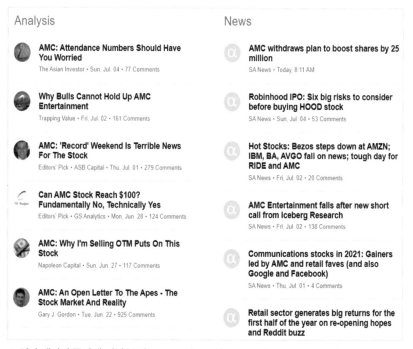

4. 결과 페이지 중단에 기업 분석(Analysis) 리포트와 뉴스를 알려주는 란이 있다.

분석 리포트 란의 첫 번째 게시글은 'AMC: Attendnace Numbers Should Have You Worried'로 'AMC의 관객 수에 대한 우려'를 말하고 있다. 리포트는 미국 내 코로나 팬데믹이 해소되어가고 있지만 AMC의 영화관 매출 회복이 충분하지 못하다는 사실을 전한다. 그리고 이러한 회복 저조의 원인으로 영화산업 자체가 이미 하향산업에 도달했기 때문이라는 분석을 내린다.

코로나 팬데믹 당시 넷플릭스, 디즈니+, 파라마운트+와 같은 스트리밍 서비스가 영화관 상영을 대체하며 가져간 매출액이, 코로나 팬데믹이 끝나도 원래대로 돌아가지는 않는다는 것이다.

리포트는 이와 같은 분석을 말하고 있다. 한국 웹에서는 찾아보기 힘든 관점으로 아직도 AMC를 손에 쥐고 있는 국내 서학개미들은 코로나 팬데믹이 종식되면 AMC의 극장 매출액이 곧바로 2019년과 같이 돌아갈 것이라 믿고 있다. Seeking Alpha를 통해 다음과 같은 정보도 얻을 수 있었다.

구 분	직책 – 인원	매도 수량	매도 가격
2021.04.16.	CFO – Sean Goodman	45,404	9.488달러
2021.04.22.	EVP – John McDonald	50,000	9.92달러
2021.03.26.	CCO – Elizabeth Frank	60,000	10.11달러
2021.03.13.	CCO – Elizabeth Frank	40,000	13.56달러
2021.03.23.	EVP – Stephen Colanero	100,000	10.5217달러
2021.04.16.	SVP – Daniel Ellis	10,000	9.483달러
2021.03.29.	SVP – Daniel Ellis	20,000	10.258달러
2021.03.16.	SVP – Chris Cox	29,068	12.86달러

앞의 표는 2021년 AMC 경영진이 AMC의 주식을 판매한 내역이다. CFO(최고재무관리자), EVP(전무, 부사장), CCO(최고영업책임자), SVP(상무) 등 다양한 경영 책임자가 많은 양의 자사 주식을 매도한 것을 알 수 있다.

일개 직원이 스톡옵션으로 받은 주식을 매도하는 것이 아닌 경영진이 보유한 주식을 매도하는 경우는 기업경영 상태에 대한 강한 의구심을 불러일으키게 한다. 경영진만큼 기업에 대해 잘 아는 사람이 없는데, 그런 그들이 주식을 판다는 것은 기업의 미래가 꽤 나쁘게 점쳐지고 있다는 것으로 받아들일 수 있다.

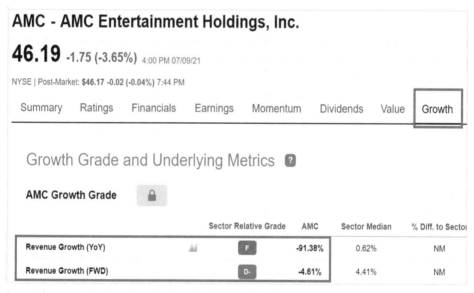

'Growth' 버튼을 누르면 기업과 관련된 다양한 지표를 볼 수 있다.

이밖에도 Seeking Alpha에서는 기업의 다양한 경영 지표를 확인할 수 있다. 특히 매출액 성장률을 보여주는 지표가 중요한데 'Revenue Growth(YoY)'는 과거와 현재의 매출액을 비교한 지표로 최근 12개월의 매출액이 그 전 12개월의 매출액 대비 어떤지를 보여주는 수치다. AMC는 -91.38%를 보이고 있다. 그리고 'Revenue Growth(FWD)'는 현재와 미래의 매출액을 비교한 지표로, 현재 미국 회계연도(10월~9월) 매출액 대비 다음 회계연도 매출액이 얼마나 성장할지 애널리스트들이 예측해놓은 결과의 평균을 낸 것이다.

본문에 수록된 기업들의 매출액 성장률 또한 이곳에서 가져온 것이다. Seeking Alpha의 다른 기능은 유료이지만 이 기능은 무료로 이용할 수 있으므로 잘 활용하기 바란다. Seeking Alpha를 제대로 이용하려면 월 19달러 상당의 금액을 지불해야 한다. 하지만 충분히 그 값어치를 한다.

밸류에이션(주가 현황)

기업의 주가 현황을 진단할 때 이용하는 사이트는 Y-Chart가 있다.

Y-Chart [유료]
Y-Chart는 기업의 주가와 관련된 다양한 지표를 확인해볼 수 있는 웹사이트다.

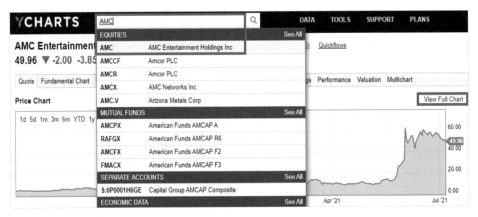

1. 'ycharts.com'에 접속한다.

2. 왼쪽 상단의 검색창에 찾고 싶은 기업을 입력한다.

3. 자동검색 결과창에 해당하는 기업을 누른다.

4. 'View Full Chart'를 눌러 차트확인 창으로 이동한다.

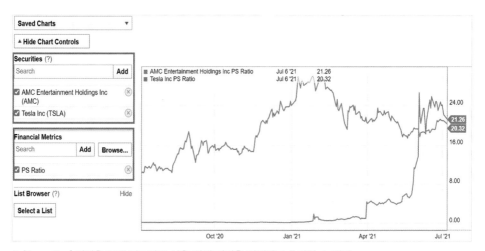

5. 'Securities' 영역을 통해 비교하고 싶은 경쟁 기업을 검색하고 추가할 수 있다.

6. 'Financial Metrics' 영역을 통해 확인하고 싶은 주가 지표를 검색하고 추가할 수 있다.

위의 그래프를 보면 바닥을 기던 AMC의 'P/S 멀티플'이 2021년 6월 테슬라를 앞지른 것을 볼 수 있다. 본문에도 자주 소개된 P/S 멀티플은 시가총액을 연매출액으로 나눈 지표다. 테슬라는 미래 시장을 선도할 것으로 기대되는 꿈의 기업이기에 이렇게 주식에서 고평가를 받는 것이다. 반면 AMC는 테슬라 이상으로 미래가 기대되는 기업이었던가? 이렇게 다른 기업과 주가 현황을 비교해보면 기업의 해당 주가가 얼마나 고평가되어 있는지, 저평가되어 있는지를 알 수 있다. 우리가 살펴봐야할 주가 현황의 종류는 다음과 같다.

- P/S 멀티플(Price/Sales Ratio) : 시가총액÷연매출액, 연매출액을 기준으로 삼아 기업의 주가를 평가하는 지표로 순이익이 발생하지 않는 성장주를 대상으로 사용된다.

- P/E 멀티플(Price/Equity Ratio) : 시가총액÷연순이익, 연순이익을 기준으로 삼아 기업의 주가를 평가하는 지표로 순이익이 발생하는 기업들 및 전통가치주를 대상으로 사용된다.

- P/FCF(Price/Free-Cash-Flow Ratio) 멀티플 : 시가총액÷잉여현금흐름, 잉여현금흐름이란 매출액에서 원가, 영업비용, 금융비용, 배당까지 전부 제하고 난 뒤 '기업 내에 남아도는 돈'으로, 이것을 시가총액을 나눴을 때의 비율이다. 기업은 잉여현금을 통해 회사의 사업경쟁력을 높일 수 있으므로 기업의 안정성이나 저력을 평가할 때 사용된다.

- P/OCF(Price/Operating Cash Flow) 멀티플 : 시가총액÷영업현금흐름, 영업현금흐름이란 기업이 영업을 수행하기 위해 발생시킨 현금의 양을 말하는 것으로, 이것으로 시가총액을 나눴을 때의 비율이다.

- EV/S(Enterprise Value/Sales) 멀티플 : 기업가치÷연매출액, 기업가치란 기업의 시가총액에 기업의 현금을 빼고 부채를 더한 금액으로, 이것을 연매출액으로 나눴을 때의 비율이다. 기업의 부채까지 함께 고려할 수 있다는 게 장점이다.

기업 주가 현황을 파악할 때 활용할 수 있는 기타 무료사이트로는 Zacks, Stockfetcher, 구글파이낸스, LazyFA 등이 있다. Y-Chart 또한 신규 아이디 생성 시 7일간 무료로 사용할 수 있어 이를 잘 활용할 수도 있겠다.

펀더멘탈

Lazy FA

기업의 펀더멘탈을 참고하는 웹사이트는 LazyFA가 있다. 특정 기업의 펀더멘탈을 한눈에 파악할 수 있도록 정보를 제공한다.

1. 'lazyfa.com'에 접속한다.

2. 왼쪽 상단의 'Menu' 버튼을 눌러 왼쪽 바를 연다.

3. 검색창에 찾고 싶은 기업을 입력한다.

4. 'Be Lazy' 버튼을 누른다.

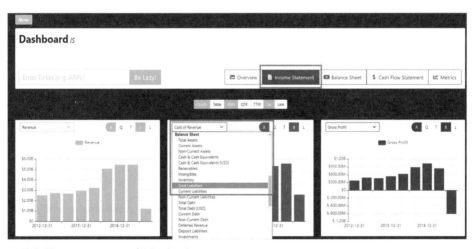

5. 상단의 'Income Statement'를 눌러준다.

6. 기업의 펀더멘탈 정보를 항목별로 볼 수 있다.

참고로 'LazyFA'는 'Lazy Fundamental Analysis'의 줄임말로 '게으른 펀더멘탈 분석'
이라는 의미다. 직접 들어가보면 이 사이트 하나로 기업의 펀더멘탈 외에도 밸류에이션과
비즈니스 정보까지 너무나 편리하게 많은 지표를 확인할 수 있다는 걸 알 수 있다. 기업의
수익 상황을 파악할 때 확인해야 할 재무지표는 다음과 같은 것들이 있다.

- Revenue(매출액) : 기업이 사업을 통해 만들어낸 단순 판매액이다.
- Gross Profit(매출총이익) : 매출액에서 상품의 생산원가를 제한 금액이다.
- Operating Income(영업이익) : 매출총이익에서 인건비, 마케팅비, R&D 비용, 감가상각
  비용 등 사업운용을 위해 필요한 모든 금액을 제한 금액이다.
- Net Income(순이익) : 영업이익에서 배당비용, 법인세를 제하고 자산가치 변동과 금융수
  익 및 비용을 감안한 금액이다.
- EBITDA(Earnings Before Interest, Taxes, Depreciation and Amortization) : 순이익에서 이자비용,
  세금비용을 다시 더한 뒤 설비·기술·인력에 대한 감가상각비까지 더한 비용이다. 감가
  상각이란 기계, 건물 등 기업의 소모성 자산이 시간이 지날수록 가치가 떨어지는 정도를
  비용으로 나타낸 것이다. 현 시점에서의 현금흐름 창출 능력을 파악하는 데 용이하다.

AMC의 분기별 Revenue(매출액)와 Gross Profit(매출총이익) 변화

2020년 2분기를 기점으로 AMC의 모든 매출 지표가 급감했음을 알 수 있다. 2021년 1분기 매출액은 1억 4,830만 달러 수준으로 조금 회복된 모양새지만 여전히 코로나 팬데믹 전에 한참 못 미치는 규모다. 심지어 매출총이익은 2억 5,520만 달러 적자로 영업을 할수록 빚이 늘어나고 있는 상태다.

기업의 자산 현황을 볼 때 짚어야 할 포인트는 '기업이 쓸 수 있는 자산이 충분히 있는가?', '기업의 부채가 크지 않은가?'이다. 기업의 자산 현황을 파악할 때 봐야 할 재무지표는 다음과 같다.

- Cash & Cash Equivalents(현금&현금성 자산) : 기업이 보유한 통화, 수표와 같은 현금과 정기예금, 어음, 채권, 주식 등의 현금성 자산을 말한다.
- Receivables(매출채권) : 기업이 상품을 판매하고 아직 받지 못한 돈을 말한다.
- Current Investments(단기투자금) : 1년 내 만기가 돌아오는 투자금을 말한다.
- Non-Current Investments(장기투자금) : 1년 이상 기간을 만기로 두는 투자금을 말한다.

다음으로 '기업의 부채'를 파악할 때 봐야 할 재무지표는 다음과 같은 것들이 있다.

- Current Debt(단기부채) : 1년 내 만기가 돌아오는 부채를 말한다.
- Non-Current Debt(장기부채) : 1년 이상 기간을 만기로 두는 부채를 말한다.
- Payables(매입채무) : 기업이 물건을 산 뒤 아직 값을 지불하지 않은 돈을 말한다.
- Tax Liabilities(세금 부채) : 세무 당국에 아직 내지 못한 세금을 말한다.

자산 현황		부채 현황	
현금	8억 4,210만 달러	장기부채	104억 3,000만 달러
1년 내 매출채권	8,600만 달러	단기부채	6억 2,360만 달러
		1년 내 매입채무	2억 6,490만 달러
		세금 부채	3,400만 달러
총 자산	9억 2,810만 달러	총 부채	113억 5,250만 달러

영업을 할수록 적자가 쌓이는 기업이, 보유한 현금은 없고 오히려 빚만 늘어난다면 어떻게 될까? AMC가 가용할 수 있는 현금은 Receivables(매출채권) 8,600만 달러와 Cash & Cash Equivalents(현금&현금성 자산) 8억 4,200만 달러로 총 10억 달러가 되지 않는다. 그에 반해 부채는 Current Debt(단기부채)가 6억 2,360만 달러, Non-Current Debt(장기부채)가 104억 3,000만 달러, Payables(매입채무)가 2억 6490만 달러, Tax Liabilities(세금 부채)가 3,400만 달러로 113억 달러를 넘는다.

부채에 비해 현금이 턱없이 부족하다. 실제로 AMC 경영진은 유상증자를 통해 꾸준히 돈을 마련할 수밖에 없다고 밝혔으며 이마저도 되지 않는다면 파산신청을 할 수 있다고 발언했다.

지금까지 AMC를 예시로 삼아 기업분석의 방법을 세세하게 알아보았다. 기업분석을 해보니 어떠한 판단이 드는가? 펀더멘탈은 빈약하고 밸류에이션은 실적대비 굉장히 고평가되어 있다. 또한 회생할 가능성보다는 오히려 암울한 미래전망으로 가득하다.

물론 AMC를 구매한 대부분의 투자자들이 숏스퀴즈로 인한 짧은 상승 기간만 노리고 들어갔다 나왔다는 것을 안다. 하지만 '코로나가 끝나면 영화관이 되살아날 거야!'라는 희망을 품고 AMC에서 존버를 하고 있는 투자자가 많은 것도 사실이다. 꼭 AMC가 아니라 해도 제대로 된 분석 없이 투자에 임한다면 당신도 얼마든지 비슷한 판단을 내리고 있을 수 있다.

들려오는 소식과 그때그때의 감만으로 투자하는 것이 얼마나 위험한 행위인지 알았을 것이다. 더 이상 인터넷에 수시로 올라오는 '지금부터 하락 시작한다 대피대피!', '떡상 신호 떴다! 풀매수 드가자~'와 같은 글에 시달리지 않기를 바란다.

투자를 시작하는 당신을 위해 수많은 전문가들이 편리한 툴을 만들어놨다. 분석한 수치를 보고 '이 기업의 부채가 얼마나 심각한지', '수익이 충분히 나고 있는지' 등을 판단하는 감각은 필자와 함께 본문에 수록된 70개 기업의 분석 내용을 제대로 읽은 사람이라면 이미 충분히 익혔을 것이다.

지금까지 제시된 고작 몇 페이지의 커리큘럼을 따라하는 것만으로도 당신은 전문 애널리스트와 같은 출발선 상에 위치한 것이다. 이제 당신의 투자 성공을 판가름하는 것은 미래 사회에 각광받을 기술과 산업을 미리 읽어내는 혜안뿐이다.

마지막까지 제 글을 읽어주셔서 감사합니다.

튜토리얼부터 시작해 70개 기업에 대해 파악해보신 결과 어떤 마음이 드시나요? 다시 한 번 말씀드리지만 투자성공의 여부는 해당 기업에 대한 공부량 그리고 경험에 비례한다고 생각합니다.

투자자들 모두 자신만의 그릇을 가지고 투자를 시작합니다. 처음엔 조금 헤매더라도 기업에 대해 충분히 알아보고 투자하는 습관을 실천한다면 그릇은 천천히 넓혀지기 마련입니다. 때로는 넘치기도 하고 때로는 깨지기도 하는 그릇을 계속 키워나가다 보면 어느새 자신의 투자를 든든하게 뒷받침 해주는 훌륭한 자산이 되어있을 것입니다.

이 책을 통해 독자님들이 많은 것을 얻어가셨길 빌며 앞으로도 함께 즐거운 미국주식 투자를 해나갈 수 있기를 희망합니다.

기업분석 방법을 실천하시다 궁금한 점이 생긴다면 언제든지 저에게 찾아와주세요. '도키와 미국주식'을 검색해서 저의 유튜브 채널에 방문해주시면 라이브방송을 통해 소통하실 수 있을 겁니다. 채팅 혹은 댓글로 기업명을 말씀해주시면 제가 직접 그 기업에 대한 분석을 진행해드립니다. 이밖에도 미국주식과 관련된 질문을 남겨주신다면 친절히 답변해드리겠습니다.

끝으로, 이 책이 나올 수 있도록 제안해주신 국일출판사 조재연 편집자 님 그리고 옆에서 항상 응원해준 와이프 경래, 우리 부모님, 친동생 그리고 제 채널을 서포트해주신 모든 구독자님들께 감사의 말씀을 전해드립니다. 가까운 시일 내 유튜브 라이브에서 뵙기를 희망하며 그럼 See You Later!

모든 독자의 경제적 자유를 응원합니다!

도키 올림

도키와 함께하는 미국주식 어디에 투자할까

초판 1쇄 발행 · 2021년 7월 30일
초판 2쇄 발행 · 2021년 8월 13일

지은이 · 도키
펴낸이 · 이종문(李從聞)
펴낸곳 · 국일증권경제연구소

등 록 · 제406-2005-000029호
주 소 · 경기도 파주시 광인사길 121 파주출판문화정보산업단지(문발동)
영업부 · Tel 031)955-6050 | Fax 031)955-6051
편집부 · Tel 031)955-6070 | Fax 031)955-6071

평생전화번호 · 0502-237-9101~3

홈페이지 · www.ekugil.com
블 로 그 · blog.naver.com/kugilmedia
페이스북 · www.facebook.com/kugilmedia
E - m a i l · kugil@ekugil.com

· 값은 표지 뒷면에 표기되어 있습니다.
· 잘못된 책은 구입하신 서점에서 바꿔드립니다.

ISBN 978-89-5782-597-6(13320)